SHUXUE JIAOSHI
XINXI JISHU YINGYONG NENGLI
JIAOCHENG

曾德方　编著

数学教师
信息技术应用能力
教程

暨南大學出版社
JINAN UNIVERSITY PRESS

中国·广州

图书在版编目（CIP）数据

数学教师信息技术应用能力教程/曾德方编著. —广州：暨南大学出版社，2016. 11（2021. 7 重印）
ISBN 978－7－5668－1896－6

Ⅰ. ①数…　Ⅱ. ①曾…　Ⅲ. ①中学数学课—计算机辅助教学—教材　Ⅳ. ①G633. 603

中国版本图书馆 CIP 数据核字（2016）第 165466 号

数学教师信息技术应用能力教程
SHUXUE JIAOSHI XINXI JISHU YINGYONG NENGLI JIAOCHENG
编著者：曾德方

出 版 人：张晋升
责任编辑：古碧卡　姚晓莉
责任校对：黄　颖
责任印制：周一丹　郑玉婷

出版发行：暨南大学出版社（510630）
电　　话：总编室（8620）85221601
营销部（8620）85225284　85228291　85228292　85226712
传　　真：（8620）85221583（办公室）　85223774（营销部）
网　　址：http：//www. jnupress. com
排　　版：广州市天河星辰文化发展部照排中心
印　　刷：广东虎彩云印刷有限公司
开　　本：787mm × 960mm　1/16
印　　张：10. 25
字　　数：247 千
版　　次：2016 年 11 月第 1 版
印　　次：2021 年 7 月第 3 次
定　　价：29. 80 元

前　言

如何提高数学师范生的课堂教学能力，特别是如何使用信息技能来突破教学难点、突出教学重点，已成为本科数学专业课程设置研究中的热点之一。本书中，这些技能主要是通过使用“几何画板”制作动画类学件、计算类学件来提高的。师范生不仅要会制作，还要会应用，以创造出纸质教材及黑板板书所不能表现的教学资源。笔者在深入中学调查研究的基础上，花了将近两年的时间完成了本书的编写工作。

本书的主要亮点在于打开了数学课堂教学研究的新窗口。以计算机为代表的现代教育手段，如何结合传统教学的优势应用到数学课堂教学上？从20世纪80年代至今，数学教师们对待这个问题的态度可以分为两种，其一是拒绝使用，过于依赖“粉笔+黑板”的教学手段；其二是纸质教材的电子搬家，被动应用现代教学手段，结果是适得其反。本书则旗帜鲜明地提出了“与在黑板上做的事相比，必须做得更快、更容易、更准确”，“创造出纸质教材不能表现的教学资源”的观点。

在撰写本书的过程中，得到了惠州学院刘国栋教授、蔡昭权教授、潘庆年教授、许金泉教授的大力支持与帮助，他们为本书的编写提出了中肯的意见，在此一并表示衷心的感谢！

由于笔者的水平有限，书中不足之处在所难免，希望广大读者给予批评指正。

曾德方

2016年10月于丰湖书院

目 录

1 与数学教学相关的信息技能

学习要求

1. 了解 Office 2010 公式编辑器菜单。
2. 掌握编辑数学公式的方法及技巧，能够在文档中输入中学课本中的所有公式。
3. 掌握在 Office 2010 文档中插入图表的方法及技巧。
4. 能够编辑图表的数据，改变类型及布局，设置图表的标签、坐标及背景。

1.1 在文档中输入公式

作为数学教师，在文本中输入公式是最基本的信息技能，这里以 Office 2010 为例，介绍两种输入公式的方法。

1.1.1 使用面板的快捷公式按钮

点击“插入”标签，在下拉菜单中点击“公式”按钮，弹出如图 1－1 所示的对话框，有两种选择，一是选择内置的一个公式样式；二是选择“插入新公式”，打开“公式工具/设计”窗口，如图 1－2 所示。

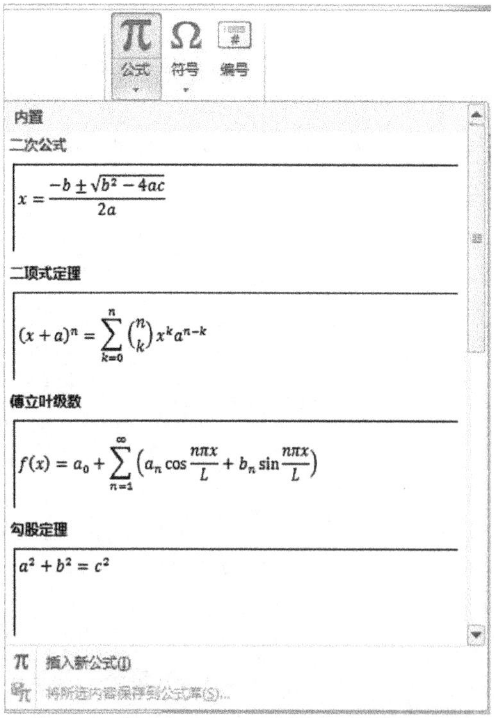

图 1－1 使用面板快捷方式插入公式

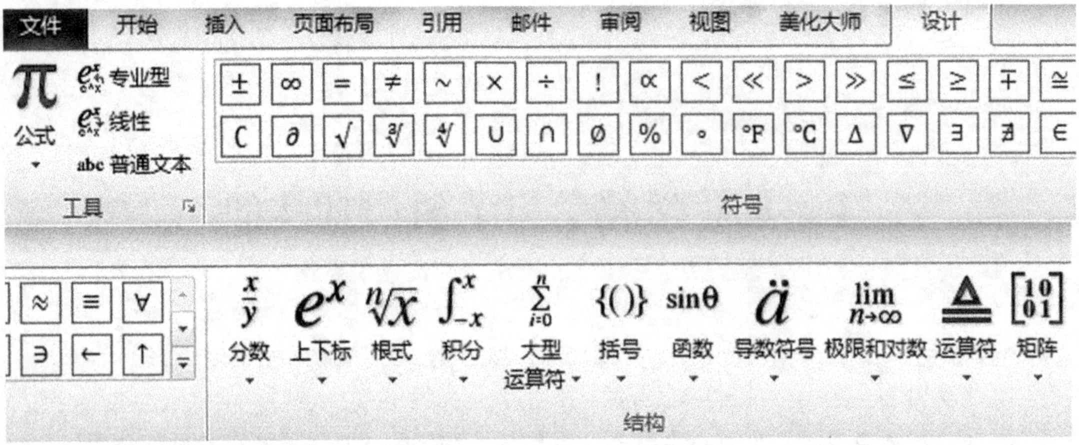

图 1－2　公式的设计菜单

1. 把经常使用的公式变为常规公式

选择一条经常使用的公式，例如：$S=\begin{cases}50t+2004, & 0\leqslant t<1\\ 80\ (t-1)\ +2054, & 1\leqslant t<2\\ 90\ (t-2)\ +2124, & 2\leqslant t<3\\ 75\ (t-3)\ +2224, & 3\leqslant t<4\\ 65\ (t-4)\ +2299, & 4\leqslant t<5\end{cases}$，点击“设计/公式”按钮，应用“将所选内容保存到公式库”命令，在弹出的“修改构建基块”窗口中(如图 1－3所示)，给这个公式命名，其他使用默认设置，点击“确定”按钮后，再点击“设计/公式”按钮，此时的对话框中多了一条常规公式，如图 1－4 所示。

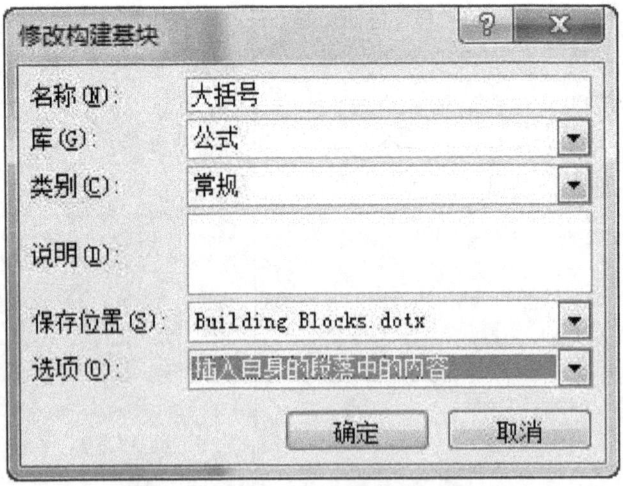

图 1－3　“修改构建基块”对话框

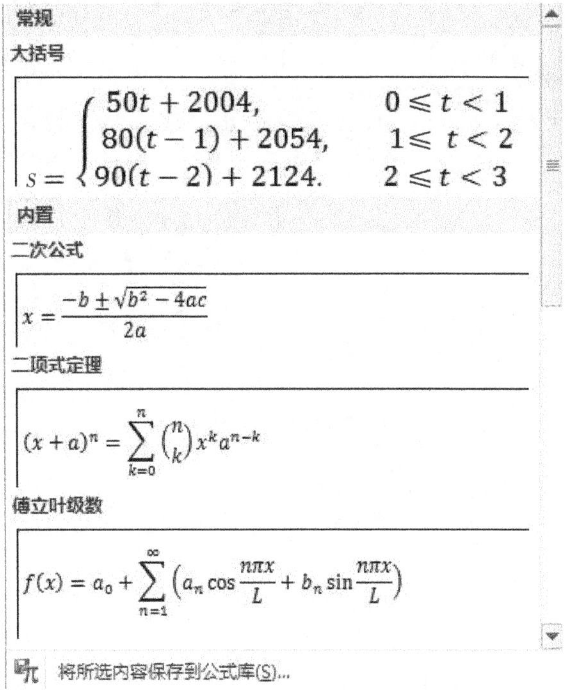

图 1 - 4　把经常使用的公式变为常规公式

2. 输入公式的类型

输入的公式可以有以下三种类型：

第一种：专业型，例如，$(x+a)^n=\sum_{k=0}^{n}\binom{n}{k}x^k a^{n-k}$。

第二种：线型，例如，(x + a) ^n = ∑ _ (k = 0) ^n [(n¦k) x^ka^ (n - k)]。

第三种：普通文本，例如，$(x+a)^n=\sum_{k=0}^{n}\binom{n}{k}\ x^k a^{n-k}$。

第一种类型和第二种类型的字体不可以改变，是默认的“Cambria Math”，即使点击“工具”右侧箭头弹出的“公式选项”对话框，公式区的默认字体也只有“Cambria Math”候选项，如图 1 - 5 所示。第三种类型和第一种类型从外表上看是一样的，但第三种类型已变为普通文本了，字体可以改变。

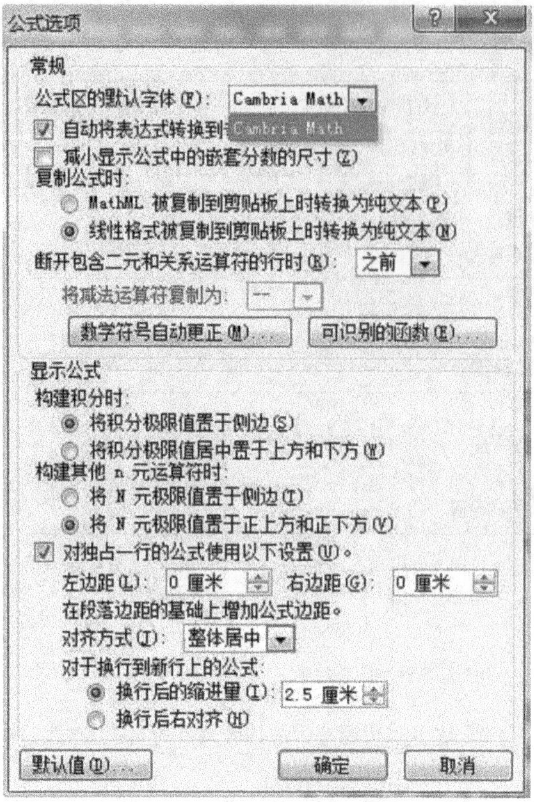

图 1－5　“公式选项”对话框

3. 利用内置的数学符号

点击“符号”的向下箭头，弹开可供选择的符号类型对话框，共有八类符号，基本涵盖了所有的数学符号，如图 1－6 至 1－13 所示。

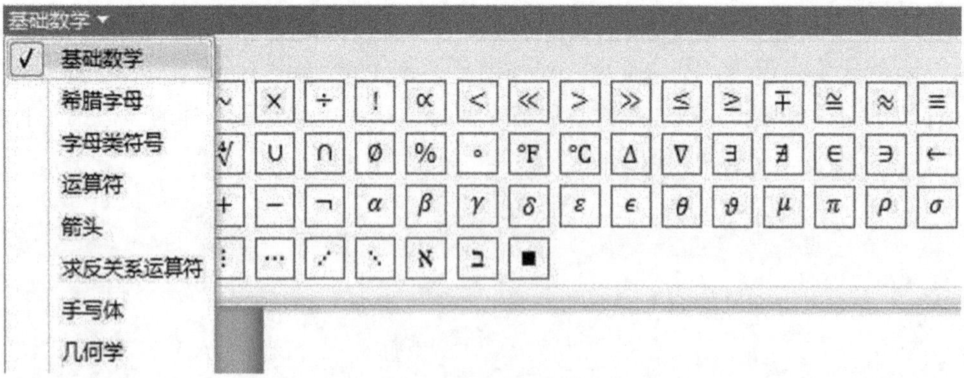

图 1－6　基础数学符号（局部）

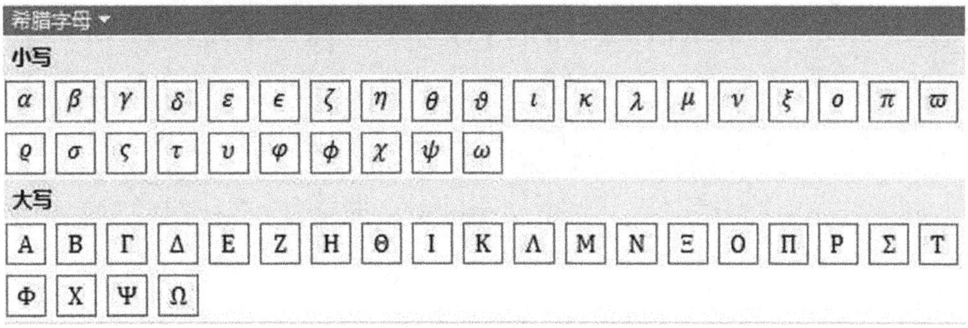

图 1－7　希腊字母符号（局部）

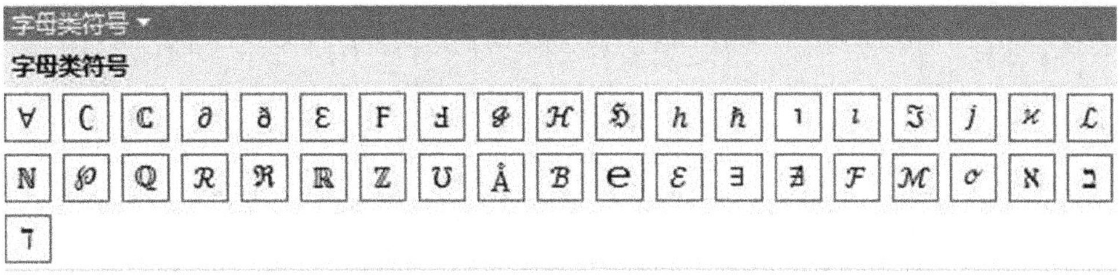

图 1－8　字母类符号（局部）

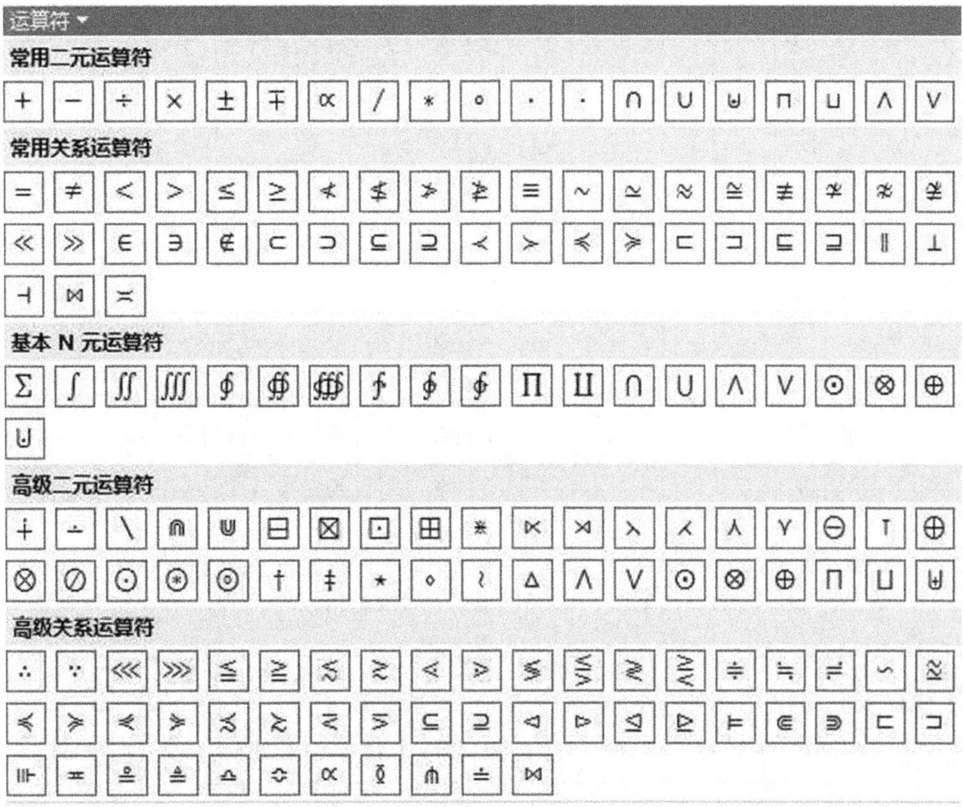

图 1－9　运算符符号（局部）

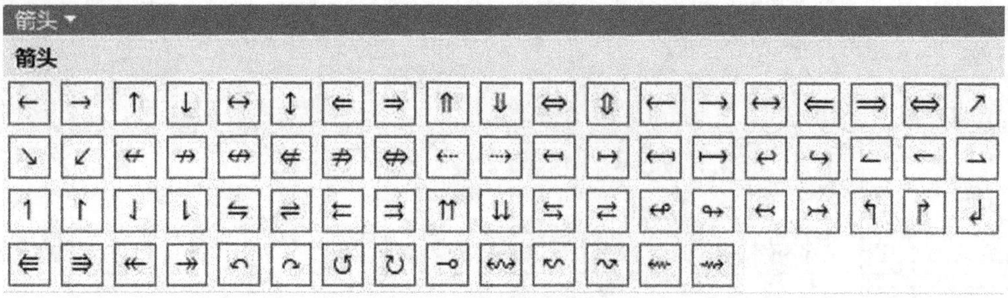

图 1-10　箭头符号（局部）

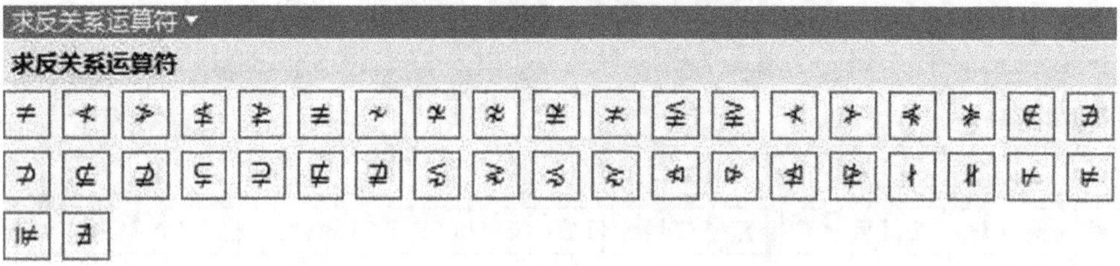

图 1-11　求反关系运算符符号（局部）

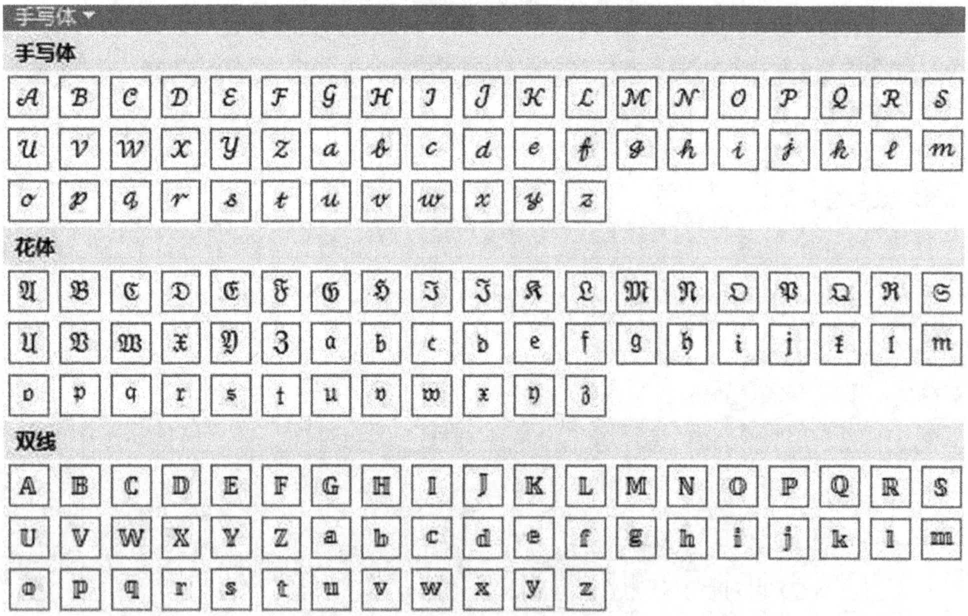

图 1-12　手写体符号（局部）

图 1-13　几何学符号

4. 利用公式的结构模板

下面列出了11种类型的公式结构，每种类型均有结构模板及常用样式，可以选择常用样式，稍作修改就行，如图1－14至1－24所示。

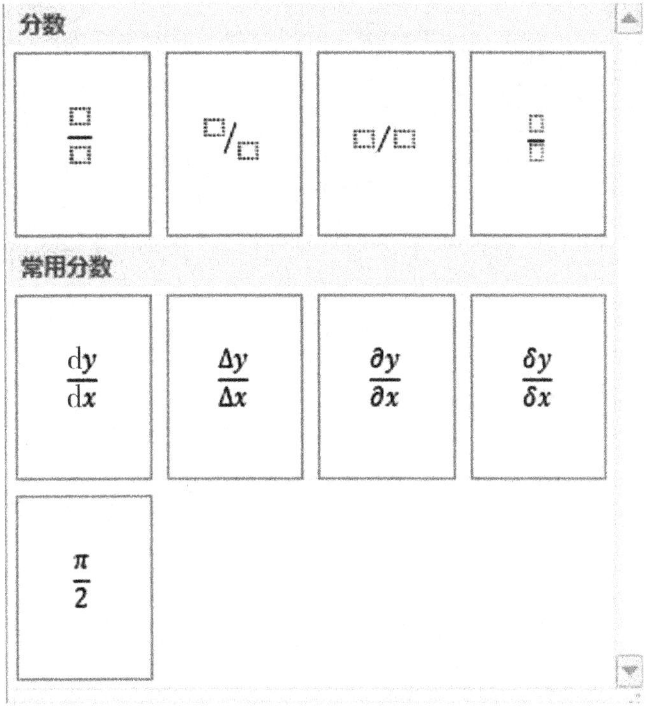

图1－14　分数结构图示

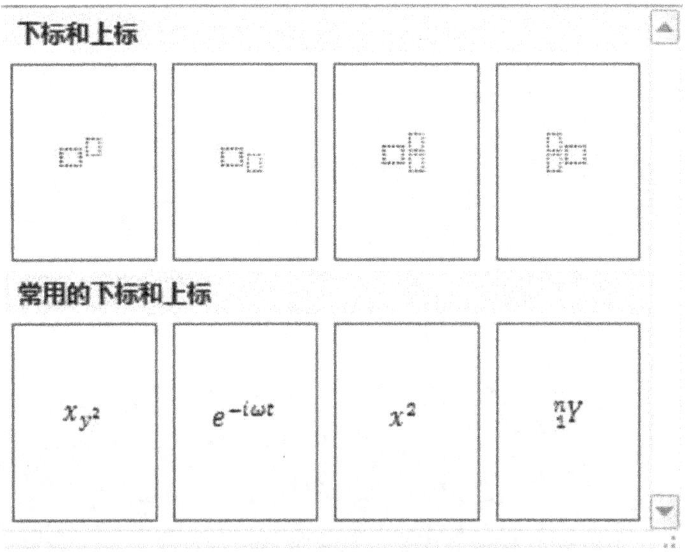

图1－15　下标和上标结构图示

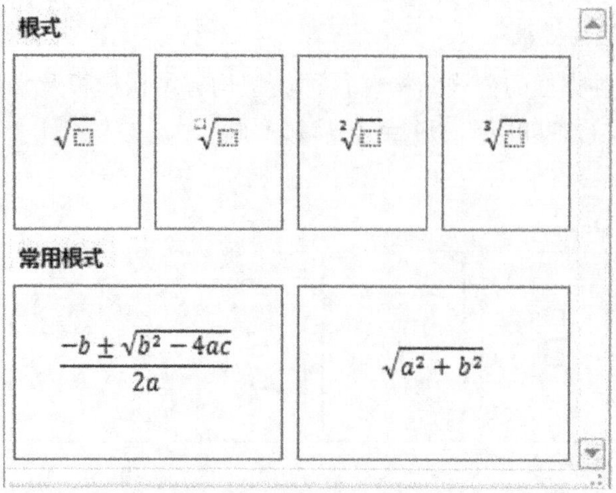

图 1－16　根式结构图示

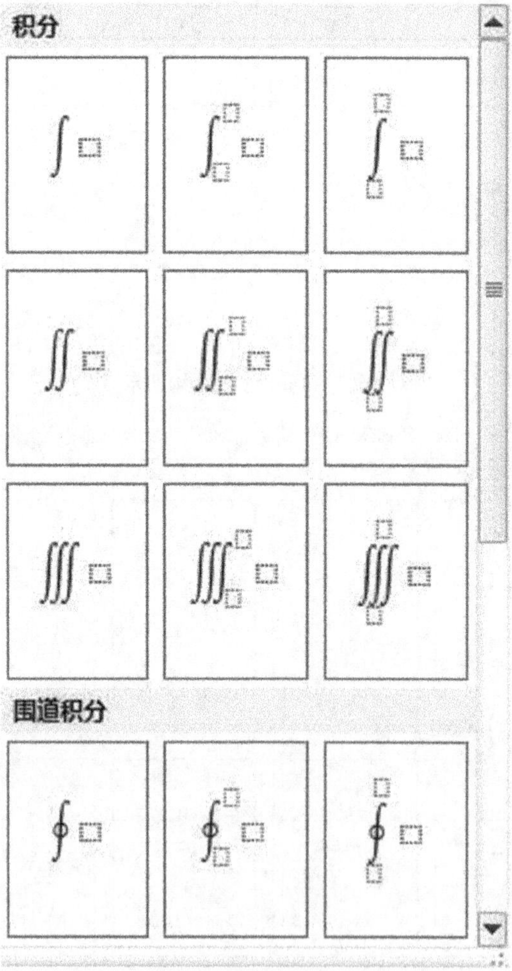

图 1－17　积分结构图示（局部）

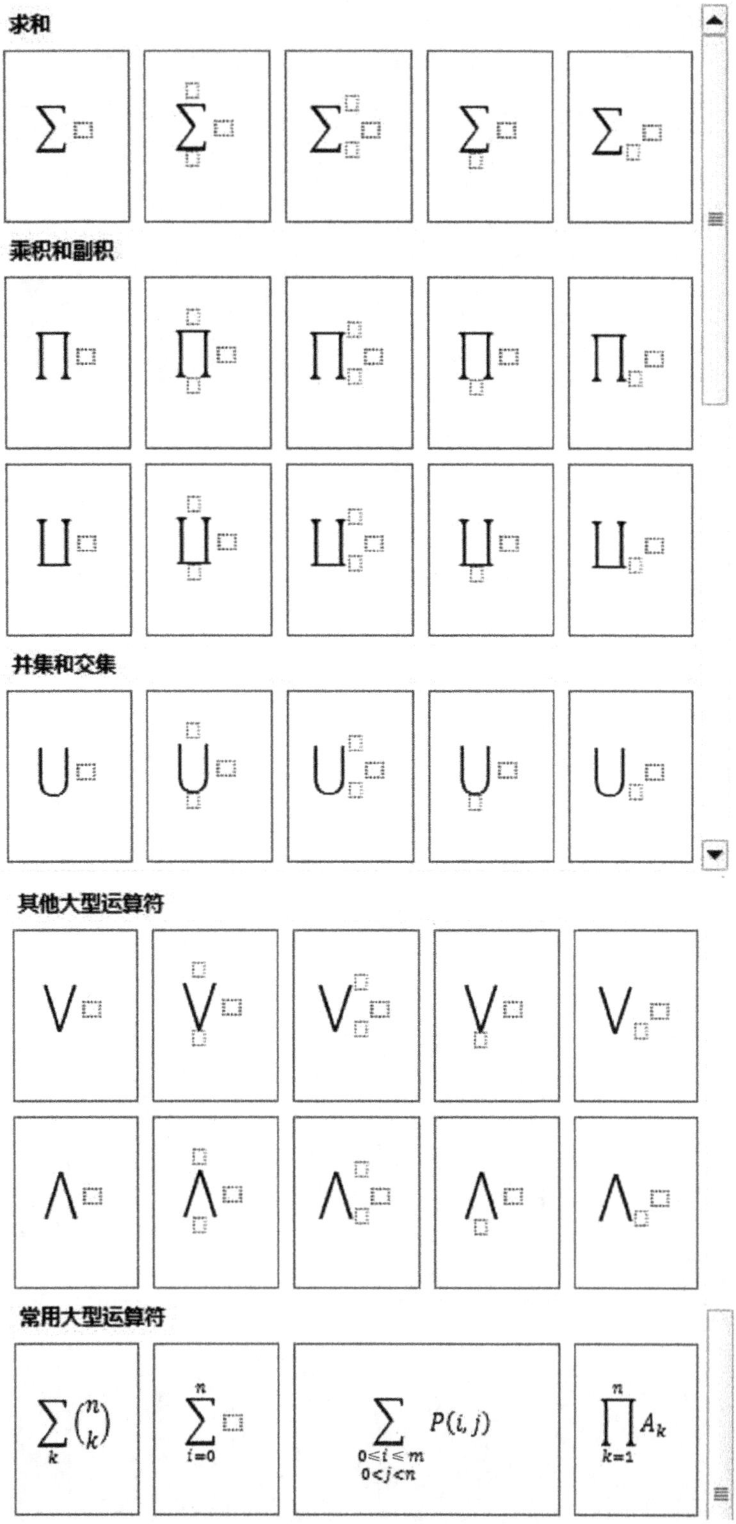

图 1－18　大型运算符结构图示

图 1－19　括号结构图示（部分）

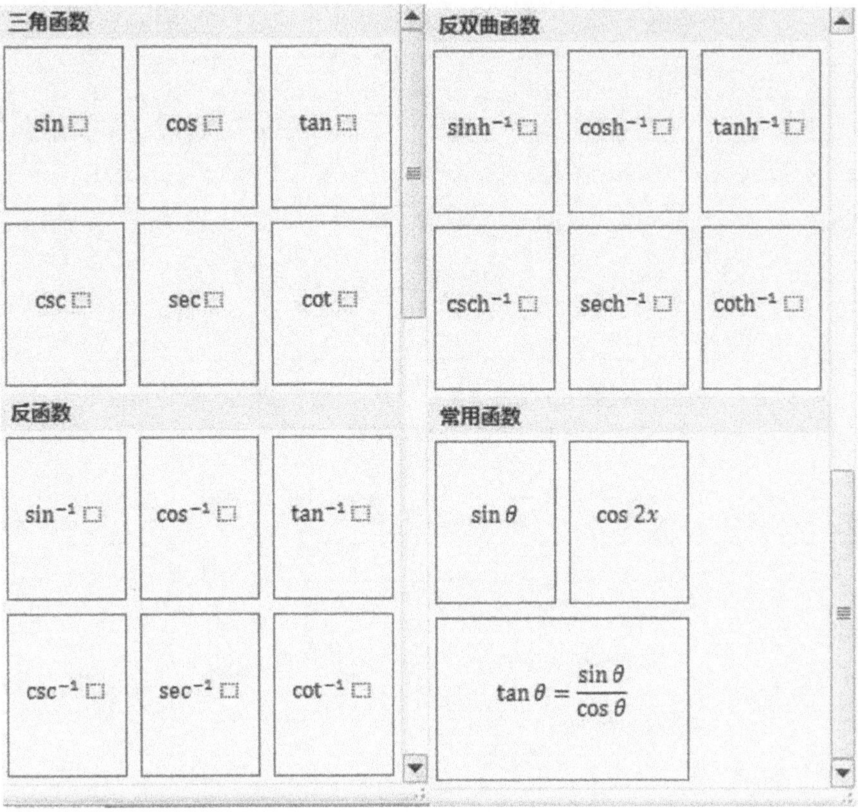

图 1－20　函数结构图示

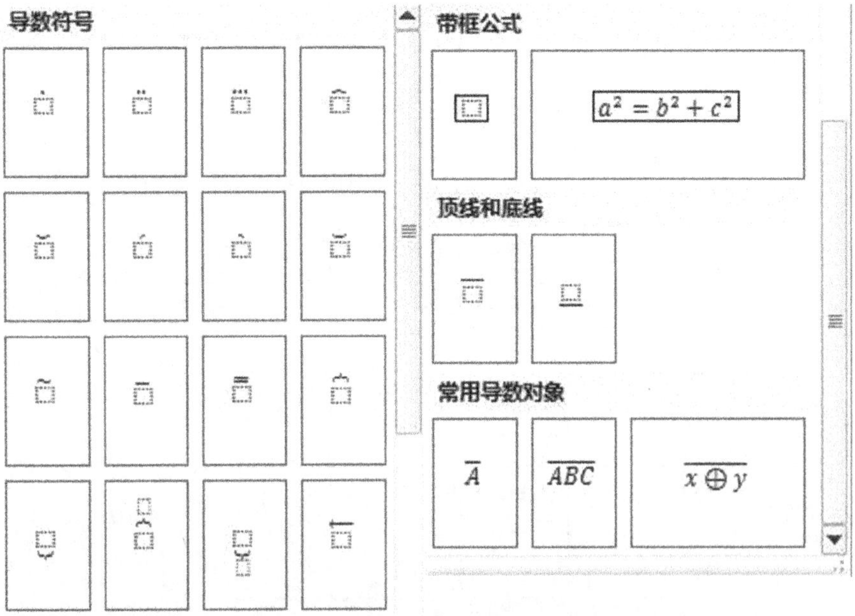

图 1－21　导数符号结构图示

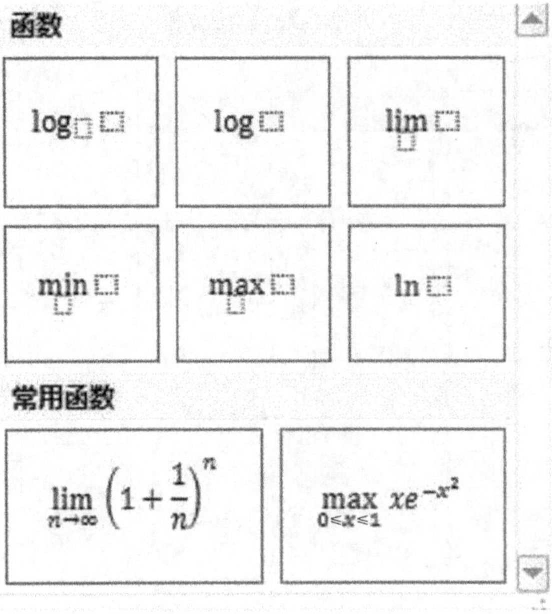

图 1－22　极限和对数结构图示

图 1－23　运算符结构图示

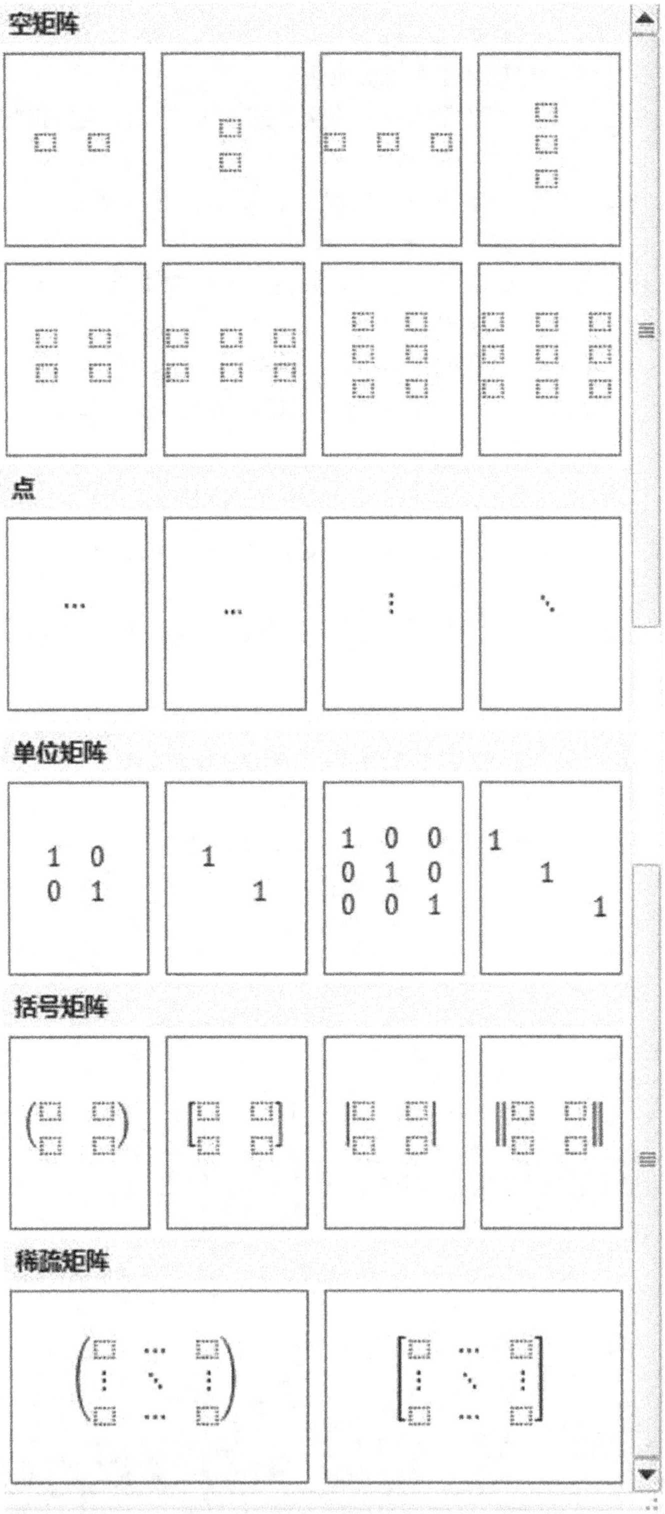

图 1－24　矩阵结构图示

5. 公式与文本美化

编辑公式时，尽可能采用方向键来精确定位。

我们可以像文本一样，通过改变字号来控制公式的大小，改变段前段后间距来控制行之间的距离。

如果公式前后有文字符号，即使是空白符号，那么选中公式后，可以应用“首行缩进”命令来控制其在行中的位置。

完成的公式，不论宽度大小如何，它自动垂直对齐行的中心线，例如：

$$\text{（行的中心线）}\text{———}\ S=\begin{cases}50t+2004, & 0\leqslant t<1\\ 80\ (t-1)\ +2054, & 1\leqslant t<2\\ 90\ (t-2)\ +2124, & 2\leqslant t<3\\ 75\ (t-3)\ +2224, & 3\leqslant t<4\\ 65\ (t-4)\ +2299, & 4\leqslant t<5\end{cases}\text{———（行的中心线）}$$

采用这几个方法，就能编辑出漂亮的、与文字融为一体的公式了。

1.1.2 使用 Microsoft 公式编辑器（或 MathType 公式编辑器）

点击“插入/文本/对象”命令，弹出如图 1－25 所示的对话框，选择“Microsoft 公式 3.0”，点击“确定”按钮，如果系统安装了 MathType 6.9 公式编辑器，打开公式编辑器后，界面如图 1－26 所示；如果没有安装 MathType 6.9 公式编辑器，界面将切换为 Microsoft 公式 3.0 界面（这个公式编辑器实际是 Design Science 公司授权给微软的 MathType 的简化版本）。

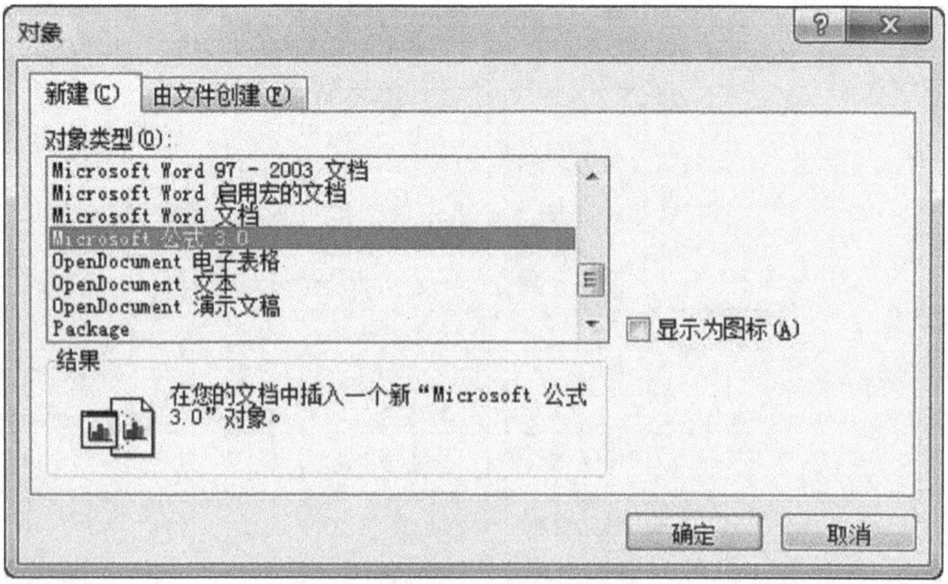

图 1－25 插入公式对象图示

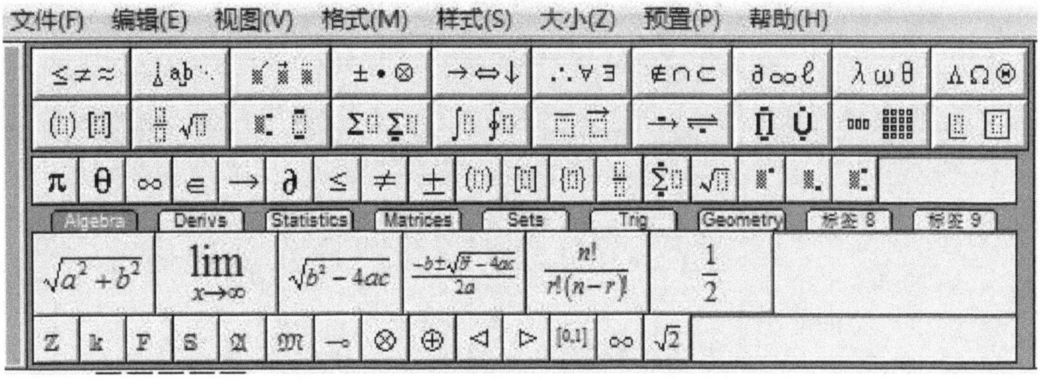

图 1－26　MathType 6.9 公式编辑器界面

MathType 实现“所见即所得”的工作模式，是一个强大的数学公式编辑器。它可以将编辑好的公式保存成多种图片格式或透明图片模式，可以很方便地添加或移除符号、表达式等模板（只需要简单地用鼠标拖进拖出即可），也可以很方便地修改模板。MathType 公式编辑器可用于编辑数学试卷、书籍、报刊、论文、PPT 幻灯片等，是编辑数学、物理公式资料的必备工具，主要用户为初中、高中以及大学的学生、老师，理科专业工作者。如果读者需要学习详细的内容，可点击“帮助/MathType 教程”，进入网址 http：//www. mathtype. cn/jiqiao/学习。

1.2　在文档中插入图表

在讲授函数、统计相关内容时，需要使用图表。这里以 Microsoft Office Excel 2010 为例，介绍如何在 Word、PowerPoint 中插入图表。

插入图表的方法：

（1）在“插入”标签的“插图”对话框中，单击“图表”，如图 1－27 所示。

图 1－27　“插图”对话框

（2）在“插入图表”对话框中（如图 1－28 所示），选择所需图表的类型，然后单击“确定”。

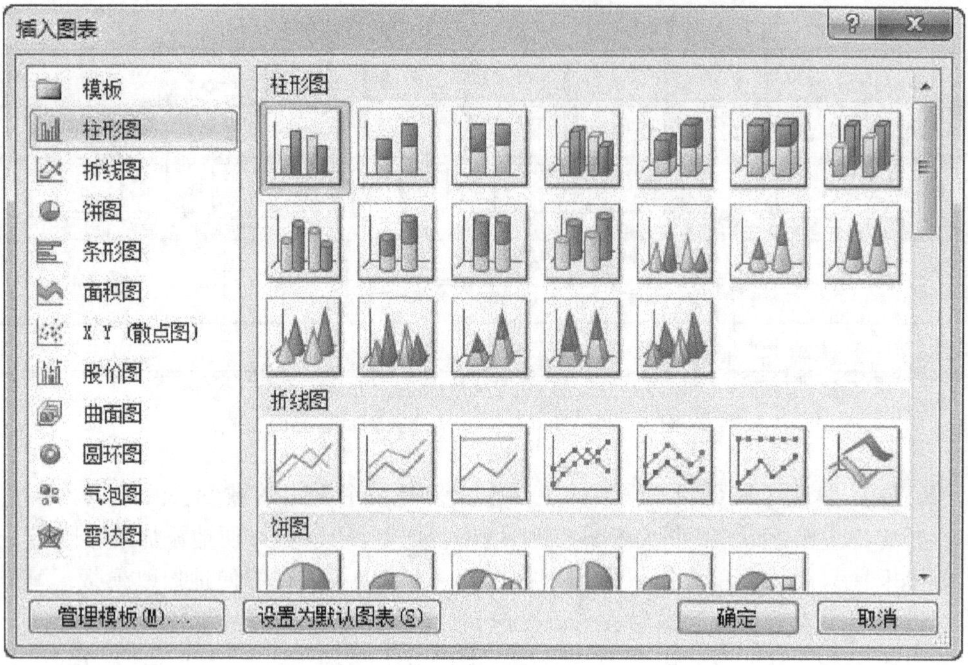

图 1－28　“插入图表”对话框

图表有十一大类，每大类下面有若干个小类，描述如下：

①柱形图：簇状柱形图和三维簇状柱形图、堆积柱形图和三维堆积柱形图、百分比堆积柱形图和三维百分比堆积柱形图、三维柱形图。

②折线图：折线图和带数据标记的折线图、堆积折线图和带数据标记的堆积折线图、百分比堆积折线图和带数据标记的百分比堆积折线图、三维折线图。

③饼图：饼图和三维饼图、复合饼图和复合条饼图、分离型饼图和三维分离型饼图。

④条形图：簇状条形图和三维簇状条形图、堆积条形图和三维堆积条形图、百分比堆积条形图和三维百分比堆积条形图、水平圆柱图、圆锥图和棱锥图。

⑤面积图：二维面积图和三维面积图、堆积面积图和三维堆积面积图、百分比堆积面积图和三维百分比堆积面积图。

⑥*XY*（散点图）：仅带数据标记的散点图、带平滑线的散点图以及带平滑线和标记的散点图、带直线的散点图以及带直线和标记的散点图。

⑦股价图：盘高—盘低—收盘、开盘—盘高—盘低—收盘、成交量—盘高—盘低—收盘股价图、成交量—开盘—盘高—盘低—收盘。

⑧曲面图：三维曲面图、俯视图、曲面图（俯视框架图）。

⑨圆环图：圆环图、分离型圆环图。

⑩气泡图：气泡图或三维气泡图。

⑪雷达图：不带标记及带标记的雷达图、填充雷达图。

（3）编辑 Excel 2010 中的数据。在“图表工具”下“设计”选项卡上的“数据”组中，单击“编辑数据”。Microsoft Office Excel 将在一个拆分窗口中打开，并显示要编辑的工作表。

若要编辑单元格中的标题内容或数据，则在 Excel 工作表中，单击你想更改的标题或数据的单元格，然后输入新信息。在编辑完数据后，可以关闭 Excel 工作表。

（4）若向图表添加或更改其中的内容时，可在“图表工具”下单击“设计”“布局”和“格式”选项卡，然后查看各选项卡提供的组和选项，选择相应的命令。不同的图表类型，“设计”“布局”的命令会有所差别。

如果未显示“图表工具”，请单击图表内的任意位置以确保已将其激活。

还可以通过右键单击某些图表元素（如图表轴或图例），弹出这些图表元素特有的“设计”“布局”和“格式”设置功能。

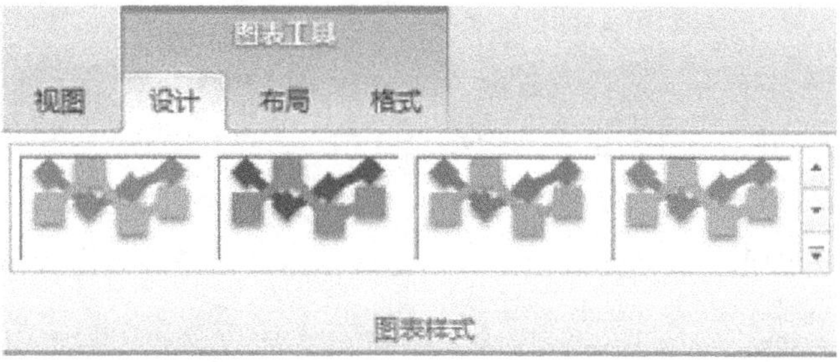

图 1－29　“图表工具”对话框

下面介绍几种数学课堂上常用到的图表。

1. 直方图

在统计内容时，经常使用直方图，以普通高中课程标准实验教材 A 版数学 3 第 67 页的图 2－1 为例，其操作步骤如下：

步骤 1：按照上面介绍的 1～3 要点操作，其中类型选择柱形图的簇状柱形图，先删除数据表中列 2、列 3 的数据，A 列、B 列按照表 1－1 修改。此时的图片如图 1－30 所示，与教材图形不符合，可以通过以下步骤来修改。

表 1－1

月均用水量/t	频率/组距
0.5	0.08
1	0.16
1.5	0.3
2	0.44
2.5	0.5
3	0.28
3.5	0.12
4	0.08
4.5	0.04

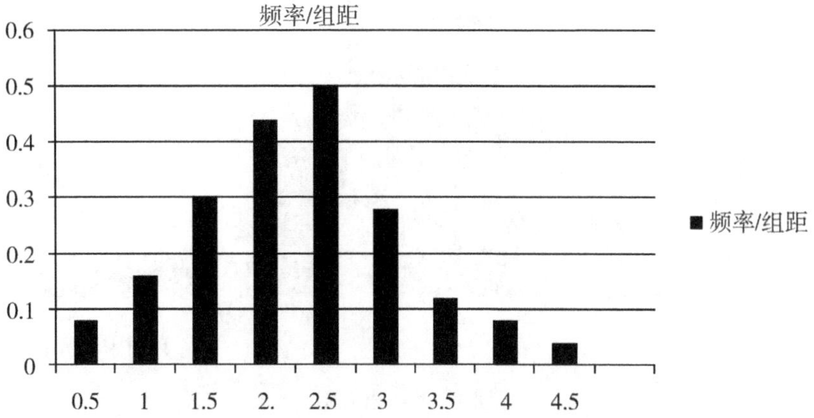

图 1－30　簇状柱形图

步骤2：改变柱形大小及颜色。右键单击柱形，应用“设置数据格式”命令，在弹出的对话框中，点选“系列选项”标签，把“分类间距”设为0。在不关闭对话框的情况下，点选其中的一条柱形，点选“填充”标签，勾选“纯色”选项，选择一种颜色，其他柱形也按照这个方法改变颜色。

步骤3：显示x轴标题及箭头。选择水平轴，应用“布局/坐标轴标题/主要横坐标轴标题/坐标轴下方标题”命令，如图1－31所示，插入一个文本框，内容修改为“月均用水量/t”，移到如图1－32所示的位置。右键单击水平轴，应用“设置坐标轴格式”命令，点选“线型”标签，把箭头的“后端类型”设为向右箭头，其他按照默认设置。

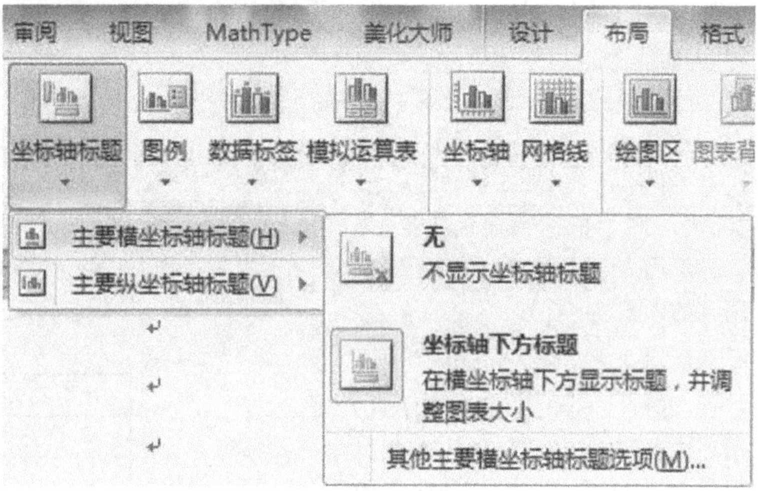

图1－31　插入x轴标题

步骤4：显示y轴标题及箭头。选择垂直轴，应用“布局/坐标轴标题/主要纵坐标轴标题/横排标题”命令，插入一个文本框，内容修改为“频率/组距”，移到如图1－32所示的位置。右键单击垂直轴，应用“设置坐标轴格式”命令，点选“线型”标签，把箭头的“后端类型”设为向上箭头，其他按照默认设置。

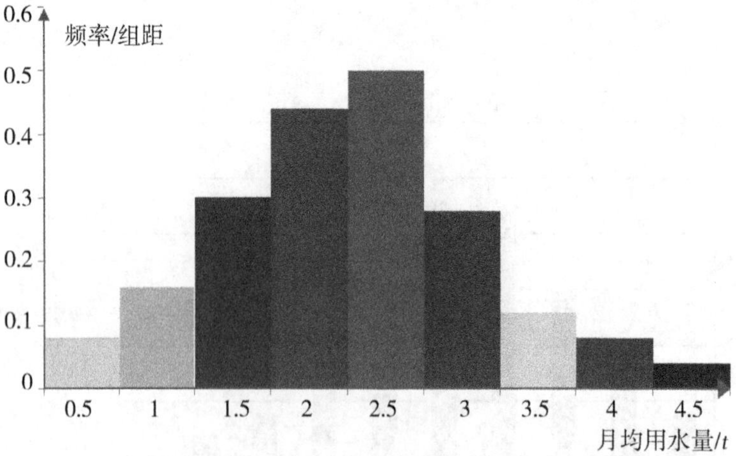

图1－32　直方图

步骤5：隐藏标题、图例和网格线。选择图表，应用“布局/图表标题/无”命令，再应用“布局/图例/无”命令，然后应用“布局/网格线/主要横网格线/无”命令，即可隐藏标题、图例和网格线。

步骤6：美化图表。双击绘图区，在弹出的对话框中，点选“填充”标签，勾选“纯色”选项，选择一种颜色填充。选择绘图区，可以改变它的大小及位置；选择文字、数字，也可以改变它的字体、字号、风格等，直到满意为止。

2. 函数曲线图

虽然在几何画板中绘制函数曲线比这个方法更容易，对曲线的各个要素表现得更加清晰，但这种方法是教材要求的一种方法，必须掌握它。以普通高中课程标准实验教材A版数学1第37页的图2为例，其操作步骤如下：

步骤1：按照前面介绍的1、2要点操作，其中类型选择 XY 散点图的带平滑线的散点图。

步骤2：输入数据。数据区域的A列、B列拉到22行，A列中输入 x 值数值：－10，－9，－8，－7，－6，－5，－4，－3，－2，－1，0，1，2，3，4，5，6，7，8，9，10。B列的每个单元格中输入公式：＝［@［x 值］］^3，这样就绘制了 $y=x^3$ 的图像，如图1－33所示。

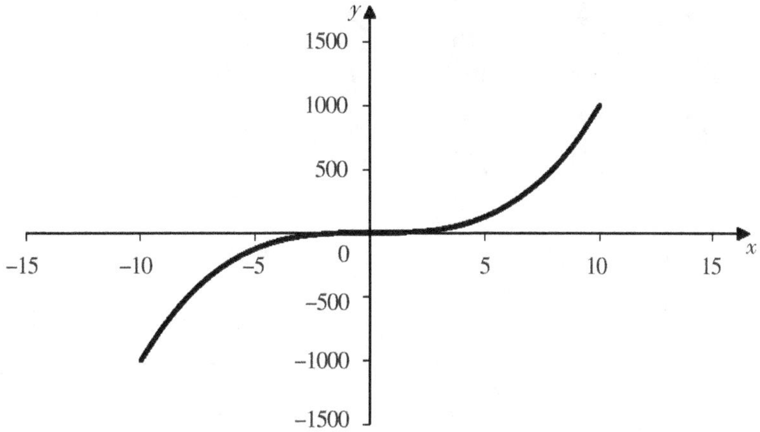

图1－33　$y=x^3$ 的图像

x 轴、y 轴的设置，隐藏标题，美化图表等操作，与直方图的操作类似。

3. 双 y 轴图表

当数值及其增长率都要同时显示在同一图表时，通常来说，增长率小于数值，造成增长率图形显示太小而看不清楚，这时，就可以在图表上显示双 y 轴，即在同一个图表中使用两类图形，数值采用柱形图，增长率采用折线图。

步骤1：按照前面介绍的1、2要点操作，其中类型先选择柱形图的簇状柱形图。

步骤2：输入数据。按照表1－2修改数据，得到如图1－34所示图形，增长率图形基本看不见。

表 1－2

年份	工业增加值	增长率（%）
2010	786.4	27.4
2011	1013.5	20.2
2012	1174.0	18.6
2013	1423.2	17.7
2014	1543.3	13.0

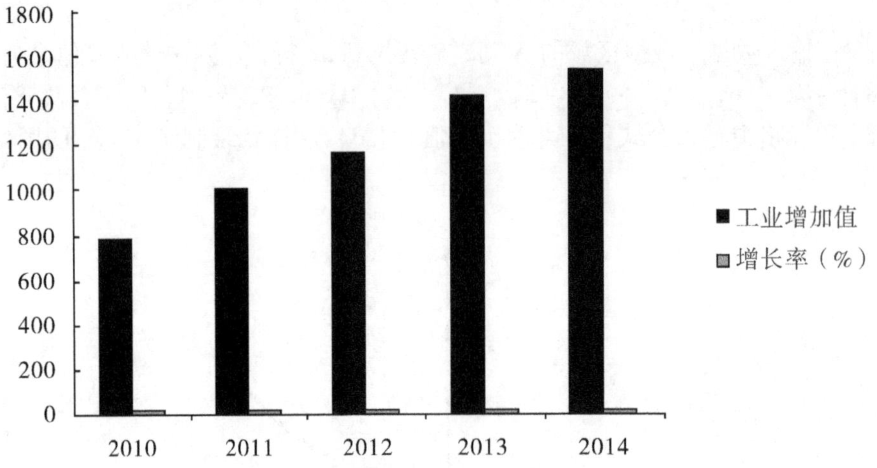

图 1－34　增长率比例太小示范图

步骤 3：显示双 y 轴。选择图表，在“布局/当前所选内容”中，弹出下拉列表，选择“系列‘增长率’点”选项，此时，增长率的全部图形被选中，应用“设置所选内容格式”，在弹出的对话框中，在“系列绘制在”中勾选“次坐标轴”。

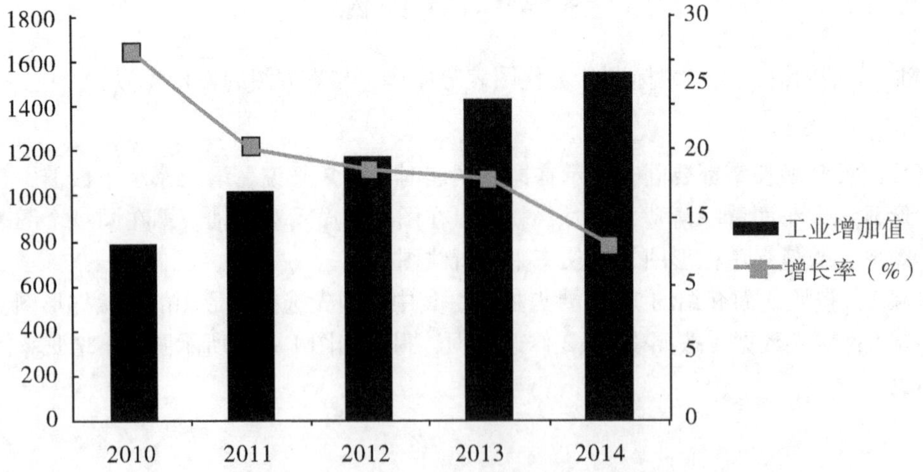

图 1－35　双 y 轴实例图

步骤4：修改增长率图形类型。按照步骤 3 的方法，选择增长率的全部图形，应用“设计/类型/更改图表类型”命令，在对话框中选择“带数据标记的折线图”。

运用前面介绍的方法，美化如图 1－35 所示图形。

1.3 上机实验操作

任务1：输入常见公式

1. 要求

（1）以“学号＋姓名”作为文件名保存文档。

（2）在 15 分钟内完成。

2. 操作步骤

（1）打开安装了 MathType 的 Office 2010，新建 Word 文档。

（2）使用“MathType”菜单插入内联公式，输入下列式子，格式选择“在＝号处对齐”。

$$\begin{aligned}\cos B &= \frac{c^2+a^2-b^2}{2ca}\\ &= \frac{134.6^2+161.7^2-87.8^2}{2\times 134.6\times 161.7}\\ &\approx 0.8398\\ B &\approx 32°53'\end{aligned}$$

（3）用鼠标拖动，以改变它们的大小，直到满意为止。

任务2：输入与文字混排的公式

1. 要求

（1）以“学号＋姓名”作为文件名保存文档。

（2）在 15 分钟内完成。

2. 操作步骤

（1）新建 Office 2010 Word 文档。

（2）输入以下内容，其中的公式使用 Office 2010 面板快捷公式进行编辑。

于是，可得递推公式

$$\begin{cases} a_1 = 1 \\ a_n = \frac{1}{2}a_{n-1} \quad (n>1) \end{cases}$$

由于$\frac{a_n}{a_{n-1}}=\frac{1}{2}$，因此这个数列是等比数列，其通项公式是

$$a_n = \left(\frac{1}{2}\right)^{n-1}$$

（3）选择整段文字及公式，改变它们的字体及字号，观测文字与公式的大小比例是否

匹配。

任务3：统计数据并制作直方图

1. 要求

（1）以“学号+姓名”作为文件名保存文档。

（2）在15分钟内完成。

（3）以下面某一班级的数学测验成绩为统计对象，制作直方图。

98	96	93	95	95	97
91	93	94	90	88	85
82	84	86	83	81	80
81	89	70	73	68	61
78	52	41	50	49	87
80					

2. 操作步骤

（1）新建Office 2010 Excel文档。

（2）在单元格A2至F7区域内，输入上表的数学测验成绩。

（3）在单元格A9输入“最高分”，在单元格B9中，应用最大值函数“MAX（A2：F7）”统计最高分是98，表达式中A2：F7为选择的数字区域范围。

（4）在单元格A10输入“最低分”，在单元格B10中，应用最小值函数“MIN（A2：F7）”统计最低分是41。

（5）在单元格A11输入“平均分”，在单元格B11中，应用平均值函数“AVERAGE（A2：F7）”统计平均分是80.3。

（6）在单元格A12输入“标准差”，在单元格B12中，应用标准差函数“STDEV.P（A2：F7）”统计标准差是15.22。

（7）计算“相差”是57，确定组距为10，组数5.7，取6，即6组，那么，数据分组[0，49]，[50，59]，[60，69]，[70，79]，[80，89]，[90，99]；在单元格H2至H7区域内分别输入49、59、69、79、89、99。

（8）添加分析工具库加载项。点击左上角的“文件”，应用“选项”命令调出Excel选项窗口，在弹出窗口的左侧，点击选择“加载项”，分析工具库加载项在默认情况下是未添加的，需要手动添加，点击“转到”选项就可转到加载页面，勾选分析工具库加载项，点击“确定”按钮，“数据”菜单的右面就添加了“数据分析”功能按钮。

（9）统计每组数据的频率。应用“数据分析”命令，分析工具选择“直方图”，在弹出的对话框中，输入区域选择“A2：F7”，接受区域选择“H2：H7”，输出区域选择“D10：F16”，其他选项不勾选，点击“确定”按钮，则在输出区域统计出每组数据的频率，如表1-3所示，应用公式计算“频率/组距”。

表 1－3

接受	频率	频率/组距
49	2	0.2
59	2	0.2
69	2	0.2
79	3	0.3
89	12	1.2
99	10	1

（10）新建一个 Word 文档，应用“插入/图表”命令，按照上文介绍的直方图制作方法，制作符合教学要求的直方图，数据选择表 1－3 中的“接受”“频率/组距”内容，最终作品如图 1－36 所示。

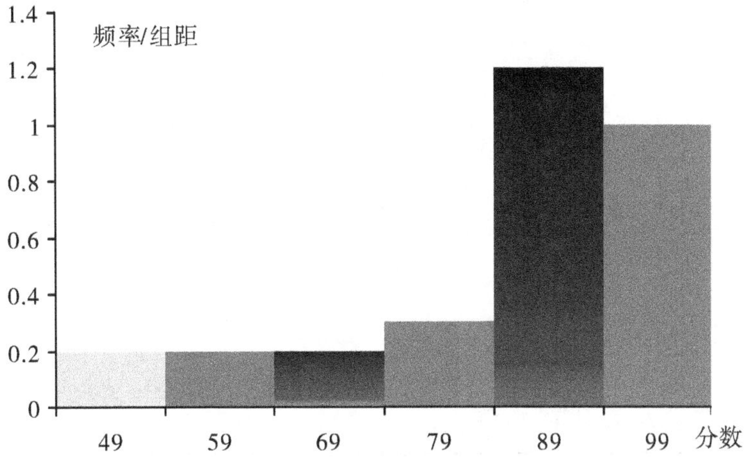

图 1－36　直方图

习　题

一、选择题

1. 使用快捷公式按钮的公式，不能改变为以下哪种类型？（　　）

A. 专业型　　B. 线型

C. 矢量图形　　D. 普通文本

2. 选择专业型公式后，不能使用以下哪条操作命令？（　　）

A. 改变符号大小　　B. 改变风格

C. 改变符号字体　　D. 改变颜色

3. 在直方图中，以下哪个操作命令是不能实现的？（　　）

A. 改变柱形大小　　B. 显示百分比

C. 改变柱形颜色　　D. 显示 x 轴标题

二、判断题

1. 使用快捷公式按钮的公式，不能变为普通文本。（　）
2. 线型公式的字体可以改变为宋体。（　）
3. 我们可以像文本一样，通过改变字号来控制公式的大小，改变段前段后间距来控制行之间的距离。（　）
4. 专业型公式和线型公式，不能和文字混合编辑。（　）
5. 直方图的轴及轴箭头是不可以改变的。（　）

三、操作题

1. 输入与文字混排的公式

输入内容如下：

于是，可得递推公式

$$\begin{cases} a_1 = 1 \\ a_n = \dfrac{1}{2}a_{n-1} \quad (n>1) \end{cases}$$

由于$\dfrac{a_n}{a_{n-1}} = \dfrac{1}{2}$，因此这个数列是等比数列，其通项公式是

$$a_n = \left(\frac{1}{2}\right)^{n-1}$$

2. 制作直方图

以某一班级的数学测验成绩为统计对象，制作测验成绩的直方图。

98	96	93	95	95	97
91	93	94	90	88	85
82	84	86	83	81	80
81	89	70	73	68	61
78	52	41	50	49	87
80					

四、简述题

1. 简述把经常使用的公式变为常规公式的操作步骤。
2. 简述改变公式在 Word 文本中的位置的方法。
3. 简述在 Word 文本中插入图表的基本步骤。
4. 简述制作双 y 轴图表的关键步骤。

2　构建几何图形

学习要求

1. 认识几何画板菜单，会新建、打开、保存文档。
2. 掌握增加、删除、复制、重命名页面的方法。
3. 能够设置对象属性、参数选项、线型、颜色及文本风格，并能够分离/合并对象。
4. 掌握在页面中输入文字、公式，插入图片的方法及技巧。
5. 掌握关联文本的制作方法及使用方法。
6. 掌握标记对象的方法。
7. 掌握运用“构造”命令制作几何图形的方法及技巧。
8. 掌握运用“变换”命令制作几何图形的方法及技巧。

2.1　认识几何画板菜单

2.1.1　启动几何画板

单击桌面左下角的“开始”按钮，依次选择“程序”“几何画板5.06”，单击即可启动几何画板，屏幕画面如图2－1所示。

2.1.2　认识“文件”菜单

左键单击“文件”即可弹出“文件”菜单，如图2－2所示。

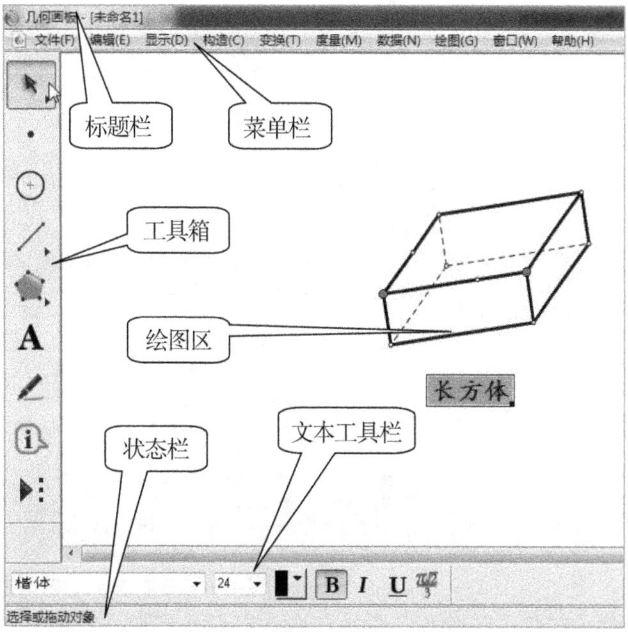

图2－1　几何画板屏幕画面

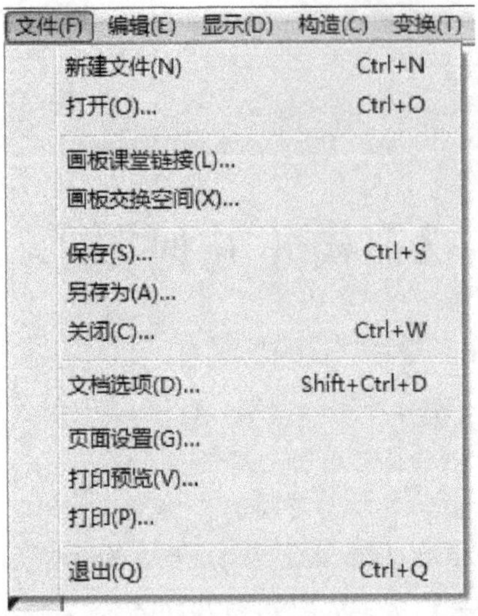

图 2－2　“文件”菜单图示

1. 新建、打开、保存、另存为、关闭文件

新建文件：建立新的几何画板文件。

打开：打开几何画板已有的文件（＊. gsp/＊. gs4）。

保存：可以把当前窗口的工作，保存为几何画板文件；也可以把当前窗口当前页的内容，保存为图元文件（＊. wmf）或增强图元文件（＊. emf）。保存的图片，可以直接插入 Word、PPT 及 Authorware 等文档中使用，给我们撰写教研论文、制作自主学习型课件，提供了很大的帮助，如图 2－3 所示。

图 2－3　保存文件图示

另存为：把当前的几何画板文件，以文件副本的方式保存起来。在修改已有的文件时，经常使用这一条命令，以保护原来做好的工作；也可以用另一种格式（＊.wmf/＊.emf）保存当前窗口当前页的内容。叙述参见“保存”。

关闭：关闭当前窗口的内容。

2. “文档选项”之编辑“页面”

点选“视图类型”的“页面”选项，出现如图 2－4 所示界面。单击“增加页”，你可以：

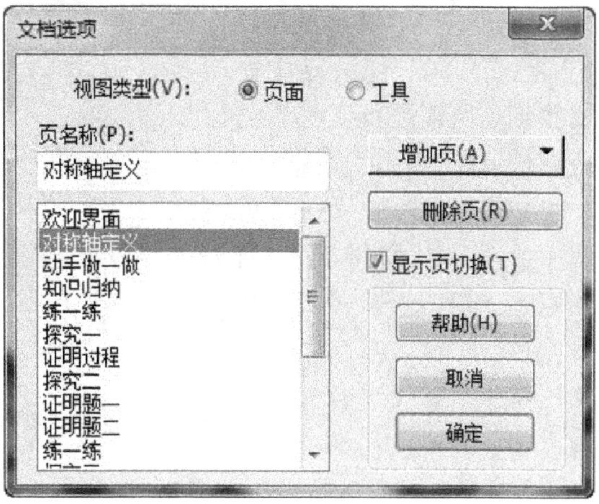

图 2－4 “文档选项”之“页面”设置图示

（1）增加空白页，其名称以 1、2、3…表示：在“页名称”中，输入自己命名的页名称，在页面名称列表栏中，单击其他页的名称，便可以显示更改的页名称，此过程是给页面命名。推荐在制作课件中使用这一功能。如果勾选了“显示页切换”，便可以在本文档的窗口底部把所有页面的名称都显示出来。这样在利用课件讲课时，内容之间的跳转就方便快捷了。

（2）复制页面：可以从当前文档中，也可以从其他打开的文档中，选定已有的页面进行复制。复制出的页面，其内容、页名称与被复制页面的内容、页名称一样，如图 2－5 所示。制作课件时巧妙运用这项功能，可以从现有的几何画板文件中选择合适的页面内容加入自己的课件中，以减少重复的工作。

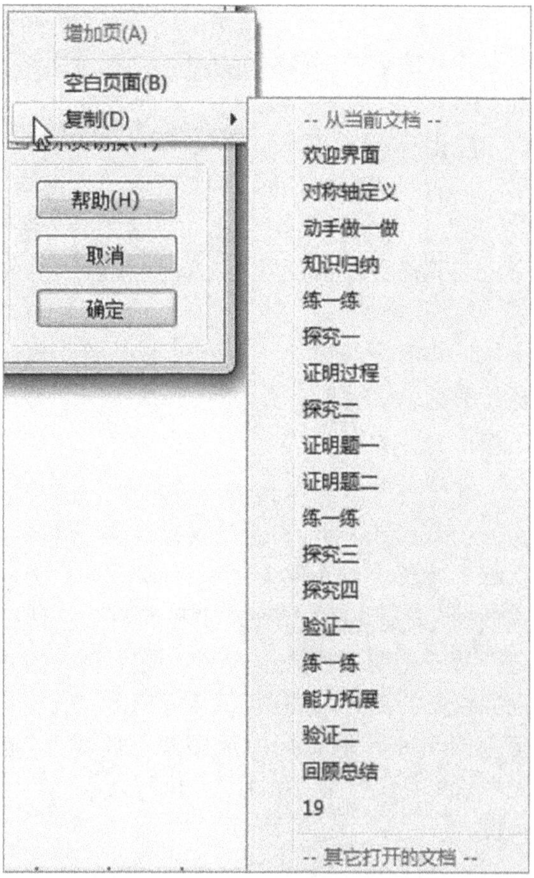

图 2－5 复制页面图示

（3）移除页：可以把选中的页从名称列表中删除，点击“确定”后，该页的内容从文件中永久删除。

在名称列表栏里选中某一页的名称，按下左键拖动它，可以改变页面之间的相对位置。

3. “文档选项”之编辑“工具”

点选“视图类型”的“工具”选项，出现如图 2－6 所示界面。

单击“复制工具”，可以从工具文件夹（Tool Folder 文件夹）中把工具直接复制出来，并在工具列表中显示。这样，在“自定义工具”快捷键中便能很快找到你所需要的工具，可以加快课件制作的速度。

单击“删除工具”，可以把选中的工具从本文档的工具列表中删除，但不会从工具文件夹中删除。

至于自定义工具，在下面的内容中有详细的讲解。

“页面设置”“打印预览”“打印”命令，与其他程序的设置类似，这里就不介绍了。

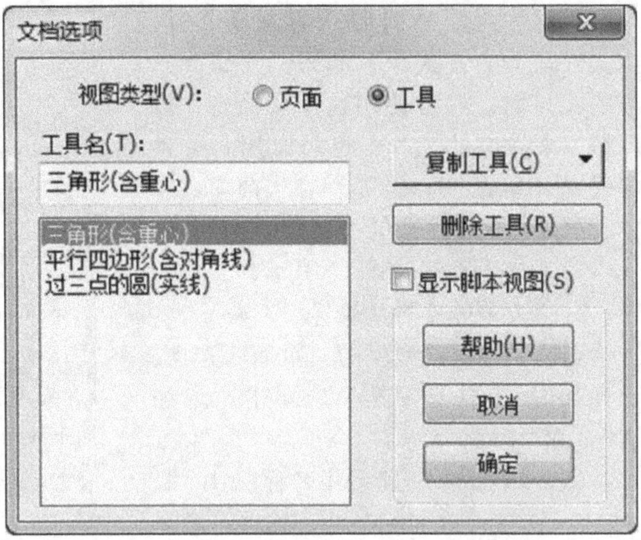

图 2－6　“文档选项”之“工具”设置图示

2.1.3　认识“编辑”菜单

左键单击“编辑”即可弹出“编辑”菜单，如图 2－7 所示。“撤消”“重做”“剪切”“复制”“粘贴”“清除”命令与其他程序的设置类似，这里就不介绍了。“操作类按钮”命令在“5　制作动画型课件”中有详细讲解。下面重点介绍几何画板特有的六个功能。

1. 插入图片

几何画板没有在画板中直接插入图片的命令，可以采用以下途径来实现。途径一：选择本地盘某一文件夹中的图片文件，把它拖动到几何画板的绘图区放开即可。一般要选择背景透明的图片，否则，图片会遮挡住前面绘制的图形，如图 2－8 所示。途径二：复制网站或其他文档中的图片，此时，“粘贴”命令变为“粘贴图片”，执行命令即可插入图片。

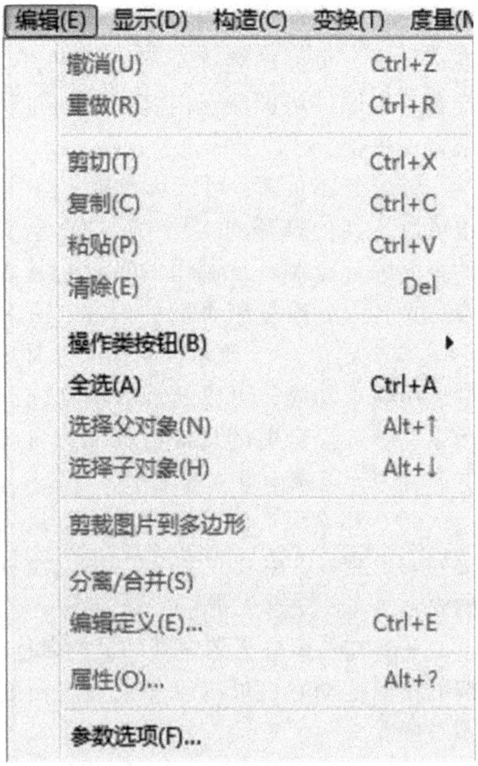

图 2－7　“编辑”菜单图示

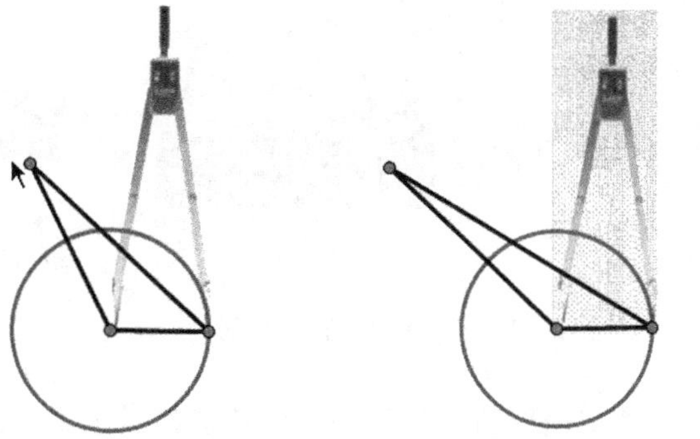

背景色透明的圆规图片　　有背景色的圆规图片

图 2－8　背景色是否透明的图片显示效果

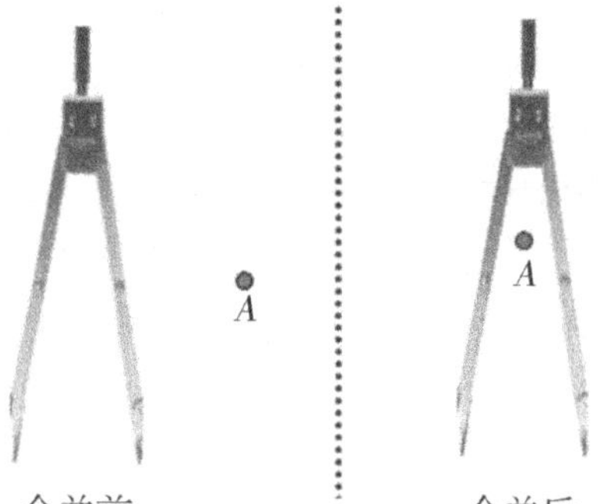

合并前　　合并后

图 2－9　一个点与图片合并

重要提示：在几何画板中，图片与点能够合并成一个整体，这个点可以是 1 个、2 个或 3 个。一个点的运动，会带动图片作直线、曲线移动或转动，这个过程称为图片与点的合并。在“5　制作动画型课件”中有详细描述。

图片与点的合并有三种类型。

类型一：一个点与图片合并。首先复制一张图片，选择一个点 A，应用“粘贴图片”命令可以将其合并。此时，点 A 的运动，可以带动图片运动，如图 2－9 所示。

类型二：两个点与图片合并。首先复制一张图片，选择点 A 和点 B，应用“粘贴图片”命令可以将其合并。此时，点 A、点 B 是位于图片对角线的两个点，其中一个点的运动可以对图片进行放大、缩小。

类型三：三个点与图片合并。首先复制一张图片，依次选择点 A、点 B 和点 C，应用“粘贴图片”命令可以将其合并，最后选择的点，例如本例的点 C，将会与图片左上角的点重合。如果把其中一个点设计为动画，就能实现图片的多种变化。本例中，如果点 B 是圆上的一点，点 B 沿着圆周运动，将带动圆规图片转动，形成画圆的效果，如图 2－10 所示。

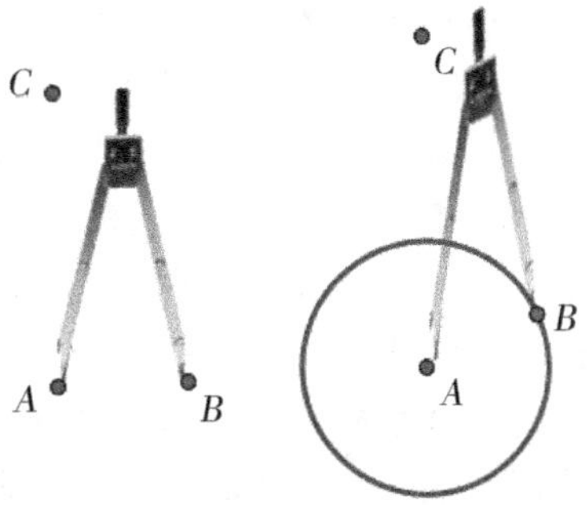

图 2－10　三个点与图片合并

2. 剪裁图片到多边形

在绘图区输入一幅图片，绘制一个有内部形状的多边形图形，调整图片和多边形内部，使得两者有重叠部分，选择图片和多边形内部，应用“编辑/剪裁图片到多边形”命令，只有重叠部分可见，图片其余部分会自动被隐藏，如图 2－11 所示。

图片与图形内部不相交　图片与图形内部相交　剪裁图片到图形

图 2－11　剪裁图片到多边形

如果图片被隐藏了，被多边形覆盖到的部分图片会显示出来，改变多边形顶点的运动路径，可以决定图片的显示区间，也可以打造逐渐显示文本或者图片的动态效果。

3．“选择”系列命令

全选：选中当前页中所有的对象。

选择父对象：选中某一个对象后，执行此命令，可以选中构造这个对象的原对象。如果命令变为灰色，表示这个对象没有父对象。例如：选中某一直线，执行命令后便选中了构造这条直线的两个点。

选择子对象：选中某一个对象后，执行此命令，可以选中由它所构造的下一级别对象。如果命令变为灰色，表示这个对象没有子对象。例如：选中某一点，执行命令后便选中了由这个点所构造的直线或曲线。

这组命令在制作课件时，往往用来分析解剖别人的作品，找出各个对象之间的父子关系，学习别人的创作思路，最终将其转变成自己的经验。

4．分离/合并

运用这个菜单选项可以把一个对象合并到另一个对象，或者把整体的对象分离开。分离或合并前要选中对象，选择的对象不同，命令的名称相应改变。总结起来，有以下四种类型。

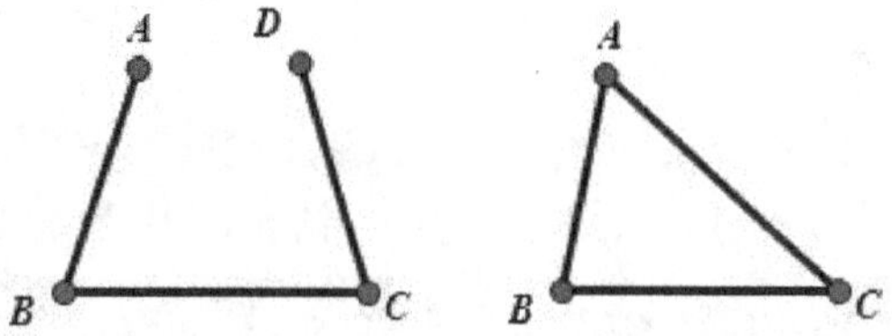

合并前　合并后

图 2－12　点与点的合并/分离

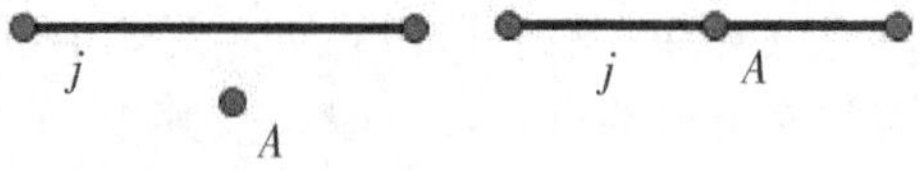

合并前　合并后

图 2－13　点与线的合并/分离

点与点的合并/分离：如图 2－12 所示，先后选择左图的点 *D*、点 *A*，先选的作为移动点，后选的作为目标点，此时，命令变为“合并点”，执行它，点 *D* 向点 *A* 移动，这两个点合为一个点。反之，选择右图的点 *A*，此时，命令变为“分离点”，执行它，一个点分为两个点。

点与线的合并/分离：如图 2－13 所示，选择线段 *j* 和点 *A*，注意，这时点 *A* 是自由点，此时，命令变为“合并点到线段”，执行它，点 *A* 向线段 *j* 移动，最终成为线段 *j* 上的点。反之，选择右图的点 *A*，命令变为“从线段分离点”，执行它，点 *A* 从线段 *j* 分离出来，成为自由点。

点与面的合并/分离：如图 2－14 所示，选择五边形内面和点，注意，这时点是自由点，此时，命令变为“合并点到五边形”，执行它，点向五边形最近的边线移动，并成为边线上的点。类似地，也可以把点从面分离出来，结合上面的操作介绍，大家可以自己试一试。

点与文字的合并/分离：如图 2－15 所示，选择文本文字和点 A，然后按住 Shift 键不放，此时，命令变为“合并文本到点”，执行它，文本和点合为整体，点 A 的运动将会带动文本运动，生成形象的文字动画。

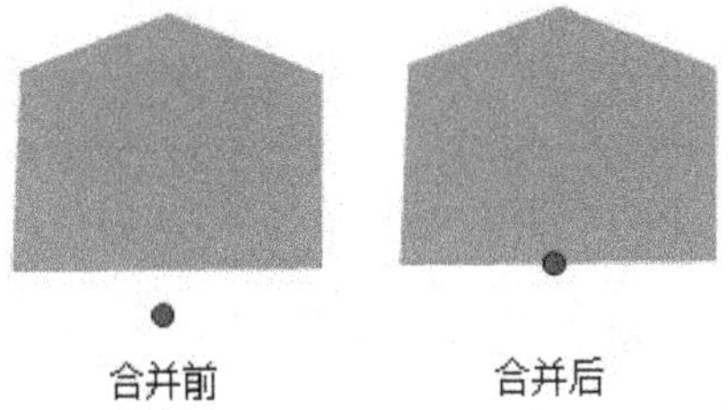

图 2－14　点与面的合并/分离

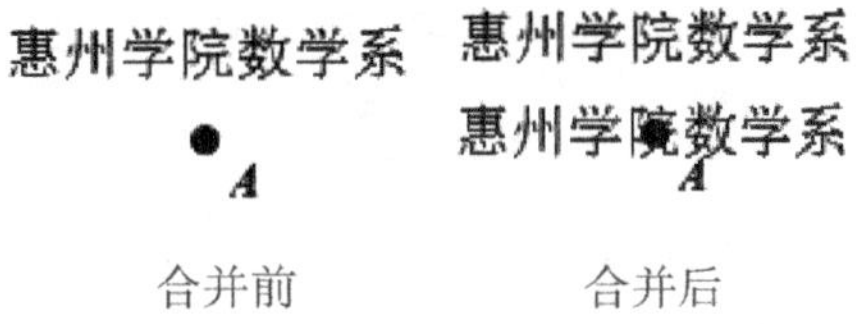

图 2－15　点与文字的合并/分离

5. 对象的“属性”

不同的对象，其属性对话框不同。图 2－16 是一条线段的属性之“对象”设置对话框。

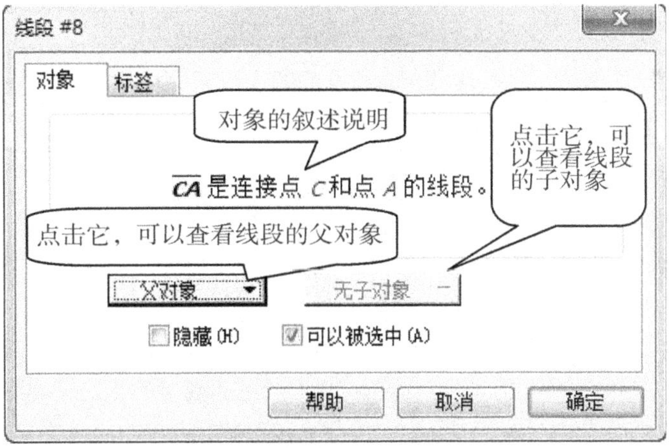

图 2－16　线段的属性之“对象”设置图示

勾选复选框“可以被选中”，表示这个对象在页面上可以被鼠标选中而处于被编辑的状态；不勾选，表示这个对象不能被鼠标选中，即不能编辑这个对象，固定的对象往往是不勾选这个选项的。勾选复选框“隐藏”，对象在页面上不显示出来；要显示这个对象的话，就不能勾选这个选项。

图 2－17 是一个点的属性之“标签”设置对话框。标签的下标书写形式是 B [1]，在页面上则显示为 B_1。

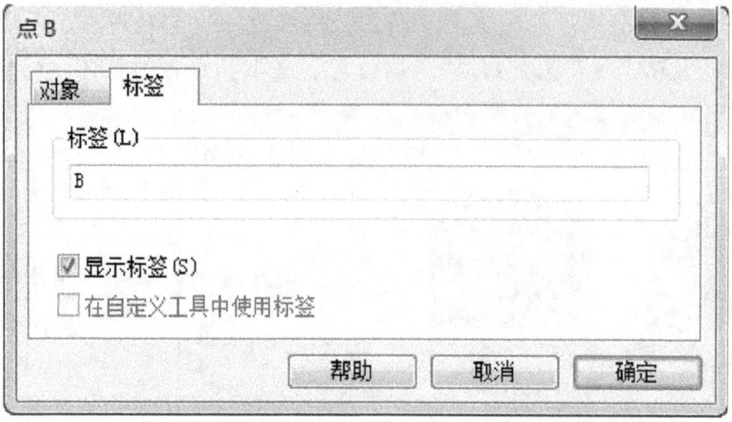

图 2－17　对象的属性之“标签”设置图示

6. 参数选项

设置几何画板文档的参数。

“参数选项”之“单位”的设置：如图 2－18 所示，角度单位有度、弧度、方向度；距离单位有像素、厘米、英寸；精确度则从单位精确至十万分之一。

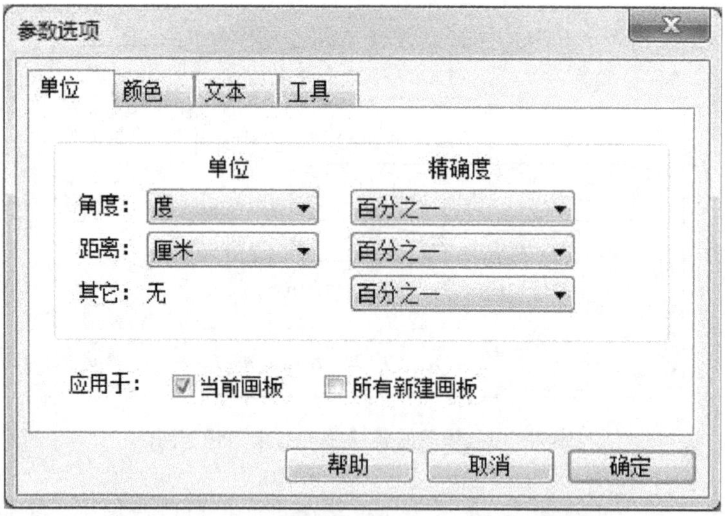

图 2－18　“参数选项”之“单位”设置图示

复选框“当前画板”：设置的单位和精确度应用于当前几何画板页面。

复选框“所有新建画板”：设置的单位和精确度应用于几何画板的新建页面。

“参数选项”之“颜色”的设置：如图 2－19 所示，图中各类对象的颜色为默认设置的颜色，如果要设置为其他颜色，点击它，选择所需颜色，按“确定”即可。复选框“淡入淡出效果时间”，用来设置显示或隐藏对象时，淡入淡出效果的时间长短。

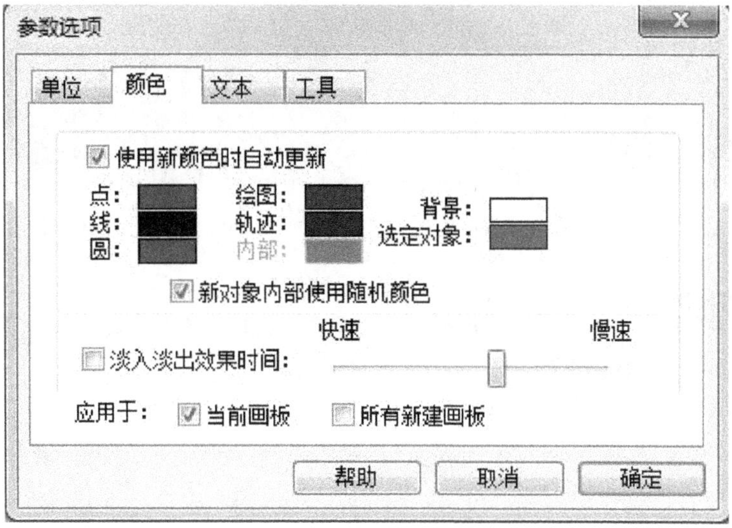

图 2－19　“参数选项”之“颜色”设置图示

“参数选项”之“文本”的设置：如图 2－20 所示。目前为默认设置。

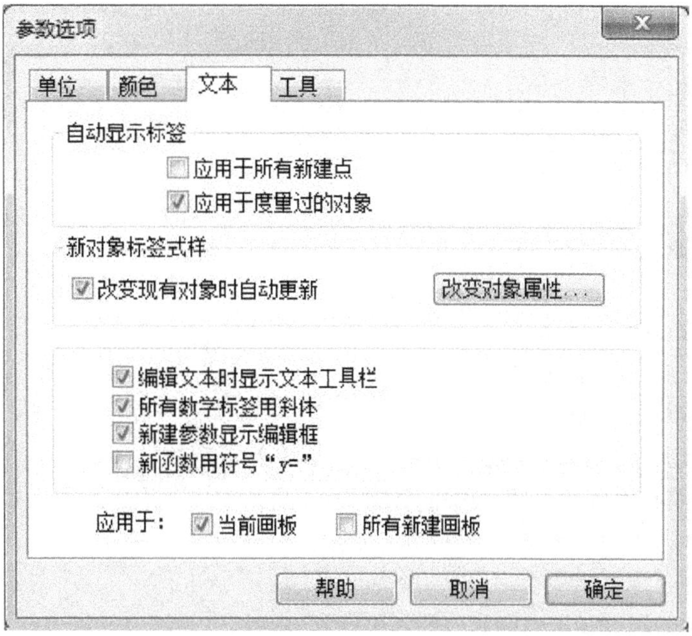

图 2－ 20　“参数选项”之“文本”设置图示

这里分了三个部分，各个部分前面的复选框是否勾选，可按需调整。

其中，如果不勾选“新建参数显示编辑框”，新建的参数将没有编辑框，这样的参数不能通过在编辑框中直接输入数字的方法来修改大小。

点击“改变对象属性”按钮，弹开如图 2－21 所示的对话框，可以设置标签、标题、

数值 & 函数、操作类按钮、表格、坐标轴上的数字这六类对象的文本样式，包括字体、字号、风格、颜色的设定。

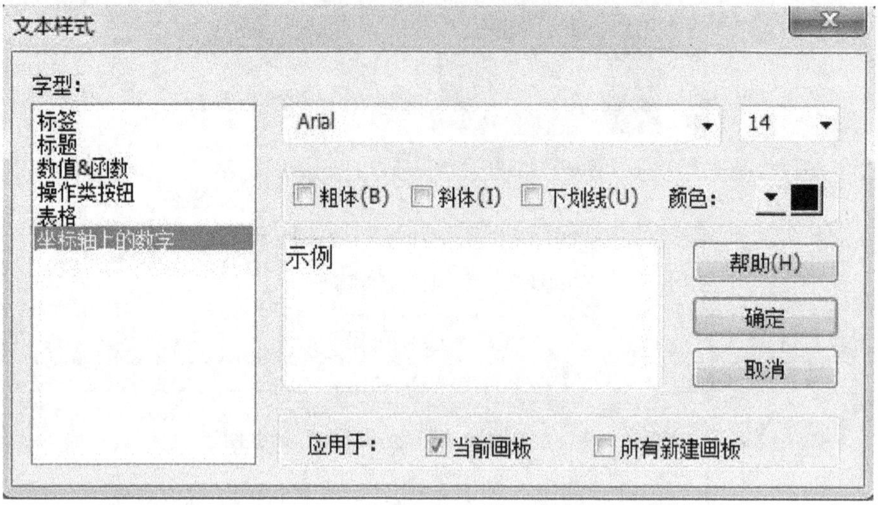

图 2－21　“文本样式”设置图示

2.1.4　“显示”菜单

左键单击“显示”即可弹出“显示”菜单，如图 2－22 所示。

点型：改变选中的点的大小。

线型：改变选中的线（线段/射线/直线）的粗细，有虚线、细线、粗线三个候选项。

颜色：改变选中对象的颜色，弹开二级菜单的颜色为候选颜色，也可以点击“其他”，弹开颜色选择器，选择一种其他颜色。

文本：改变选中文本、标签的字体和大小。

隐藏对象：把选中的对象隐藏起来，使其在页面中看不见；选择的对象不同，命令的名称也不同，本例中选择了一个点，命令名称变为“隐藏点”。制作课件时，可以把那些不需要给学生看的对象用这条命令隐藏起来，起到简化、突出重点的作用。

显示所有隐藏：把所有隐藏的对象显示出来，在解剖、分析别人的作品时，这条命令很实用。

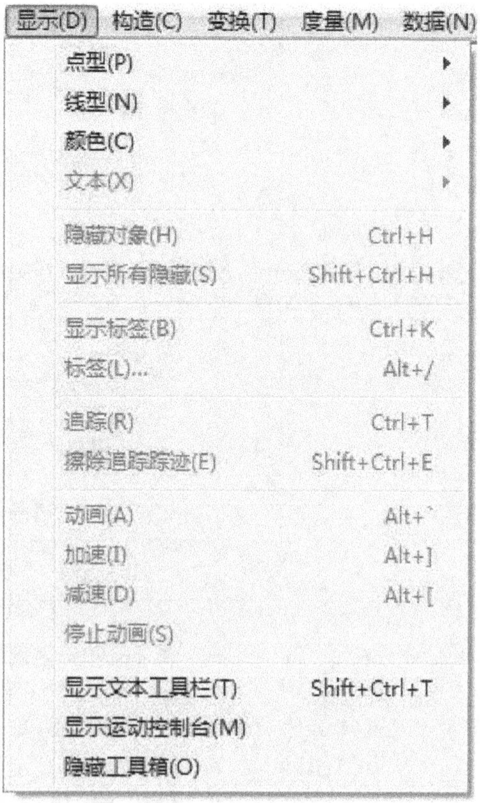

图 2－22　“显示”菜单图示

显示标签：把选中对象的标签显示起来。

标签：左键单击“标签”弹出如图 2 – 17 所示的对象属性之“标签”图示，可以编辑标签名称、样式。

追踪：如果选中的对象是可以运动的，则生成选中对象的运动轨迹。例如，选择一个点，这个点沿着某一曲线运动，沿着点的运动方向，生成与这条曲线一样形状、一样大小的轨迹。课件中如果要强调、突出某一内容时，经常使用这个功能，可以制作研究性的课件供学生进行研究性的学习。

擦除追踪踪迹：把对象生成的轨迹擦除干净，使页面整洁。

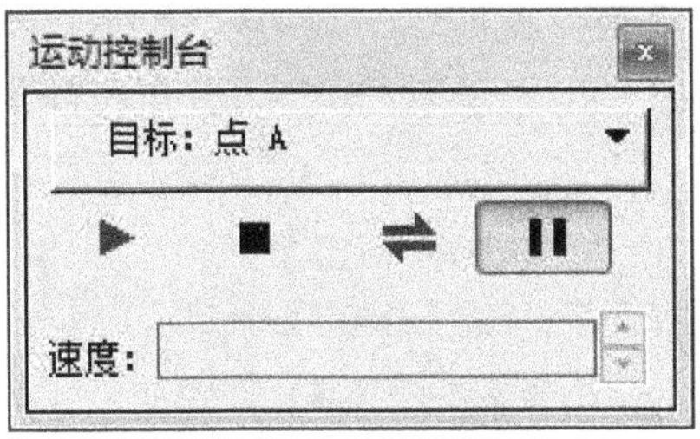

图 2 – 23　运动控制台

动画：选中的对象在它的父对象上形成一个动画，同时显示运动控制台，如图 2 – 23 所示，在控制台上可以控制运动的目标、速度。选择的对象不同，命令的名称也不同，本例中选择了一个点，命令名称变为“生成点的动画”。

显示文本工具栏：在页面底端把文本工具栏显示出来，如图 2 – 24 所示。

隐藏工具箱：把左边的工具箱隐藏起来。

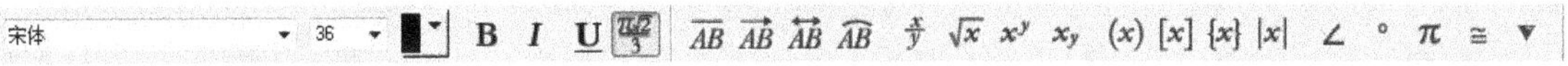

图 2 – 24　文本工具栏

2.1.5　快捷工具

图 2 – 25 快捷工具箱

1. 工具简述

快捷工具箱如图 2 – 25 所示，几何画板有九类快捷工具，凡工具右下角有三角形符号的，必须按住左键不放，才能够弹出相应的工具，以供选择。

选择工具，最常使用的工具。

旋转工具，使选中的对象按照任意角度旋转。

缩放工具，使选中的对象按照任意比例缩放大小。

画点工具，在页面上左键点击一下，就能画出一个点。

画圆工具，在页面上画出带有圆心和圆上一点的圆。

线段工具，在页面上画出带有两个端点的线段。

射线工具，在页面上画出带有两个点的射线。

直线工具，在页面上画出带有两个点的直线。

内部多边形工具，在页面上画出任意边数的多边形内部。

内部及边线多边形工具，在页面上画出任意边数的多边形内部及边线。

边线多边形工具，在页面上画出任意边数的多边形边线。

A 文本工具，有以下两方面功能：

其一是输入文本及简单公式。按住左键不放，拉动它构建一个文本输入区，把文本工具栏显示出来，写入文字，也可以从别的文档中复制文字；按照文本工具栏给定的符号输入简单公式；设置文字及公式的字体、大小、风格、颜色。

其二是显示/隐藏标签。鼠标指到对象（点、线、面均可）并且由（白色）变为（黑色）时，如果对象的标签是隐藏的，左键点击一下对象就能显示标签；反之，如果对象的标签是显示的，左键点击一下对象就能隐藏标签；如果要修改标签，双击它弹出对话框，修改标签的名称、样式。这个功能与“显示/显示标签”及“显示/标签”命令相同，制作课件时通常使用这个快捷功能。

标记工具，用于给对象加上标识，使对象能够更好地被识别。标识过的对象，在热文本中能更好地显示出来。标识工具还可以变成涂鸦笔，在绘图区域中任意书写，标识笔所绘制的线条还可以作为自定义的特殊函数。

信息工具，使得鼠标有信息功能。此时鼠标会变为一个问号随行，点击绘图区域中的对象，对象会显示出属性等信息，有利于了解对象的父子关系，看出绘制图形的思路和过程。

自定义工具，是提高课件制作效率最有效的工具。可以把某些常用的、重复的绘图制作过程，制作成自定义工具，再次绘图时调用即可。在自定义工具图标的下一级菜单中，有“创建新工具”“工具选项”“显示脚本视图”“工具文件夹”和“选择工具文件夹”几个选项，如图 2－26 所示。

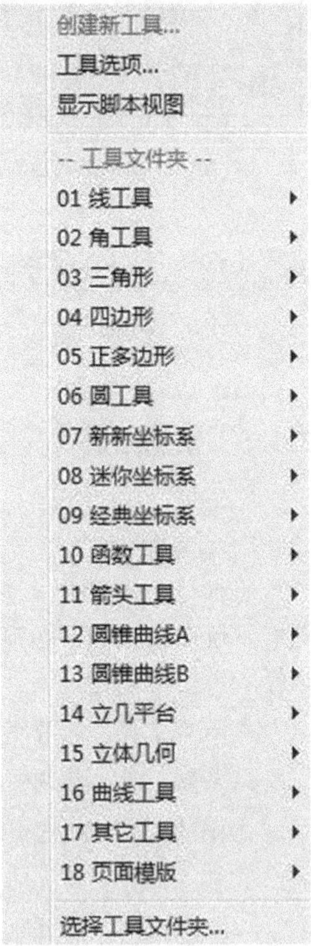

图 2－26　自定义工具图示

2. 创建与对象关联的文本

在几何画板 5.06 版本中，输入文本时，可将对象、标签、度量数值等关联进文本中。课堂教学时，鼠标移动到关联符号上，对应的对象会突出显示，起到提醒学生注意的效果，形象地展示教学内容。

以图 2－27 为例，在文字区域中创建与对象关联的文本的方法如下：

使用文本工具在绘图区域定义文字区大小，输入文字或公式，在叙述到某处时，若与图形（或数值）相关，鼠标直接移到图形（或数值）上，凡是鼠标形状能够由变为的对象，点击它，其标签或数值则直接插入文本中，如

图 2－27 中带方框的内容，$\boxed{\triangle BAC}$、$\boxed{A}$、$\boxed{7.66\ 平方厘米}$等。

图 2－27　创建与对象关联的文本示例图

关联的对象分为三种类型：①图形中的点、线、面，关联的方法如上所述。②另一个文本文字，鼠标移动到这个文本时，形状不能够由 自动变为 ，应该同时按住 Shift 键不放，此时点击这个文本，以复制方式插入文本中。③数值，包括参数、度量的各种量、计算及函数，按上述方法关联时，默认插入的是数值部分，如 7.66 平方厘米，如果要插入更全面的内容，应该同时按住 Shift 键不放，此时会显示对应的插入选项以供选择。图2－28罗列了四种含数值对象的插入选项。

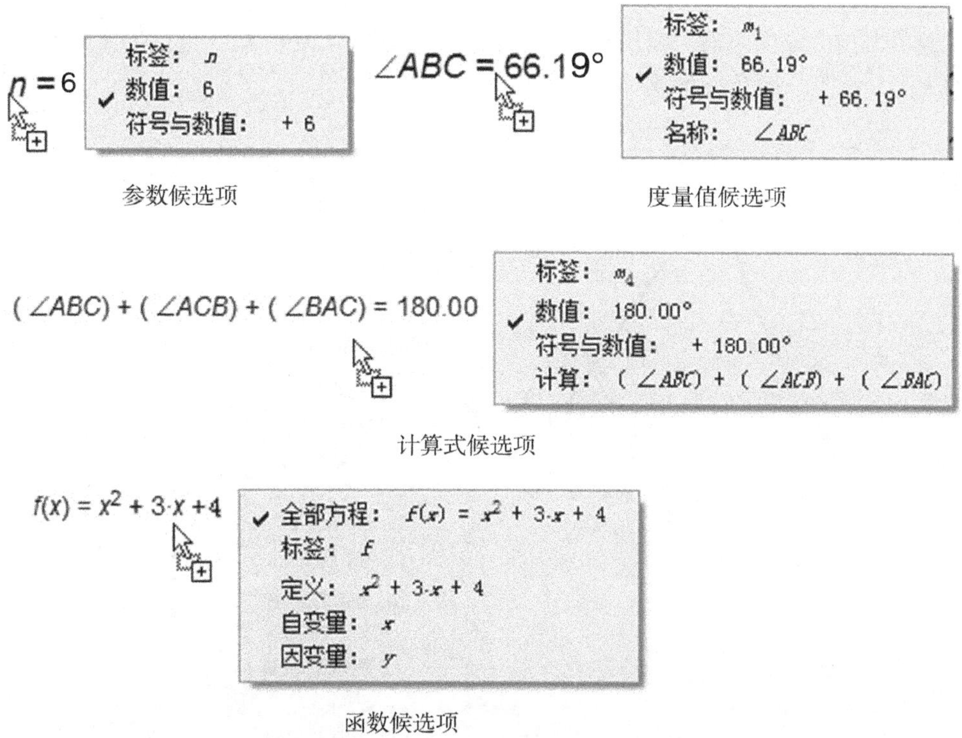

图 2－28　四种含数值对象的插入选项图示

图 2－29 所示为课堂教学时，鼠标选取“移动箭头工具”时移动到关联符号，对应的

对象会突出显示，不断单击它，则会不断闪动；如果对象是面，单击它才能突出显示。

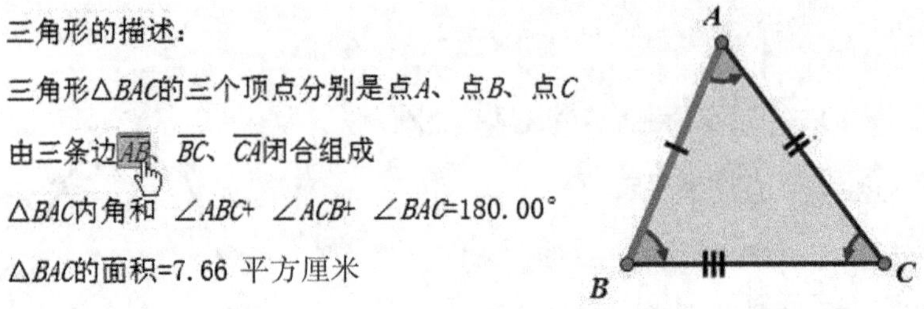

图 2－29　对象突出显示

3. 标记角度及线段

标记工具的功能实际上是在线（直线、曲线）及角度上画短线段，相当于教师在黑板上用粉笔给线及角度做记号，如图 2－29 右边所示的三角形。

（1）标记单个角。

操作如下：

点击标记工具，将鼠标点中点 B，向角内拖动鼠标，松开鼠标，$\angle B$ 的标识就出现了。此时，使用标识工具点击标识角内部，角标识的弧线会自 1 到 4 循环出现，以保证出现不同笔画数的角标识。

右键单击角度标识内部，弹出它的右键菜单，如图 2－30 所示，可以修改角标记内部及线的大小、线型、颜色、标签等。

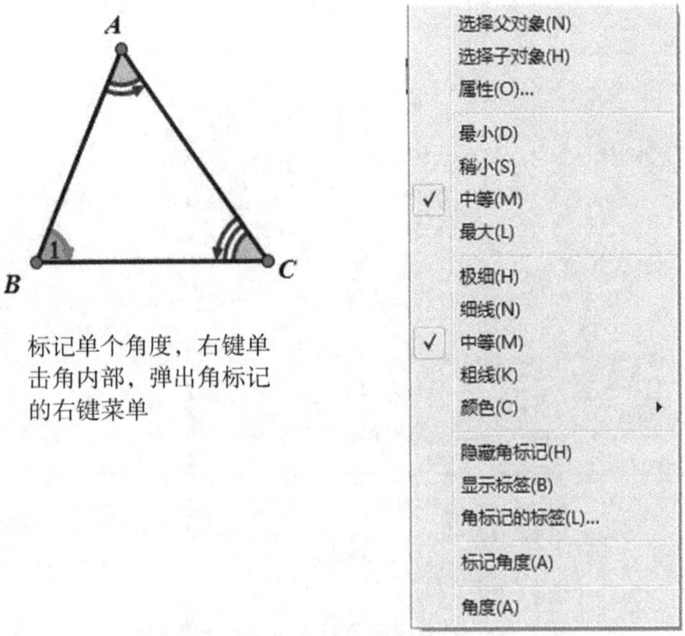

图 2－30　标记角的右键菜单图示

选择其中的“属性”，弹出属性对话框，如图 2－31 所示，可以修改角标记的对象、标签、标记笔和不透明度。对象和标签的设置与前面介绍的一样。标记笔定义角标记的方位，勾选“显示角度方向”能显示角标记弧线方向，“笔画数”候选项有 1～4 画；“不透明度”可以设置角标记内部的不透明度。

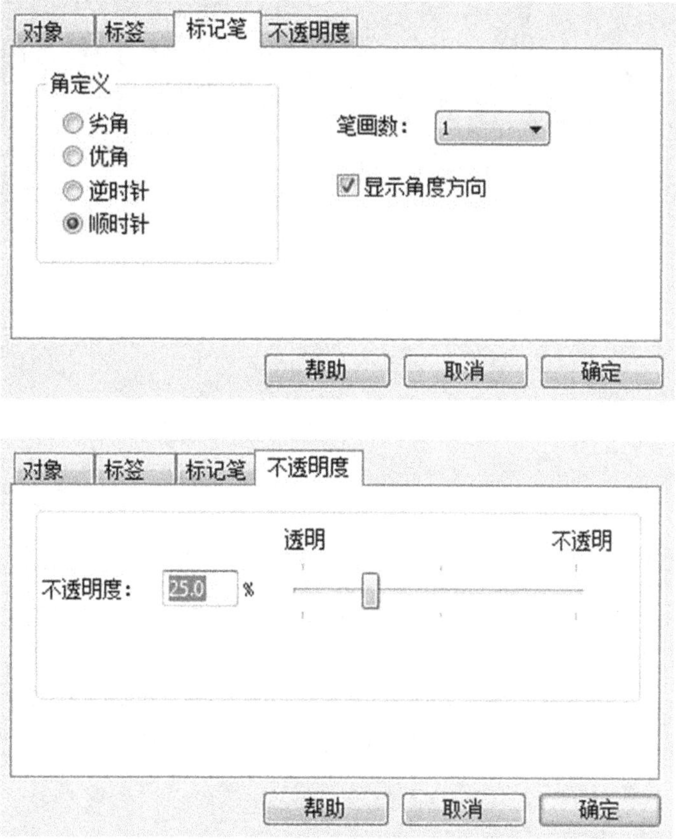

图 2－31　角标记的属性图示

（2）标记多个角。

点击标记工具，在角的顶点附近，点住一条边，向另一条边拖动，会标记出“方向角”标识。要标记如图 2－32 所示的多个角，先在点 A 附近，点住线段 AD，向线段 AB 拖动，对 $\angle DAB$ 做出标记；点住线段 AD，向线段 AC 拖动，对 $\angle DAC$ 做出标记；点住线段 AC，向线段 AB 拖动，对 $\angle CAB$ 做出标记。再调整标记角内部的大小和颜色，就能很好地区分每个角的范围。

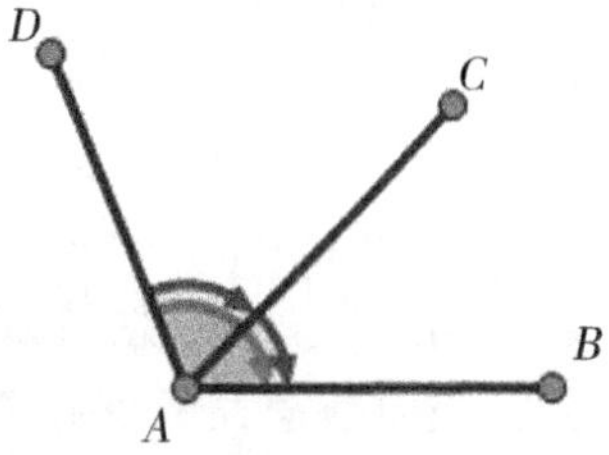

图 2－32　标记多个角

（3）标记线（直线、曲线）。

点击标记工具，用鼠标点中线段（或曲线），线段会出现短线段标识。此时，使用标记工具点击标识的区域，标记符号会自 1 到 4 循环出现，以标记不同组的线段。

右键单击标记符号，弹出它的右键菜单，如图 2－33 所示，可以修改标记符号的粗细、颜色、类型及箭头方向。

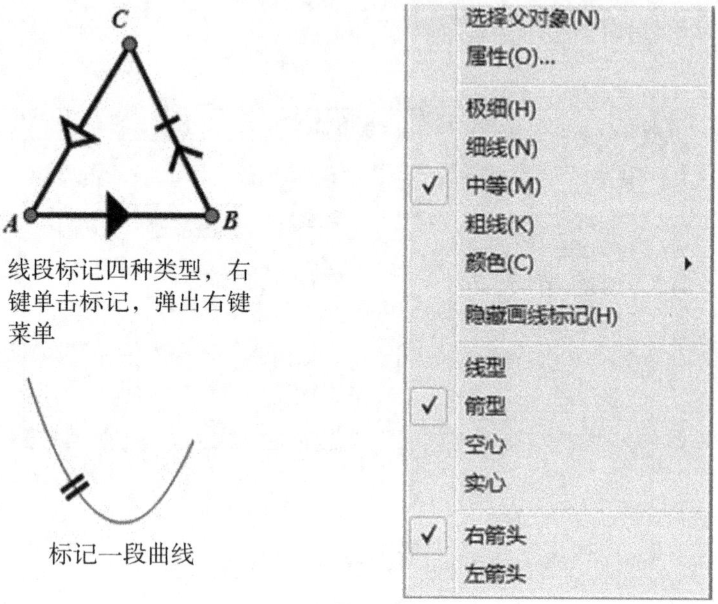

图 2－33　标记线的右键菜单图示

点击其中的“属性”，可在弹出的对话框中设置标记符号类型及箭头方向，这里就不再叙述了。

（4）自由书写。

选取标记工具后，除了点、线之外的任何位置，都可以像使用粉笔一样自由书写、涂鸦。

4. 创建自定义新工具

当前文档使用的快捷工具来自于：

（1）从工具文件夹中复制，在本节的“文档选项”之“工具”中有详细讲述。

（2）创建新工具，如果某种图形在本文档中将会反复出现，可以把它创建为一个工具，步骤如下：

第一步：画图形，选中图形的所有对象，例如正三角形。

第二步：利用“自定义工具/新建工具”命令，弹出如图 2－34 所示对话框，设置它，按“确定”即可。

如果某些图形在其他文档中反复使用，可以打开几何画板安装目录下的文件夹“Tool Folder”里的相应文件，这里放置的是工具文件夹的工具，如“三角形工具”，按照第一步、第二步操作，便可以把图形设置为工具文件夹的工具，在其他几何画板文档中直接调用。极力推荐大家使用这个方法，不断地充实、修改文件夹中的工具，甚至做成课堂教学的课件在课堂上实时调用。

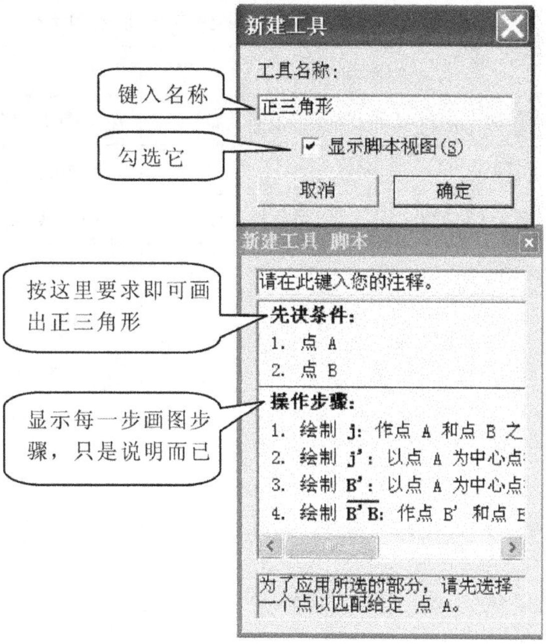

图 2－34　新建工具图示

2.2　运用“构造”命令制作几何图形

2.2.1　“构造”菜单

左键单击“构造”弹出“构造”菜单，如图 2－35 所示。只有选中对象，相应的操作命令才变为可用，灰色显示为不可用。图 2－35 是选择了三角形三个顶点所显示出来的命令。这里把选择的对象、对应的命令及命令的功能列成表，如表 2－1 所示。需要构建图形时，首先选择对象，再使用对应的命令即可。例如：构建一个角的平分线，首先选择角的三个顶点（A、B、C），点 B 为顶点，再应用“构造角平分线”命令即可以画出 $\angle ABC$ 的平分线。

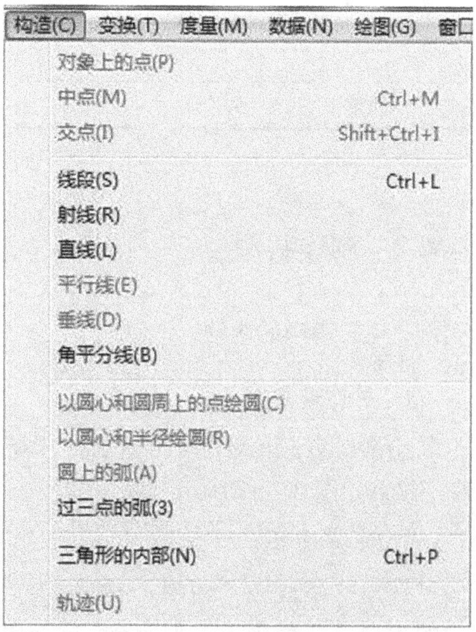

图 2－35　“构造”菜单图示

表 2-1　构造菜单命令与功能对照表

命令	要选择的对象	功能
对象上的点	线段（或射线、直线、曲线、面）	在选中的对象上作一个任意点
中点	线段	作线段的中点
交点	两条相交的线段（或射线、直线）	作相交线的交点
线段	两个点	作一条带有两个端点的线段
射线	两个点	作一条带有两个点的射线
直线	两个点	作一条带有两个点的直线
平行线	线段（或射线、直线）与点	过点作一条与线段（或射线、直线）平行的直线
垂线	线段（或射线、直线）与一个点	过点作一条与线段（或射线、直线）垂直的直线
角平分线	三个点，第二个点作为顶点	作一条由这三个点构成的角的平分线
以圆心和圆周上的点绘圆	两个点	以第一个选择的点作圆心，两点之间的线段作半径绘一个圆
以圆心和半径绘圆	一个点，一条线段	以点作圆心，线段作半径绘一个圆
圆上的弧	圆周及圆周上的两个点	按照圆周的形状，构建两点之间的圆弧
过三点的弧	三个点	作一条连接三点的圆弧
内部	闭合的曲线（或圆弧）或三个及以上的点	构建选中对象内部的面，选择的对象不同，命令名称则不同，例如选择三个点，名称变为“三角形内部”
轨迹	两个点	按规律构建一条轨迹

2.2.2　制作实例

实例 1　三角形的中线

1. 创作设想

绘制任意三角形的三条中线，构建它们的交点 O，效果如图 2-36 所示。

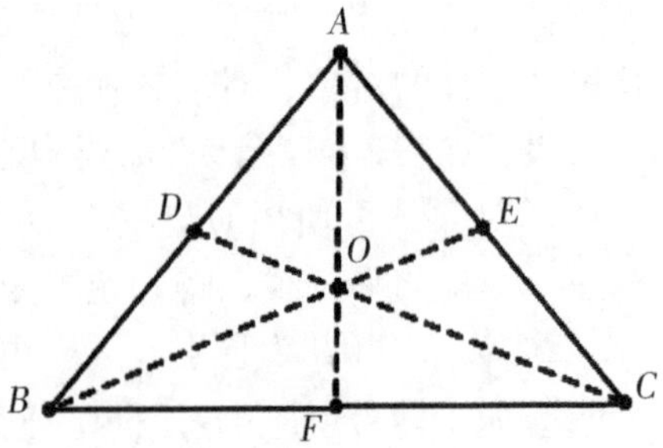

图 2-36　三角形的中线效果图

2. 关键技术

选择一条线段，利用“构造/中点”命令构建它的中点，选择中点及对面的点，利用“构造/线段”命令构建这两点之间的线段。

3. 教学应用

几何画板作出的图形是动态的，拖动点和线，能保持几何关系不变；而黑板上的图形是静态的，不能拖动；在动态展示教材、提升教材内容方面，几何画板给我们提供了很好的创作舞台。

4. 制作过程

步骤1：新建几何画板文档，“参数选项”采用默认设置。

步骤2：利用画点工具，在页面上任意构建三个点。

步骤3：利用选择工具，选中这三个点。

步骤4：运用“构造/线段”命令，构建这三个点两两之间的线段，构建一个三角形。

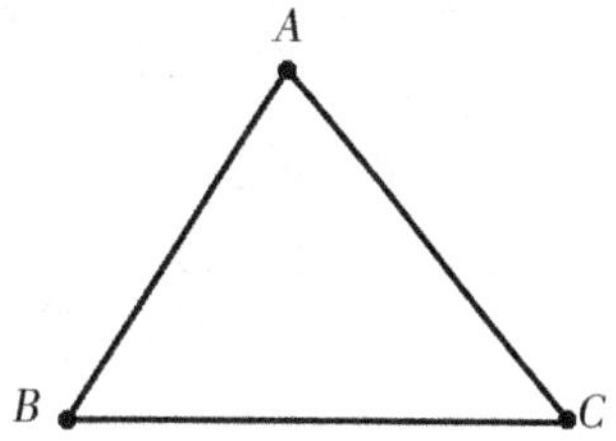

图2－37　构建的三角形

步骤5：利用文本工具，标记三个点的标签，分别命名为 A、B、C，如图2－37所示。

步骤6：选择线段 AB，运用“构造/中点”命令，构建它的中点 D。

步骤7：选择中点 D 和点 C，运用“构造/线段”命令，构建中线 CD。

步骤8：重复步骤6、步骤7，构建中线 BE、AF。

步骤9：同时选中中线 BE、AF，运用“构造/交点”命令，构建交点 O。

步骤10：标记所有要显示的标签，写入说明文字，设置它们的大小、颜色、位置。操作完成。

实例2　三角形内角标志

1. 创作设想

构建一个三角形，用不同颜色规范地标记三个内角，如图2－38所示。

2. 关键技术

构建圆上的一小段圆弧，并构建这段圆弧的扇形内部。

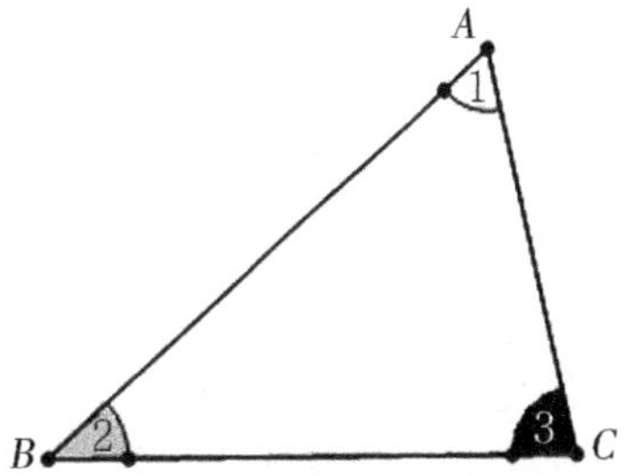

图2－38　三角形的内角标志效果图

3. 教学应用

分别拖拉点1、点2、点3的位置，直接改变内角标志的大小，加上颜色的应用，三个角的区分度很大，直观性很强。

4. 制作过程

步骤1：构建三角形 ABC，并标记三个顶点的标签（参见实例1的步骤2到步骤5）。

步骤2：在线段上任取一点，命名为1。

步骤3：构建一个圆，先后选中点 A、点1（先选的点是圆心），运用“构造/以圆心和圆周上的点绘圆”命令，绘制一个圆。

步骤4：选中圆和线段 AC，应用“构造/交点”命令，构建交点 E。

步骤 5：先后选中点 1、圆、交点 E（注意顺序，如果点的顺序选反了，则构建上半部的圆弧），应用“构造/圆上的弧”命令，构建圆弧。

步骤 6：选中圆弧，应用“构造/弧内部/扇形内部”命令，构建圆弧至圆心之间的扇形面。

步骤 7：选中扇形面，应用“显示/颜色”命令，选择黄色。

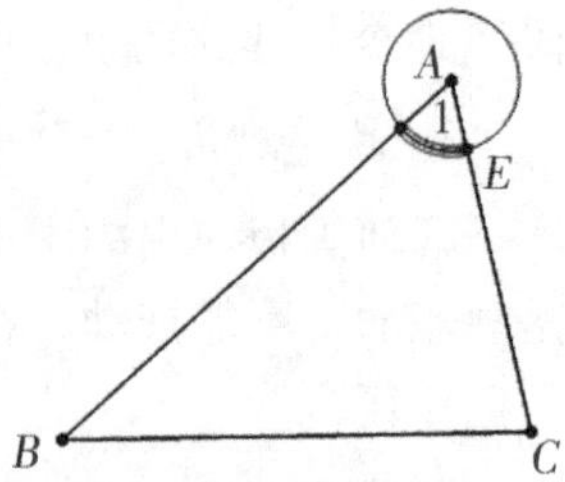

图 2－39　制作角 A 的标志

步骤 8：重复步骤 2 到步骤 7，构建角 B、角 C 的标志。

步骤 9：标记所有要显示的标签，隐藏不需要显示的对象，写入说明文字，设置它们的大小、颜色、位置。制作完成。

2.3　运用“变换”命令制作几何图形

2.3.1　“变换”菜单

“变换”这组命令与上面的“构造”命令都是用于构建图形的命令，联合起来使用就能构建出较为复杂的几何图形。

左键单击“变换”弹出“变换”菜单，如图 2－40 所示。在对选中的对象进行平移（或旋转、缩放、反射）操作之前，一般先进行相应的标记操作；利用“变换”命令构建的对象与原对象是联动的，与利用快捷工具及“构造”命令构建的对象，在使用功能上是不同的。

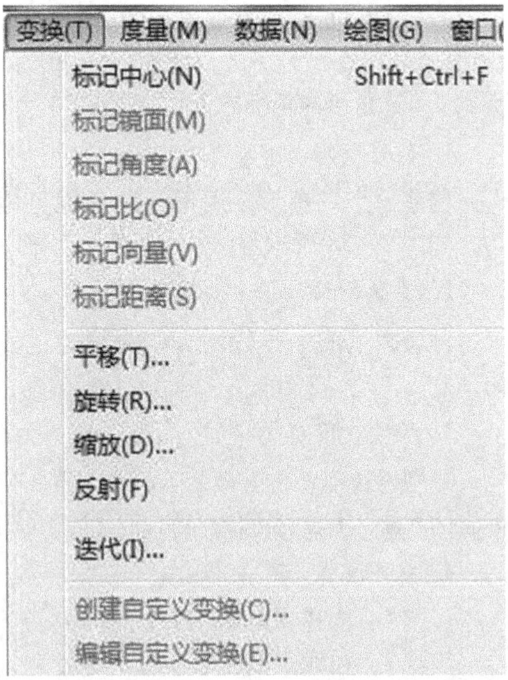

图 2－40　“变换”菜单图示

标记中心：选中一个点，标记为旋转中心，为执行“旋转”命令或“缩放”命令做准备；也可以双击该点，把它标记为旋转中心。

标记镜面：选择一条线段（或射线、直线），标记为镜面，为执行“反射”命令做准备，成为反射构建对象与原对象的对称轴。

标记角度：选择一个度量出来的角度，或者三个点，第二次选择的点是角的顶点，标记为旋转的角度，为执行“按标记角度旋转”命令做准备。

标记比：选择一条比例式，例如 $1/n$，$n=1$，2，3，…，或者选择两条线段，标记为比值，为执行“按标记比缩放”命令做准备。

标记向量：选择线段上的任意两个点，标记为移动向量，为执行“按标记向量平移”命令做准备。

标记距离：选择两条线段，标记为距离，为执行“按标记距离平移”命令做准备。

平移：平移的对象可以是一个单独的对象，也可以是由几个对象组成的整个图形。其类型有三种：按固定距离平移、按标记距离平移、按标记向量平移，设置如图 2-41、2-42、2-43 所示。

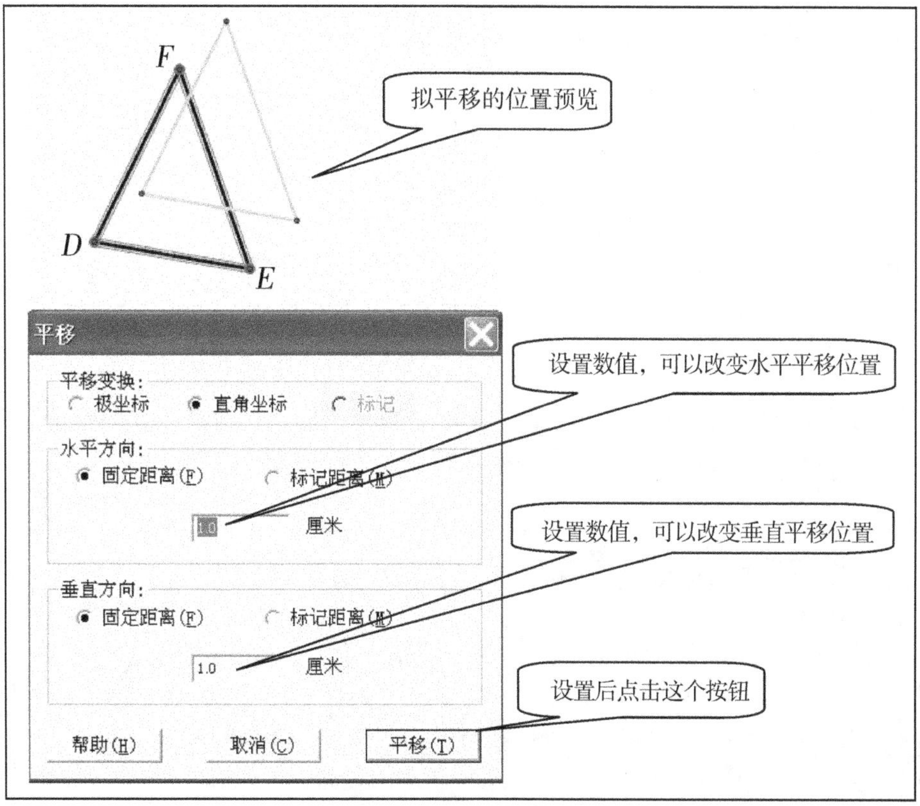

图 2-41　按固定距离平移

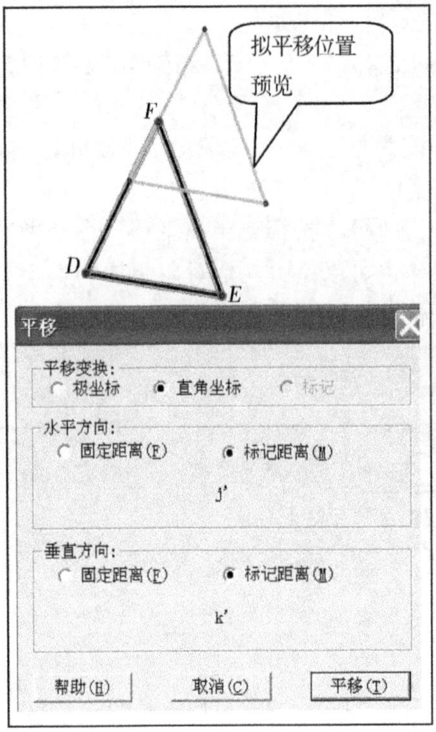

图 2－42　**按标记距离平移**

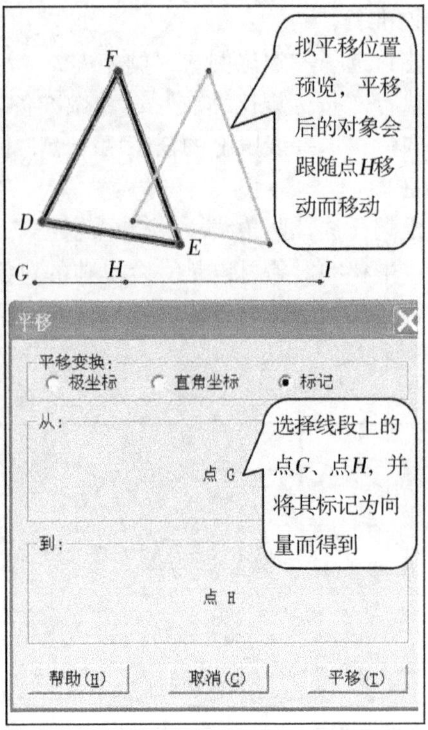

图 2－43　**按标记向量平移**

旋转：旋转的对象可以是一个单独的对象，也可以是由几个对象组成的整个图形。其类型有两种：按标记角度旋转、按固定角度旋转，设置如图 2－44、2－45 所示。

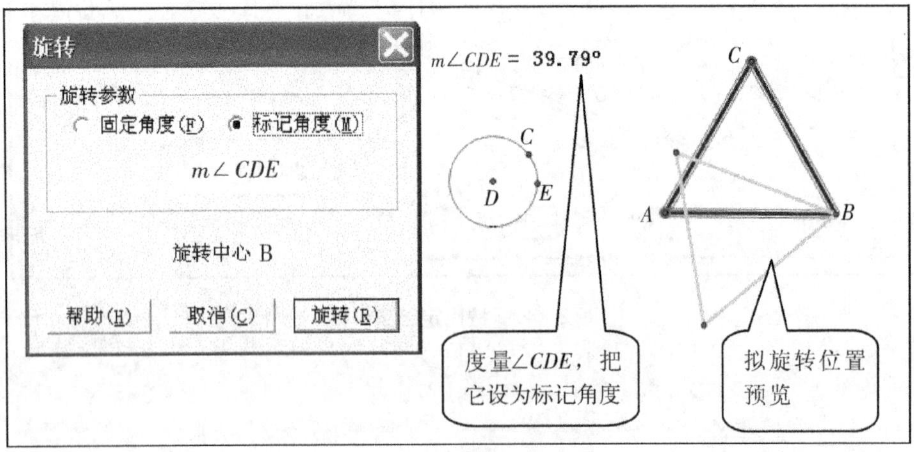

图 2－ 44　**按标记角度旋转**

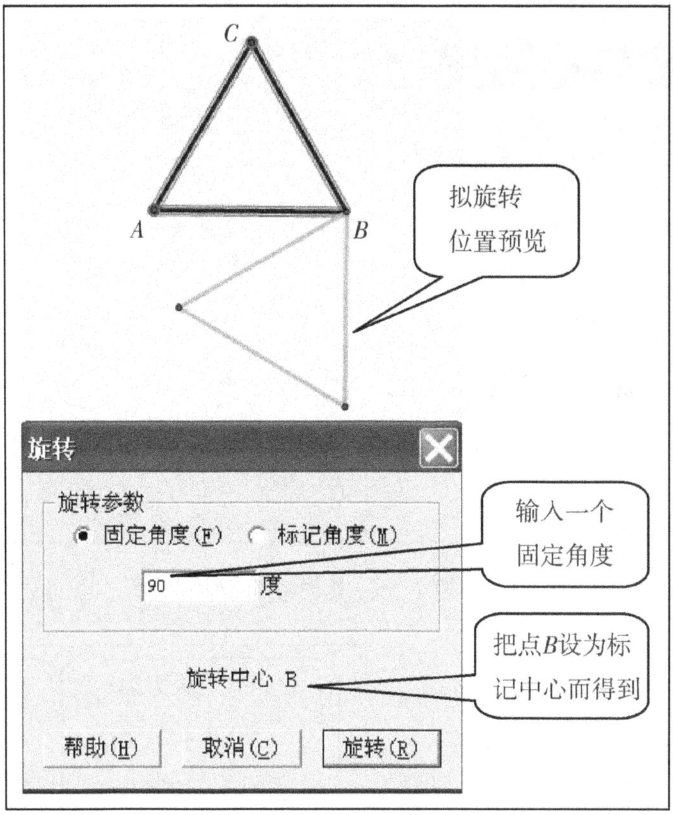

图 2－45 按固定角度旋转

缩放：缩放的对象可以是一个单独的对象，也可以是由几个对象组成的整个图形，其类型有两种：按固定比缩放、按标记比缩放，设置如图 2－46、2－47 所示。

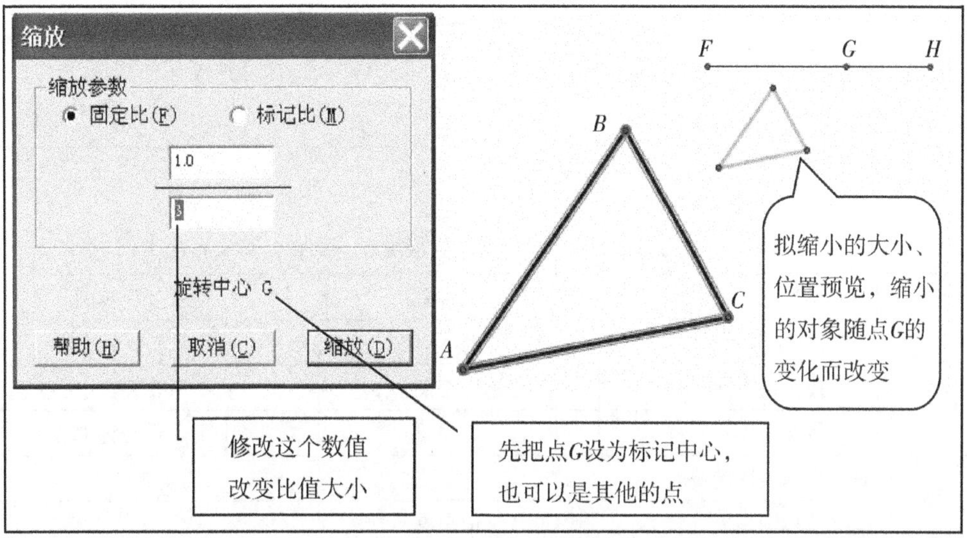

图 2－46 按固定比缩放

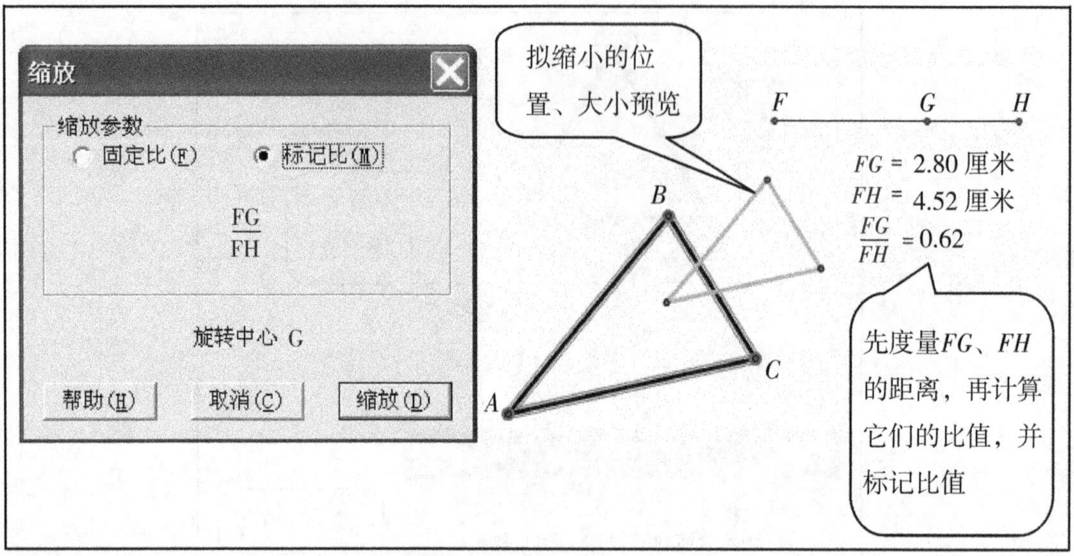

图 2－47 按标记比缩放

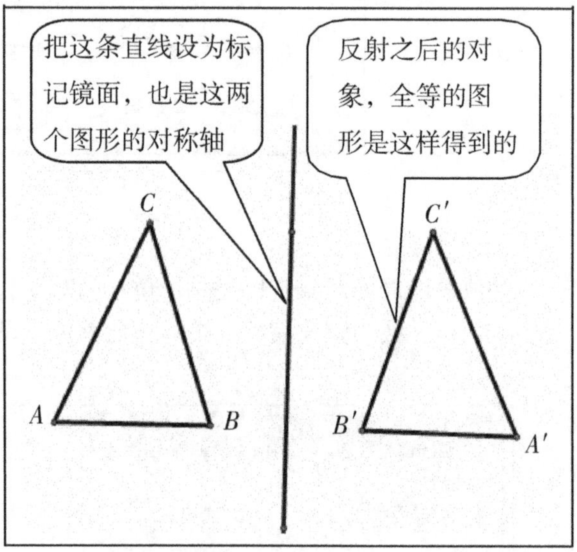

图 2－48 反射

反射：反射的对象可以是一个单独的对象，也可以是由几个对象组成的整个图形；标记镜面可以是图形外的一条直线，也可以是图形本身的线段，如图 2－48 所示。

迭代：依照一个预先定义的迭代规则，对一系列有关系的几何对象构造迭代图像。其类型有两种：一般迭代、带参数迭代，具体内容在使用迭代方法制作课件中讲述。

现把各种变换类型、标记对象以及是否需要旋转中心，总结成表格，如表 2－2 所示。

表 2－2 标记对象与变换类型一览表

变换类型		标记对象	是否有旋转中心
平移	按固定距离平移	不需要标记	不需要旋转中心
	按标记距离平移	标记距离	不需要旋转中心
	按标记向量平移	标记向量	不需要旋转中心
旋转	按固定角度旋转	不需要标记	需要旋转中心
	按标记角度旋转	标记角度	需要旋转中心

（续上表）

变换类型		标记对象	是否有旋转中心
缩放	按固定比缩放	不需要标记	需要旋转中心
	按标记比缩放	标记比	需要旋转中心
反射		标记镜面	不需要旋转中心

2.3.2 制作实例

实例 1　正五边形

1. 创作设想

正五边形的一个内角为 108°，把一条线段旋转 108°，按相同方向旋转四次直至头尾相接即可，如图 2－49 所示。

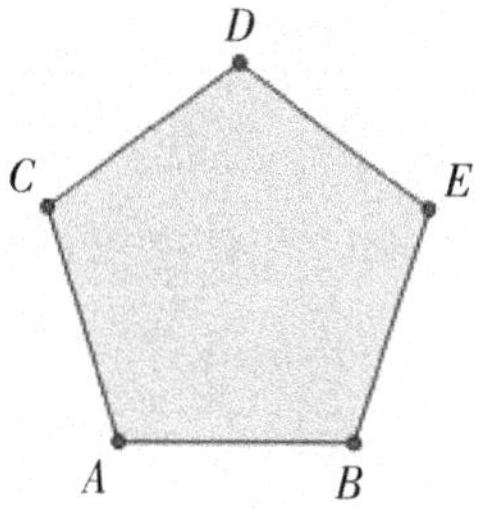

图2－49　正五边形效果图

2. 关键技术

按固定角度（108°）旋转线段。

3. 教学应用

拖拉点 *A* 或点 *B*，可以改变图形的大小，也可以旋转图形；选择其他任意一个对象，可以改变位置。

4. 制作过程

步骤 1：绘制线段 *AB*，显示端点 *A*、*B* 的标签。

步骤 2：双击端点 *A*，标记为旋转中心。

步骤 3：同时选中线段 *AB* 和端点 *B*，应用“变换/旋转”命令，把线段和端点 *B* 旋转 108°，并把点 *B′* 改为点 *C*，如图 2－50 所示。

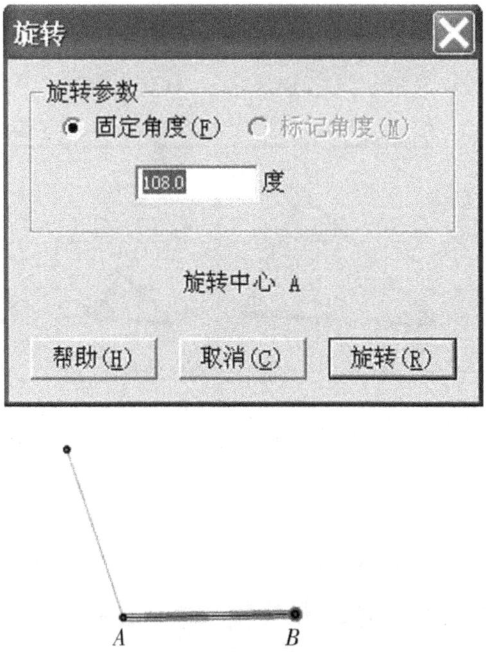

图 2－50　旋转线段 *AB*

步骤 4：双击点 *C*，标记为旋转中心；同时选中线段 *CA* 和端点 *A*，应用“变换/旋转”命令，把线段和端点 *A* 旋转 108°，并把点 *A′* 改为点 *D*。

步骤 5：双击点 *D*，标记为旋转中心；同时选中线段 *DC* 和端点 *C*，应用“变换/旋转”命令，把线段和端点 *C* 旋转 108°，并把点 *C′* 改为点 *E*。

步骤 6：用线段工具，构建线段 *BE*。

步骤 7：同时选中五个顶点 *A*、*B*、*C*、*D*、*E*，应用“构造/五边形内部”命令，构建五边形的面。

步骤8：写入说明文字，设置它们的大小、颜色、位置。制作完成。

实例2　全等三角形

1. 创作设想

构建一个大小、形状都与原来一样的三角形，位置可以按照直线方向改变，如图2-51所示。

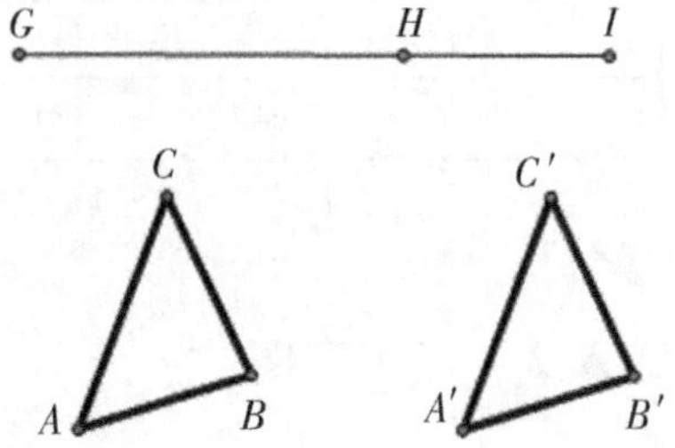

图2-51　全等三角形效果图

2. 关键技术

把三角形 *ABC* 按矢量平移。

3. 教学应用

拖拉三角形 *ABC* 的任何一点，可以改变两个三角形的大小、形状；把点 *H* 拖拉到点 *G*，可以使得两个三角形完全重合。

4. 制作过程

步骤1：构建三角形 *ABC*，并标记三个顶点的标签（参见实例1的步骤2到步骤5）。

步骤2：使用线段工具绘制一条线段 *GI*，并在线段上任取一点 *H*。

步骤3：选中点 *G* 和点 *H*，应用“变换/标记向量”命令，把它们设为标记向量。

步骤4：选中三角形 *ABC*，应用“变换/平移”命令，从弹出的对话框中点选“标记”，点击“平移”按钮即可。

步骤5：标记所有要显示的标签，写入说明文字，设置它们的大小、颜色、位置。制作完成。

实例3　相似三角形

1. 创作设想

构建一个与原三角形相似的三角形，并且其形状大小的比例可以改变，如图2-52所示。

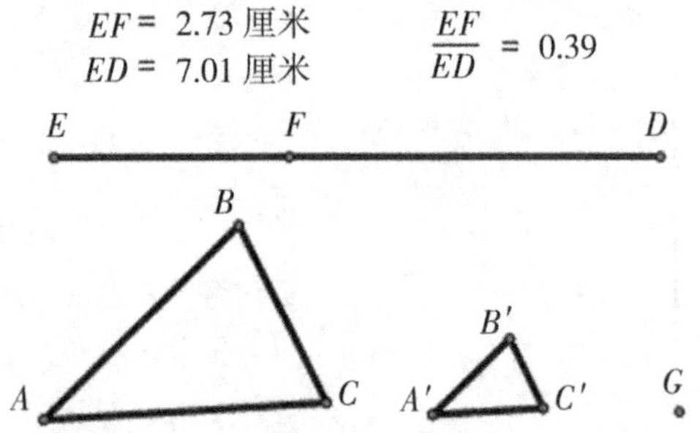

图2-52　相似三角形效果图

2. 关键技术

按照标记比缩放，比值通过测量线段距离来计算。

3. 教学应用

改变点 *G* 的位置，可以改变相似三角形 *A′B′C′* 的位置；在线段 *ED* 上拖拉点 *F*，可以改变相似三角形的大小。

4. 制作过程

步骤1：构建一个三角形 *ABC*。

步骤2：绘制线段 *ED*，并任意取一点 *F*。

步骤3：选中点 *E*、点 *F*，应用“度量/距离”命令，度量 *EF* 距离；选中点 *E*、点 *D*，应用“度量/距离”命令，度量 *ED* 距离。

步骤4：应用“数据/计算”命令，计算两条线段的比值，在弹出的对话框中，先点选 *EF* 线段的度量结果，然后输入“/”，最后点选 *ED* 线段的度量结果，按“确定”后比值显示出来。

步骤5：选中比值，应用“变换/标记比值”命令。

步骤6：在适当位置构建点 G，双击它将它设为旋转中心。

步骤7：选中三角形 ABC，应用“变换/缩放”命令，点选“标记比”，按“确定”即可。

步骤8：标记所有要显示的标签，写入说明文字，设置它们的大小、颜色、位置。制作完成。

2.4 上机实验操作

任务1：新建、保存文档

1. 要求

（1）以“学号+姓名”作为文件名保存文档。

（2）在10分钟内完成。

2. 操作步骤

（1）新建一个几何画板文档。

（2）应用“文件/文档选项”命令，在“页面”对话框中，增加九页空白页面，并分别命名为“封面”“复习旧课”“引入新课”“新课讲授1”“新课讲授2”“小结”“形成性练习”“巩固提高练习”“作业”。

（3）把文件保存成 *.gsp 格式。

任务2：制作关联文本

1. 要求

（1）在任务1文件的“复习旧课”页面上完成本任务，保存文档。

（2）在15分钟内完成。

2. 操作步骤

（1）利用快捷工具栏的多边形工具，画任意一个三角形，改变线段的线型、大小、颜色。

（2）利用文本工具，显示三个顶点的标签，标签的字体设为宋体、24号。

（3）定义一个文本输入区，写入一段关于三角形的文字，内容自编，要求三个顶点及内部面关联进文本中，改变文字的字体、字号等。

（4）再定义另一个文本输入区，输入公式，公式内容自编。

任务3：插入图片

1. 要求

（1）在任务1文件的“新课讲授1”“新课讲授2”页面上完成本任务，保存文档，发送到教师的邮箱。

（2）在10分钟内完成。

2. 操作步骤

（1）在“新课讲授1”页面中绘制两个点。

（2）到网上复制一幅直尺图片。

（3）选择步骤1绘制的两个点，运用“编辑/粘贴图片”命令，插入图片，改变其中一个点的位置，感受直尺图片的大小。

（4）在“新课讲授2”页面中，利用快捷工具栏的圆工具，绘制一个圆，在圆上绘制一个点，圆外绘制一个点。

（5）采用拖动文件的方法，把背景透明的圆规图片插入“新课讲授2”页面中，并复制它。

（6）先后选择圆心、圆上的点、圆外的点，运用“编辑/粘贴图片”命令，插入图片，改变圆上的点的位置，感受圆规图片的旋转情况。

任务4：绘制三角形的高

1. 要求

（1）以“学号+三角形的高”作为文件名保存文档，发送到教师的邮箱。

（2）在15分钟内完成。

2. 操作步骤

（1）构建三角形ABC。

（2）选中线段AB、点C，应用“构造/垂线”命令构建线段AB的垂线。

（3）同时选中垂线和AB线段，应用“构造/交点”命令构建交点D。

（4）同时选中交点D和点C，应用“构造/线段”命令构建CD线段；选中垂线，应用“显示/隐藏”命令隐藏垂线。

（5）重复2、3、4步骤，构建线段BC、线段AC的高。

任务5：绘制全等三角形

1. 要求

（1）以“学号+全等三角形”作为文件名保存文档，发送到教师的邮箱。

（2）在10分钟内完成。

2. 操作步骤

（1）画一个三角形ABC。

（2）在适当位置画一条直线m，把它设为“标记镜面”。

（3）同时选中三角形ABC的边及顶点，运用“变换/反射”命令构建全等三角形$A'B'C'$。

（4）双击点A，把它定义为旋转中心。

（5）同时选中三角形ABC的边及顶点，运用“变换/旋转”命令构建全等三角形，旋转角度设为129°。

习 题

一、选择题

1. 几何画板文件的后缀名是(　　)。

A. ＊. doc　　B. ＊. gsp　　C. ＊. wmf　　D. ＊. jpg

2. 在“文档选项”属性框中，不能操作的命令是(　　)。

A. 增加空白页　　B. 复制页面　　C. 设置页面大小　　D. 移除页

3. 以下哪个命令能够把几个对象合并为一个对象，对课件的内容进行分类、排列？(　　)

A. 分离/合并　　B. 复制/粘贴　　C. 撤销/重复　　D. 显示/隐藏

4. 在对象属性的标签设置对话框中，点击“样式”按钮，不可以设置标签样式的是(　　)。

A. 字体　　B. 字号　　C. 格式　　D. 行距

5. 在对象属性的标签设置对话框中，点 B 标签的下标书写形式是(　　)，在页面上显示为 B_1。

A. $B'1$　　B. B {1}　　C. B [1]　　D. B_1

6. 当同一页面上显示较多的内容，或教学内容的显示必须设置先后次序时，使用以下哪组命令可以很方便地显示或隐藏教学内容？(　　)

A. 分离/合并　　B. 复制/粘贴　　C. 显示/隐藏　　D. 撤销/重复

7. 使用几何画板软件处理图片时，下列说法不成立的是(　　)。

A. 图片可以与一个点合并　　B. 图片可以与两个点合并

C. 图片可以与三个点合并　　D. 图片可以与四个点合并

8. 关于“分离/组合”命令，以下哪个组合是不能实现的？(　　)

A. 点与点　　B. 线与面　　C. 点与线　　D. 点与文字

9. 关于对象关联的文本，以下说法错误的是(　　)。

A. 文本可以与点、线、面关联

B. 可以与另一文本关联

C. 文本可以与参数关联

D. 文本可以与度量值关联但不可以与其参与的计算式关联

二、判断题

1. 几何画板不可以把当前窗口当前页的内容，保存为图元文件（＊. wmf）或增强图元文件（＊. emf）。(　　)

2. 选择父对象和选择子对象这两个命令，往往用来分析解剖别人的作品，从而找出各个对象之间的关系，学习别人的创作思路，最终将其转变成自己的经验。(　　)

3. 如果不给学生看见某一对象的父对象，可以选中这个父对象并删除它。(　　)

4. 各种对象的颜色是由系统确定的，是不可以更改的。(　　)

5. 制作课件时，可以把那些不需要给学生看的对象，使用隐藏命令隐藏起来，起到简化、突出重点的作用。(　　)

6. 几何画板没有在画板中直接插入图片的命令。(　　)

7. 插入几何画板中的图片，可以生产绕固定点转动的动画。(　　)

8. 使用标记工具只能标记单个角，不能标记多个角。(　　)

9. 标记工具的功能实际上是在线及角度上画短线段，相当于教师在黑板上用粉笔给线及角度做记号。(　　)

10. 标记工具只能标记直线，不能标记曲线。(　　)

三、操作题

1. 应用“构造”命令，构建任意三角形的外心（三角形三条垂直平分线的交点），并显示三个顶点及外心的标签，字体不限，字号24，隐藏不需要显示的线。

2. 应用“构造”命令，构建任意三角形的内心（三角形三条内角平分线的交点），并显示三个顶点及内心的标签，字体不限，字号24，隐藏不需要显示的线。

3. 应用“构造”命令，构建任意三角形的垂心（三角形三边上的高的交点），并显示三个顶点及垂心的标签，字体不限，字号24，隐藏不需要显示的线。

4. 应用“构造”命令，构建任意三角形的重心（三角形三条中线的交点），并显示三个顶点及重心的标签，字体不限，字号24，隐藏不需要显示的线。

5. 应用“构造”命令，构建三角形内角的标志，要求如图2－53所示。

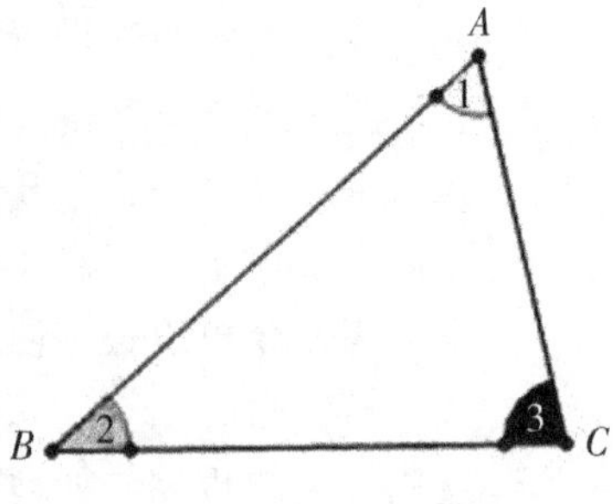

图2－53　三角形的内角标志

6. 应用“变换”中“按固定距离平移”命令，构建两个全等三角形，并显示顶点标签，字体不限，字号28。

7. 应用“变换”中“按标记距离平移”命令，构建两个全等三角形，并显示顶点标签，字体不限，字号28。

8. 应用“变换”中“按标记向量平移”命令，构建两个全等三角形，并显示顶点标签，字体不限，字号28。

9. 应用“变换”中“按固定比缩放”命令，构建两个相似三角形，并显示顶点标签，字体不限，字号28。

10. 应用“变换”中“按标记比缩放”命令，构建两个相似三角形，并显示顶点标签，字体不限，字号28。

11. 应用“变换”中“按固定角度旋转”命令，构建一个正五边形，并显示顶点标签，字体不限，字号28。

12. 应用“变换”中“按标记角度旋转”命令，构建两个全等三角形。

13. 构建一段任意圆弧，再复制一幅圆规图片，将圆弧上的点、圆心、任意一点，与圆规图片合并。

14. 构建三角形的中线，再用文本工具写入关于中线描述的教学内容，要求中线与文本关联。

四、简述题

1. 简述“选择父对象”“选择子对象”命令的作用。

2. 如何在文档中增加新的页面，并在窗口底部显示出来。

3. 如何在文档中写入文字，并设置它的字体、大小、风格等。

4. 2.2 的实例 2 设计中，在步骤 3 构建一个圆时，如果先画一小段线段，选择点 A 和小线段，应用“构造/以圆心和半径绘圆”命令绘圆，下面的步骤一样，最终制作的效果有何不同，教学应用上哪一种更贴近？

5. 要制作全等的图形，也可以采用“按固定距离平移”“按标记距离平移”“反射”“旋转”的技术，这样设计出的图形与 2.3 的实例 1 设计相比较，教学表现功能上有何不同？

3 运用度量方法制作课件

学习要求

1. 认识“计算”功能，了解候选数值、函数、单位。
2. 理解“度量”菜单命令与功能。
3. 理解对度量结果的四种操作。
4. 掌握可度量图形的制作方法及技巧，并度量其相应对象的数据。
5. 能够制作符合教学需求的课件。

3.1 认识“度量”菜单

3.1.1 计算

打开“数据/计算”命令，弹出如图3－1所示对话框，其功能是对输入的表达式进行科学计算，把表达式和结果一起显示在页面上。

在输入表达式时，可以点击对话框中“数值”“函数”“单位”按钮，选择相应的数值、函数、单位。候选的数值、函数、单位如表3－1所示。

图3－1 计算窗口图示

表 3-1　候选数值、函数、单位一览表

选项	说明
数值(V)	可插入候选的数值
R	本页面测量或计算的数值列表
新建参数...	
π、e	常用数值
单位(U)	可插入候选的单位
象素	显示屏幕计量单位
厘米	国际制单位
英寸	英制单位
弧度、度	角度单位
函数(F)	可插入候选的函数
sin	正弦函数
cos	余弦函数
tan	正切函数
arcsin	反正弦函数
arccos	反余弦函数
arctan	反正切函数
abs	绝对值函数
sqrt	开方函数
ln	自然对数函数
log	对数函数
sgn	判断符号函数
round	四舍五入函数
trunc	截尾函数

注：①判断符号函数（sgn）的取值，$x>0$，sgn（x）$=1$；$x=0$，sgn（x）$=0$；$x<0$，sgn（x）$=-1$。

②测量过的数值都会在“数值”里显示出来；在输入表达式时，也可以直接点选页面上的测量或计算数值，直接插入到表达式中使用。

3.1.2　“度量”菜单

左键单击“度量”弹出“度量”菜单，如图 3-2 所示，它的命令、选择对象及功能，如表 3-2 所示。

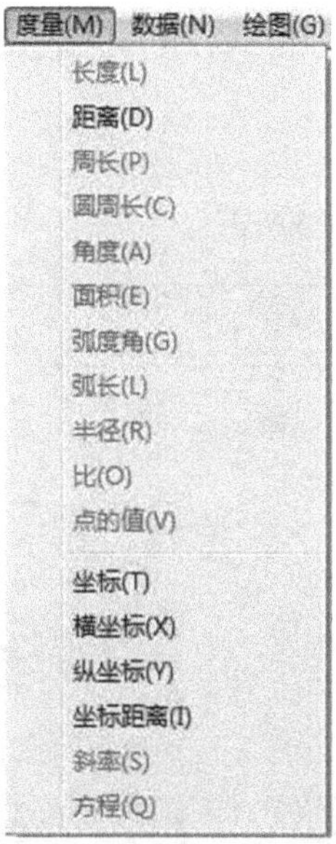

图 3-2　“度量”菜单图示

表 3-2　度量菜单命令与功能对照表

命令	选择对象	功能
长度	线段	度量线段长度，例如：$m\ \overline{AP}=4.95$ 厘米
距离	两个点、一条线段及线段外一点	度量两点之间的距离、点与直线之间的距离，例如：E 到 $\overline{AP}$ 的距离 $=2.85$ 厘米
周长	图形内部的面	度量面的周长，例如：周长 $ABCD=15.17$ 厘米
圆周长	圆周	度量圆周的周长，例如：圆周 $\odot OA=10.71$ 厘米
角度	构成角的三个点，第二次选择的点应该是角的顶点	度量角的角度，例如：$m\angle APB=49.37°$
面积	图形内部的面、闭合的曲线	度量选中对象的面积，例如：面积 $APBO=18.09$ 平方厘米
弧度角	一段弧	度量弧的弧度角，例如：$m\ \overset{\frown}{AB}=0.45\pi$ 弧度
弧长	一段弧	度量弧的弧长，例如：长度 $\overset{\frown}{AB}=2.44$ 厘米
半径	圆、一段弧	度量圆或弧的半径，例如：半径 $\odot OA=1.71$ 厘米
比	两条线段，先选中的作为分子	度量两条线段长度的比值，例如：$\frac{m\ \overline{OP}}{m\ \overline{AP}}=0.85$
坐标	一个或多个点	度量点的二维坐标，例如：A（2.88，2.33）
横坐标	一个或多个点	度量点的横坐标，例如：$x_A=2.88$
纵坐标	一个或多个点	度量点的纵坐标，例如：$y_A=2.33$
坐标距离	两个点	度量两点之间的坐标距离，例如：$AB=1.15$
斜率	一条或多条直线	度量直线的斜率，例如：斜率 $j=0.39$
方程	一条或多条直线	度量直线的方程，例如：j：$y=0.39x+2.54$

表 3-2 中所有的命令，都会把度量结果显示在页面上。例如，要度量一个角度的大小，必须先选择构成这个角的三个点（A、B、C），点 B 为顶点，应用“度量/角度”命令，可以度量出 $\angle ABC$ 的大小并显示在页面上。

3.2　对度量结果的操作

对于度量的结果，可以进行以下操作。

1. 设置字体

选中度量结果，可以像设置文本字体一样，在文本工具栏设置它的字体、大小、风格、颜色。

2. 修改属性

右键点击“度量结果”，选择“属性”命令，弹出如图 3-3

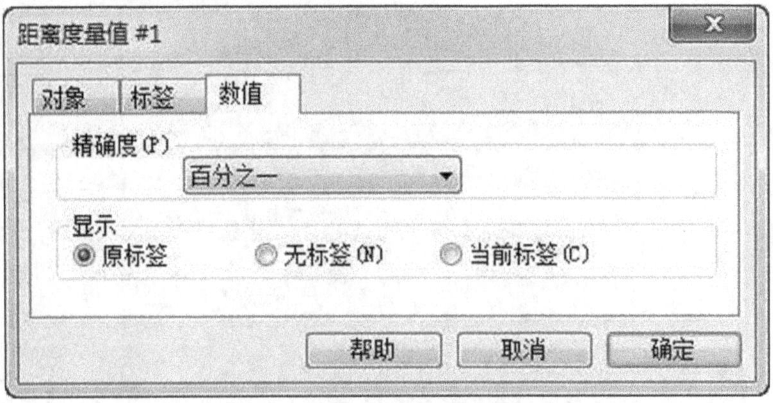

图 3-3　度量结果的属性对话框

所示对话框。“对象”“标签”的设置在“2　构建几何图形”中已介绍。

“数值”的设置中，“精确度”可以设置度量结果的小数点的位数；“显示”有三个选项，下面以测量点 A 到点 B 之间的距离为例，分别选择三个选项，其效果如表 3－3 所示。

表 3－3　显示选项与结果对比表

显示选项	原标签	无标签	当前标签（在标签中输入“AB 距离”）
显示结果	AB＝1.15 厘米	1.15 厘米	AB 距离＝1.15 厘米

3. 生成关联文本

度量结果可以插入文本生成关联文本，具体方法参见“2　构建几何图形”的相关内容。

4. 参与计算

在编辑计算式时，直接点选度量结果就能够将其直接输入式子中。如果图形变化，度量的结果会跟着改变，计算结果也会按照度量的结果实时显示，实现三者（图形、度量的结果、计算的结果）实时联动，如图 3－4 所示。这是传统教学手段所不能实现的，其他课件设计工具，例如 PPT、Flash 等也不能做到。

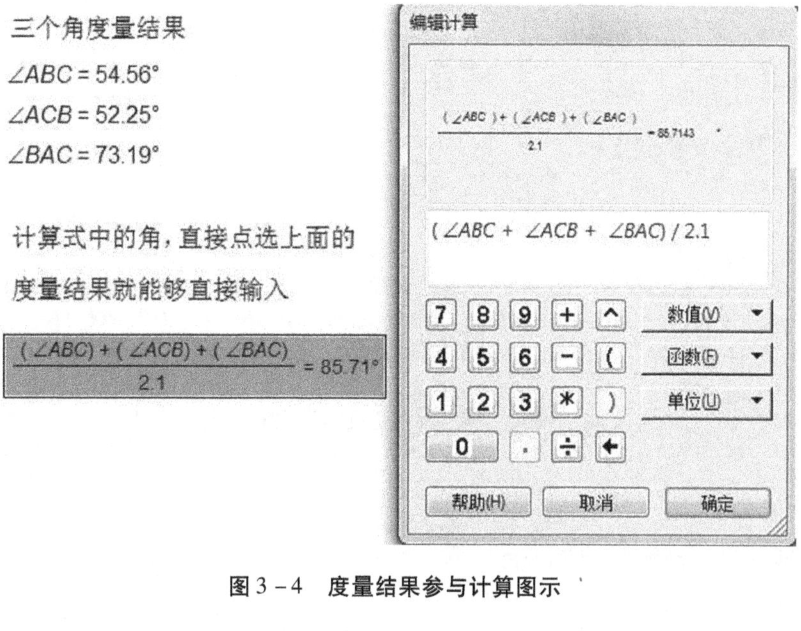

图 3－4　度量结果参与计算图示

5. 制成表格

逐一选中度量的结果，执行“数据/制表”命令，制成一个表格，度量结果中的标签列为一行，数据对应地列为第二行。这样就使得测量结果一目了然，课件的可读性更强，强烈建议大家使用这种方法。表 3－4 所示为一个实例。

表 3-4　度量结果列表举例①

度量结果	$PA = 4.95$ 厘米　$R = 1.70$ 厘米　$PA \cdot PB = 14.91$ 平方厘米 $PB = 3.01$ 厘米　$OP = 4.22$ 厘米　$\|OP^2 - R^2\| = 14.91$ 平方厘米
制成表格	见下表

PA	PB	R	OP	$PA \cdot PB$	$\|OP^2 - R^2\|$
4.95 厘米	3.01 厘米	1.70 厘米	4.22 厘米	14.91 平方厘米	14.91 平方厘米

3.3　制作实例（运用度量方法制作课件）

实例 1　圆幂定理（度量长度）

1. 创作设想

测量相应的数据，通过计算来说明结论：$PA \cdot PB = |OP^2 - R^2|$，并对相关数据列表说明，如图 3-5 所示。

PA = 4.35 厘米

PB = 2.16 厘米

R = 1.49 厘米

OP = 3.41 厘米

$PA \cdot PB$ = 9.42 平方厘米

$|OP^2 - R^2|$ = 9.42 平方厘米

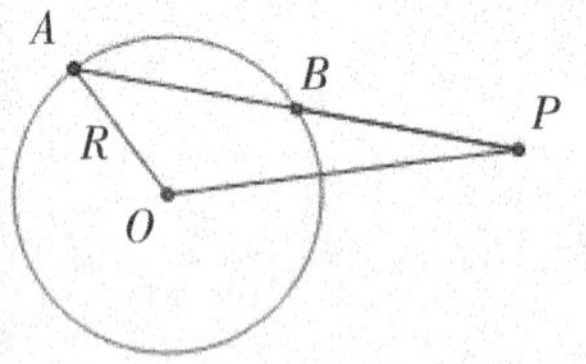

PA	PB	R	OP	$PA \cdot PB$	$\|OP^2 - R^2\|$
4.35 厘米	2.16 厘米	1.49 厘米	3.41 厘米	9.42平方厘米	9.42平方厘米

图 3-5　圆幂定理效果图②

2. 关键技术

测量线段长度，对测量结果进行计算。

3. 教学应用

拖动点 P，线段的数据改变，$PA \cdot PB$ 和 $|OP^2 - R^2|$ 的大小也会改变，但始终保持

① 本书的数值均是依靠“几何画板”软件的命令来测量、计算的，为简便起见，数字设置为保留小数点后两位，但实际参与计算时，该小数是小数点后五位的数。故个别地方可能会出现按小数点后两位来计算，其结果与软件实际测量、计算的结果不同的情况。

② 同上。

$PA \cdot PB = |OP^2 - R^2|$。

4. 制作过程

（步骤 1 到步骤 4 是绘制图形，步骤 5 是测量，步骤 6、7 是计算，步骤 8 是制表）

步骤 1：应用圆规工具构建一个圆，在圆上任取一点 A，标记圆心 O，选中点 O 和点 A，应用“构造/线段”命令构建线段，标记为圆的半径 R。

步骤 2：任意位置构建点 P，选中点 P 和点 A，应用“构造/直线”命令构建直线。

步骤 3：选中直线和圆，应用“构造/交点”命令构建交点 B；选中直线，应用“显示/隐藏直线”命令把它隐藏起来。

步骤 4：选中点 A 和点 P，应用“构造/线段”命令构建线段 AP；选中点 B 和点 P，应用“构造/线段”命令构建线段 BP；选中点 O 和点 P，应用“构造/线段”命令构建线段 OP。

步骤 5：先后选中点 P 和点 A，应用“度量/距离”命令测量它们的距离 PA；先后选中点 P 和点 B，应用“度量/距离”命令测量它们的距离 PB；先后选中点 O 和点 P，应用“度量/距离”命令测量它们的距离 OP；选中点 O 和点 A，应用“测量/距离”命令测量它们的距离 OA，并把它的标签改为 R。

步骤 6：应用“数据/计算”命令，按图 3－6 操作步骤，计算 $PA \cdot PB$。

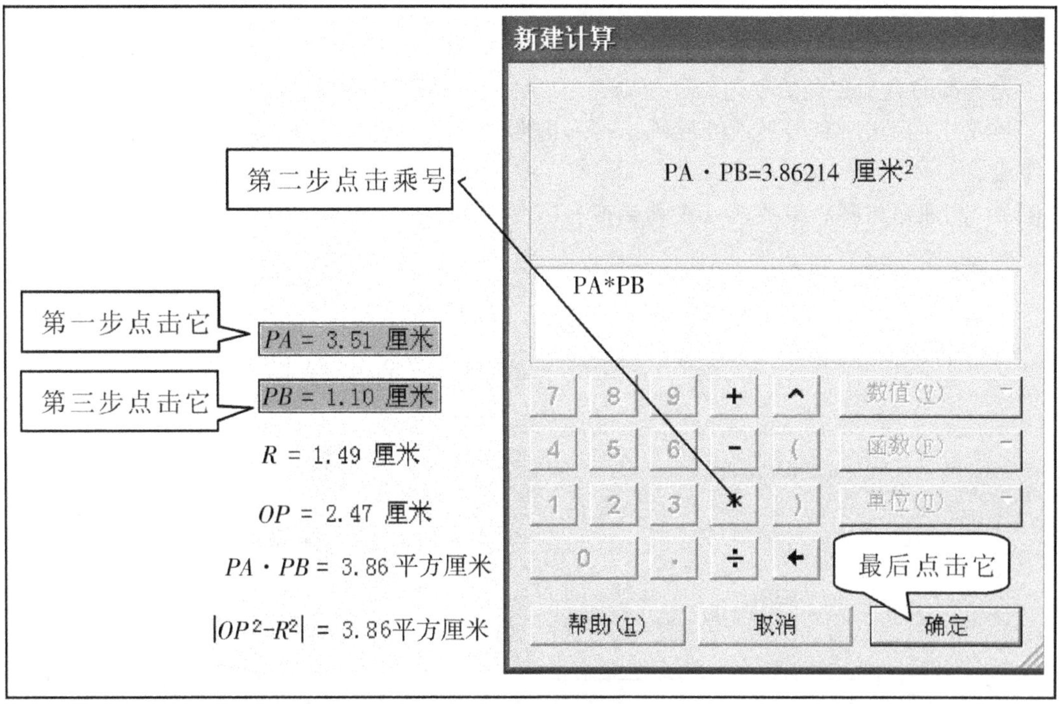

图 3－6　计算 $PA \cdot PB$

步骤 7：应用“数据/计算”命令，按图 3－7 操作步骤，计算 $|OP^2 - R^2|$。

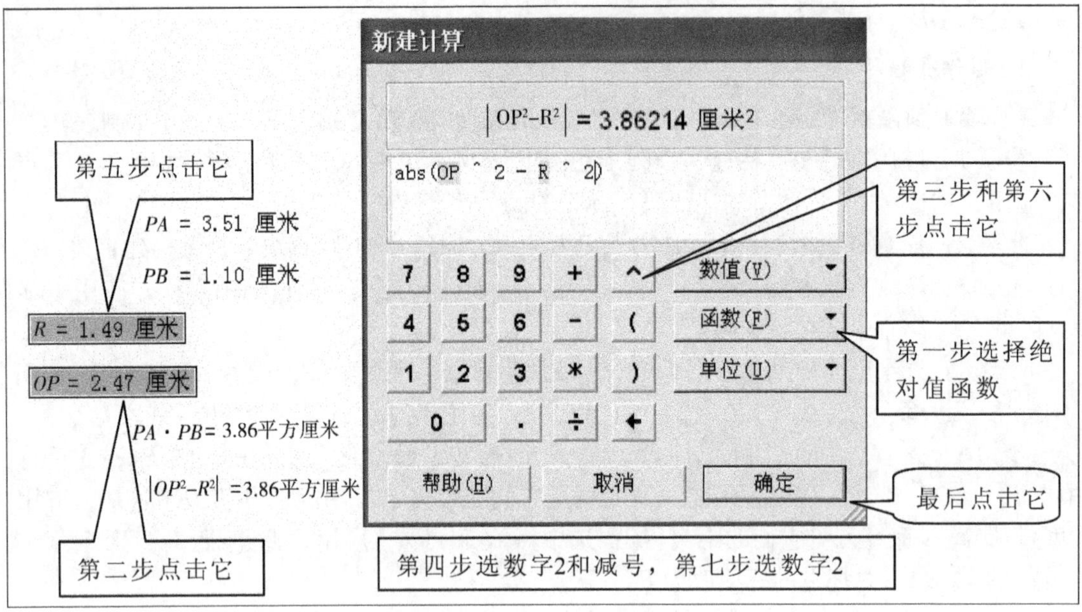

图 3－7　计算 $|OP^2-R^2|$①

步骤 8：制表，选中所有的度量结果及计算结果，应用“数据/制表”命令，绘制表格。先选择的数据在表的左边。

步骤 9：标记所有要显示的标签，写入说明文字，设置它们的大小、颜色、位置。制作完成。

实例 2　圆周角与圆心角关系（度量角度）

1. 创作设想

构建一个圆，再构建圆弧 AB，命名为 a_1。在圆弧 a_1 上任取一点 P，不论怎样移动点 P，都不会超出点 A 或点 B。如图 3－8 所示。

$m\angle AOB$=108.00°

$m\angle APB$=54.00°

$\frac{m\angle AOB}{m\angle APB}$=2.00

$m\angle AOB$	$m\angle APB$	$\frac{m\angle AOB}{m\angle APB}$
108.00°	54.00°	2.00

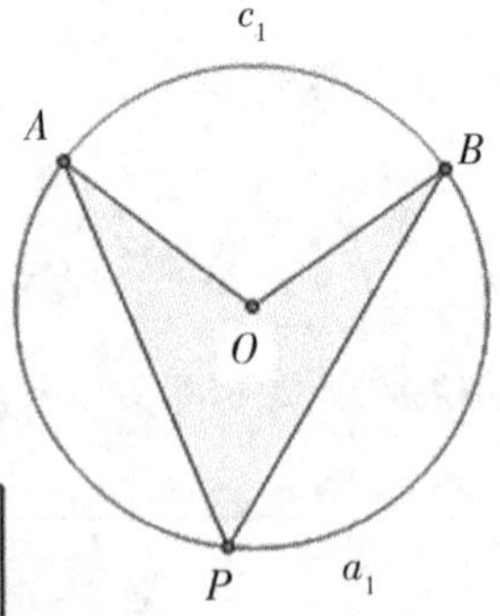

图 3－8　圆周角与圆心角关系效果图

① 软件设置的是保留小数点后两位，但实际参与计算的是小数点后五位的数。

2. 关键技术

度量角度并对度量结果制表。

3. 教学应用

拖拉点 A，可以改变圆的大小；拖动点 B，可以改变两个角的大小，而它们的比值保持不变；拖动点 P，可以改变圆周角的形状，其大小则不变。

4. 制作过程

步骤1：构建一个圆，并在圆上任取两点 A、B，标记圆周为 c_1。

步骤2：按逆时针方向依次选取点 A、圆 c_1、点 B，应用“构造/圆上的弧”命令，构建圆弧 a_1。

步骤3：选中圆弧 a_1，应用“构造/弧上的点”命令，构建任意点 P。

步骤4：连接线段 AO、BO、AP、BP。

步骤5：依次选中点 A、点 P、点 B、点 O，应用“构造/四边形内部”命令，构建内部的面。

步骤6：依次选中点 A、点 O、点 B，应用“度量/角度”命令，度量圆心角 $\angle AOB$ 的大小。

步骤7：依次选中点 A、点 P、点 B，应用“度量/角度”命令，度量圆周角 $\angle APB$ 的大小。

步骤8：应用“数据/计算”命令，计算圆心角和圆周角的比值。

步骤9：依次选中 $\angle AOB$ 和 $\angle APB$ 的度量结果，以及两角的比值，应用“数据/制表”命令，构建它们的表格。

步骤10：标记所有要显示的标签，写入说明文字，设置它们的大小、颜色、位置。制作完成。

实例3　验证同底等高三角形面积相等（度量面积）

1. 创作设想

在两条平行线之间构建两个三角形，它们的高相等；其中一个三角形的底边沿直线按向量平移，保证它们的底相等；通过计算及测量它们的面积，可以证明在改变三角形的形状时，两个三角形的面积大小都一样，如图 3-9 所示。

$AB = 4.42$ 厘米　$\left(\frac{1}{2}\right) \cdot AB \cdot h_1 = 4.09$ 平方厘米　$DE = 4.42$ 厘米　$\left(\frac{1}{2}\right) \cdot DE \cdot h_2 = 4.09$ 平方厘米

$h_1 = 1.85$ 厘米　面积 $\triangle CAB = 4.09$ 平方厘米　$h_2 = 1.85$ 厘米　面积 $\triangle FDE = 4.09$ 平方厘米

AB	h_1	$\left(\frac{1}{2}\right) \cdot AB \cdot h_1$	面积 $\triangle CAB$
4.42 厘米	1.85 厘米	4.09 平方厘米	4.09 平方厘米

DE	h_2	$\left(\frac{1}{2}\right) \cdot DE \cdot h_2$	面积 $\triangle FDE$
4.42 厘米	1.85 厘米	4.09 平方厘米	4.09 平方厘米

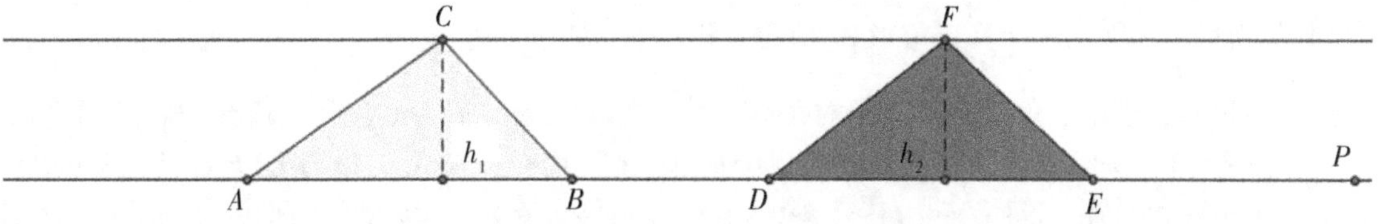

图 3-9　验证同底等高三角形面积相等效果图

2. 关键技术

测量三角形内部面的面积，线段沿直线按标记向量平移。

3. 教学应用

拖动 P 点，可以改变三角形 FDE 底边 DE 的位置，说明两个三角形的形状不同而面积相等；拖拉 A 点，同时改变两个三角形底边的长度；拖拉 C 点，同时改变两个三角形的高。

4. 制作过程

步骤 1：应用“绘图/定义坐标系”命令，建立坐标系。

步骤 2：构建一个任意点 A，同时选中点 A 和横坐标，应用“构造/平行线”命令，构建一条直线 j，如图 3－10 所示。

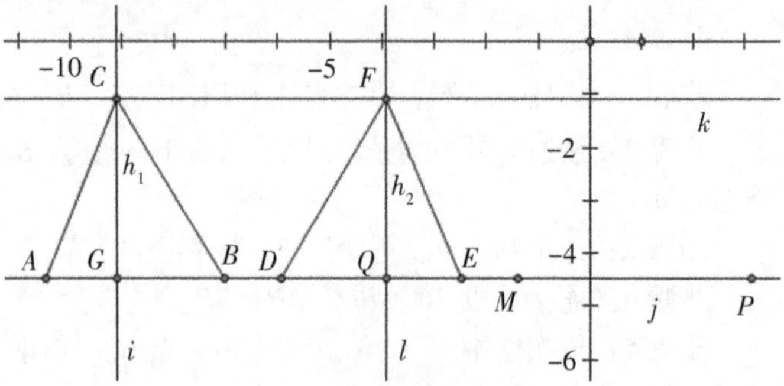

图 3－10　构建两个三角形的底边

步骤 3：在直线 j 上取一点 B，构建 AB 线段，作为三角形的底边。

步骤 4：再在直线 j 上取两点 M、P，选中这两点，应用“变换/标记向量”命令，把它们标记为平移向量。

步骤 5：同时选中线段 AB 及端点 A、B，应用“变换/平移”命令，把线段 AB 按照标记向量 MP 平移；把平移后的线段端点修改为点 D、点 E（至此，已经构建了两个三角形的底边，下面构建它们的高）。

步骤 6：在平面上取一点 C，同时选中点 C 和直线 j，应用“构造/平行线”命令，构建一条平行线 k。

步骤 7：同时选中点 C 和直线 j，应用“构造/垂线”命令，构建一条垂线 i；同时选中垂线 i 和直线 j，应用“构造/交点”命令，构建交点 G。

步骤 8：同时选中点 C、点 G，构建线段 CG，标记为 h_1，作为三角形 ABC 的高。

步骤 9：参照步骤 7 和步骤 8，构建三角形 DEF 的垂线 l 和交点 Q，以及高 h_2。

步骤 10：连接线段 AC、BC、DF、EF；同时选中点 A、点 B、点 C，应用“构造/三角形内部”命令，构建三角形 ABC 内部的面；同时选中点 D、点 E、点 F，应用“构造/三角形内部”命令，构建三角形 DEF 内部的面；隐藏垂线 i、垂线 l、点 M、坐标系（至此，图形构建完毕，下面进行度量）。

步骤 11：选中点 A、点 B，应用“度量/距离”命令，度量三角形 ABC 底边 AB 的距离；选中线段 CG，应用“度量/长度”命令，度量三角形 ABC 高 h_1 的大小；应用“数据/计算”命令，计算三角形 ABC 的面积：$\frac{1}{2}\cdot AB\cdot h_1$。

步骤 12：选中三角形 ABC 内部的面，应用“度量/面积”命令，度量三角形 ABC 的面积。

步骤 13：选中点 D、点 E，应用“度量/距离”命令，度量三角形 DEF 底边 DE 的距离；选中线段 FQ，应用“度量/长度”命令，度量三角形 DEF 高 h_2 的大小；应用“数据/计算”命令，计算三角形 DEF 的面积：$\frac{1}{2}\cdot DE\cdot h_2$。

步骤 14：选中三角形 DEF 内部的面，应用“度量/面积”命令，度量三角形 DEF 的面积。

步骤 15：选中三角形 ABC 底边 AB、高 h_1 的度量结果、计算的面积、度量面积，应用“数据/制表”命令，制作它们的表格；选中三角形 DEF 底边 DE、高 h_2 的度量结果、计算的面积、度量面积，应用“数据/制表”命令，制作它们的表格。

步骤 16：标记所有要显示的标签，隐藏不需要显示的对象，写入说明文字，设置它们的大小、颜色、位置。制作完成。

实例 4　勾股定理

1. 创作设想

构建一个直角三角形，以三角形的边作为边长，构建三个正方形，度量三个正方形的面积及三角形的三条边，制作表格找出它们的关系，如图 3－11 所示。

AC = 2.17 厘米　　AC^2 = 4.72 平方厘米

AB = 2.59 厘米　　AB^2 = 6.72 平方厘米

BC = 3.38 厘米　　BC^2 = 11.45 平方厘米

$AC^2 + AB^2$ = 11.45 平方厘米

面积 $ACDE$ = 4.72 平方厘米

面积 $AFGB$ = 6.72 平方厘米

面积 $BHIC$ = 11.45 平方厘米

（面积 $ACDE$）＋（面积 $AFGB$）= 11.45 平方厘米

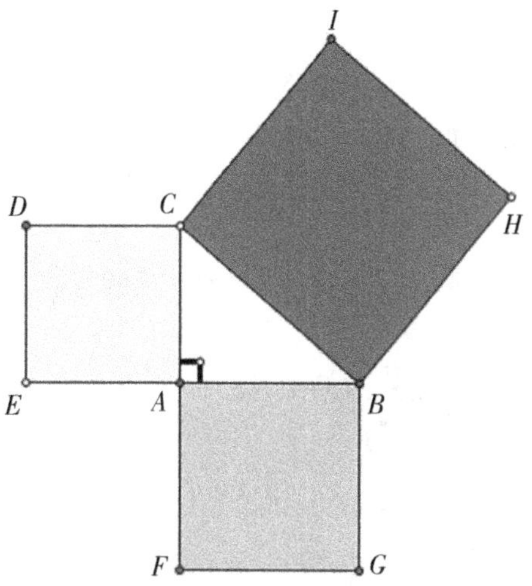

面积 $ACDE$	面积 $AFGB$	面积 $BHIC$	（面积 $ACDE$）＋（面积 $AFGB$）
4.72 平方厘米	6.72 平方厘米	11.45 平方厘米	11.45 平方厘米

AC	AC^2	AB	AB^2	BC	BC^2	$AC^2 + AB^2$
2.17 厘米	4.72 平方厘米	2.59 厘米	6.72 平方厘米	3.38 厘米	11.45 平方厘米	11.45 平方厘米

图 3－11　勾股定理效果图[①]

2. 关键技术

构建三个正方形，度量它们内部面的面积。

3. 教学应用

拖动直角三角形的任何一个顶点，可以改变三角形的大小及正方形的大小。引导学生观察表格，里面的数据也随之改变，而直角三角形三条边的关系不变：$AC^2 + AB^2 = BC^2$。

① 软件设置的是保留小数点后两位，但实际参与计算的是小数点后五位的数。

4. 制作过程

步骤1：利用“自定义工具”里的直角三角形工具，绘制直角三角形 ABC（当然，也可以使用“构造”菜单和“变换”菜单的命令来构建），前面已有叙述，下面构建正方形。

步骤2：双击点 C，标记为旋转中心，选中线段 BC、点 B，应用“变换/旋转”命令，把它们按照固定角度90°旋转，把 B' 的标签改为 I。

步骤3：双击点 B，标记为旋转中心，选中线段 BC、点 C，应用“变换/旋转”命令，把它们按照固定角度90°旋转，把 C' 的标签改为 H。

步骤4：连接线段 IH，依次选中点 C、点 B、点 H、点 I，应用“构造/四边形内部”命令，构建正方形 $CBHI$ 内部的面，颜色修改为红色。

步骤5：参照步骤2到步骤4，构建正方形 $ACDE$ 及内部的面，颜色修改为黄色。

步骤6：参照步骤2到步骤4，构建正方形 $AFGB$ 及内部的面，颜色修改为绿色。

步骤7：分别度量点 A 和点 B、点 A 和点 C、点 B 和点 C 的距离 AB、AC、BC，并计算 AB^2、AC^2、BC^2、AB^2+AC^2，本节实例1已叙述过操作方法。

步骤8：选中正方形 $ACDE$ 内部的面，应用“度量/面积”命令，度量它的面积 $ACDE$；选中正方形 $AFGB$ 内部的面，应用“度量/面积”命令，度量它的面积 $AFGB$；选中正方形 $BHIC$ 内部的面，应用“度量/面积”命令，度量它的面积 $BHIC$；计算面积 $ACDE$ + 面积 $AFGB$。

步骤9：选中面积度量结果及计算结果，制作表格；选中线段度量结果及计算结果，制作表格。

步骤10：标记所有要显示的标签，写入说明文字，设置它们的大小、颜色、位置。制作完成。

实例5　新月形的面积

1. 创作设想

构建两个半径相同的圆，用其中的一个圆遮住另一个圆，从而制作出新月形图形（黄色部分）；度量对应的圆心角、半径、扇形面的面积，分别通过计算方法和度量方法得到新月形面积的大小，计算公式：新月形面积 $=R^2$ [（$\pi-m\angle EOF$）$+\sin$（$m\angle EOF$）]；如图3－12所示。

半径：$R=2.06$ 厘米

直径：$D=4.12$ 厘米

两圆心距离：$d=1.67$ 厘米

比值：$\frac{d}{D}=0.41$

角度：$m\angle EOF=0.74\pi$ 弧长

计算的面积 S：R^2 [（$\pi-m\angle EOF$）$+\sin$（$m\angle EOF$）] $=6.69$ 平方厘米

度量的面积 S：大扇形面积－小扇形面积 $=6.69$ 平方厘米

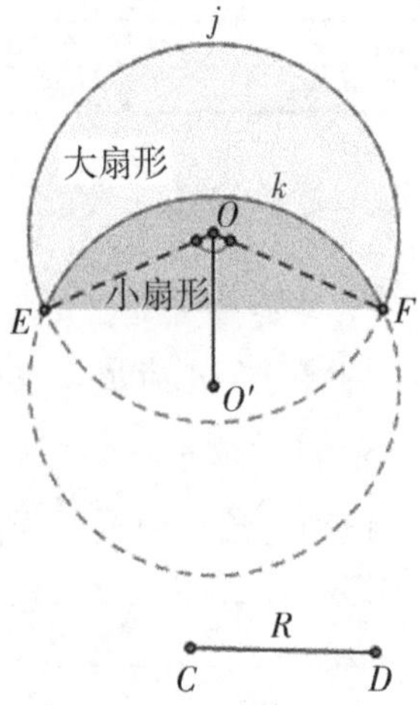

图3－12　新月形面积效果图

2. 关键技术

构建圆弧及弧内部的扇形面，通过扇形面的遮隐来构建新月形。

3. 教学应用

拖动点 D 或点 C，改变两个圆的半径，从而改变新月形的大小；拖动点 O'或点 O，改变两个圆心的距离，从而改变新月形的形状，当比值 $d/D=1$ 时，两圆相离，新月形不存在；不论怎么变化，计算的面积与度量的面积都相等。

4. 制作过程

步骤1：构建一条线段，两端的端点标记为 O 和 O'，作为两个圆的圆心；另外再构建一条线段，标记为 R，作为两个圆的半径。

步骤2：选中点 O 和线段 R，应用“构造/以圆心和半径绘圆”命令，绘制圆 O；选中点 O'和线段 R，应用“构造/以圆心和半径绘圆”命令，绘制圆 O'。

步骤3：选中两个圆的圆弧，应用“构造/交点”命令，构建两圆的交点，标记为点 E 和点 F。

步骤4：按逆时针方向依次选择点 F、圆 O 圆弧、点 E，应用“构造/圆上的弧”命令，构建圆 O 上部分圆弧 j；再按逆时针方向依次选择点 F、圆 O'圆弧、点 E，应用“构造/圆上的弧”命令，构建圆 O'上部分圆弧 k。

步骤5：选中圆弧 j，应用“构造/弧内部/弓形内部”命令，构建圆弧 j 的弓形面，标记为大扇形；选中圆弧 k，应用“构造/弧内部/弓形内部”命令，构建圆弧 k 的弓形面，标记为小扇形（至此，已完成新月形的制作，下面步骤为度量有关数值及计算）。

步骤6：选中线段 R，应用“度量/长度”命令，度量圆的半径 R；再应用“数据/计算”命令，计算圆的直径 D。

步骤7：选中点 O 和点 O'，应用“度量/距离”命令，度量两圆心的距离，标签修改为 d；再应用“数据/计算”命令，计算比值 d/D。

步骤8：依次选中点 E、点 O、点 F，应用“度量/角度”命令，度量圆心角 $\angle EOF$。

步骤9：应用“数据/计算”命令，按新月形面积公式：R^2［（$\pi - m\angle EOF$）+ sin（$m\angle EOF$）］输入有关的量，其中半径 R 和 $\angle EOF$ 要点选度量结果，计算新月形的面积。

步骤10：选中大扇形面，应用“度量/面积”命令，度量它的面积；选中小扇形面，应用“度量/面积”命令，度量它的面积；再应用“数据/计算”命令，按照公式：大扇形面积 - 小扇形面积 = 新月形面积输入相关的量，计算度量的结果。

步骤11：标记所有要显示的标签，隐藏不需要显示的对象，写入说明文字，设置它们的大小、颜色、位置。制作完成。

3.4 上机实验操作

任务1：验证三角形内角和定理

1. 要求

（1）以“学号+三角形内角和”作为文件名保存文档，发送到教师的邮箱。

（2）在12分钟内完成。

2. 操作步骤

（1）画一个任意三角形*ABC*。

（2）先后选中点*B*、点*A*、点*C*，运用“度量/角度”命令，度量$\angle BAC$的大小。

（3）运用步骤2的方法，度量$\angle ACB$、$\angle CBA$的大小。

（4）运用“数据/计算”命令，计算三个角的和。

（5）同时选中三个角的度量结果及计算的结果，运用“数据/制表”命令，绘制表格。

任务2：验证平行四边形的面积公式

1. 要求

（1）以“学号+平行四边形面积”作为文件名保存文档，发送到教师的邮箱。

（2）在15分钟内完成。

2. 操作步骤

（1）构建一个平行四边形*ABCD*（可以使用自定义工具来构建）。

（2）构建平行四边形的高*h*。

（3）选中底边*AB*及高*h*，运用“度量/长度”命令，度量它们的大小。

（4）运用“数据/计算”命令，计算“底边*AB*乘以高*h*”的大小。

（5）同时选中平行四边形的四个顶点*A*、*B*、*C*、*D*，运用“构造/四边形内部”命令，构建平行四边形内部的面；并应用“度量/面积”命令，度量它的面积。

（6）同时选中度量结果及计算的结果，运用“数据/制表”命令，绘制表格。

任务3：验证正弦定理

1. 要求

（1）以“学号+正弦定理”作为文件名保存文档，发送到教师的邮箱。

（2）在15分钟内完成。

2. 操作步骤

（1）画一个圆。

（2）在圆内画一个内接三角形。

（3）度量内接三角形边的长度和角的大小。

（4）运用“数据/计算”命令，计算相互关系。

（5）选中计算的结果，运用“图表/制表”命令，绘制表格。

习　题

一、选择题

1. 选取圆上的一段弧，不能度量的数据是(　　)。

A. 角度　　B. 弧度角　　C. 弧长　　D. 半径

2. 在计算或新建函数对话框中，以下哪个值是不能在数值候选项中选择的？(　　)

A. ρ　　B. 新建参数　　C. e　　D. π

3. 应用“计算”命令，在编辑计算对话框中，点击“单位”按钮，以下哪个单位不在候选项中？(　　)

A. 厘米　　B. 秒　　C. 英寸　　D. 度

4. 不能对度量结果进行操作的命令是(　　)。

A. 旋转　　B. 设置字体　　C. 参与计算　　D. 制成表格

二、判断题

1. 对某一对象度量的结果，可以在计算时编入表达式中；这个对象变化时，度量结果随之改变，并且计算的结果也随之变化。(　　)

2. 度量结果可以生成关联文本。(　　)

三、操作题

1. 应用度量命令，设计制作证明圆幂定理的课件（圆幂定理：$PA \cdot PB = |OP^2 - R^2|$）。

2. 应用度量命令，设计制作验证同底等高三角形面积相等的课件。

3. 应用度量命令，设计制作验证正弦定理的课件。

4. 应用度量命令，设计制作验证三角形内角和定理的课件。

四、简述题

1. 如何度量一个圆的半径？

2. 对于度量的结果，能够进行哪些操作？

3. 3.3 实例 1 中的步骤 2 到步骤 4 是构建线段 PA 和线段 PB，从平面上看，直接选中点 A 和点 P，构建它们的线段，选中线段和圆，构建交点 B，再构建线段 PB，这样似乎更快一点；这两种方法构造的线段，从教学效果上看有何不同？

4. 在 3.3 实例 2 中，如果不要步骤 2、步骤 3，直接在圆周 c_1 上任取点 P，下面的步骤一样，做出的课件能够达到教学效果吗？

4 制作函数图形课件

学习要求

1. 了解“数据”及“绘图”菜单。
2. 理解参数属性及使用范围。
3. 掌握单体函数图形的制作方法及技巧。
4. 掌握包含函数图形的综合图形的制作方法及技巧。

4.1 认识“数据”及“绘图”菜单

4.1.1 “数据”菜单

左键单击“数据”弹出“数据”菜单，如图4－1所示。

图4－1 “数据”菜单图示

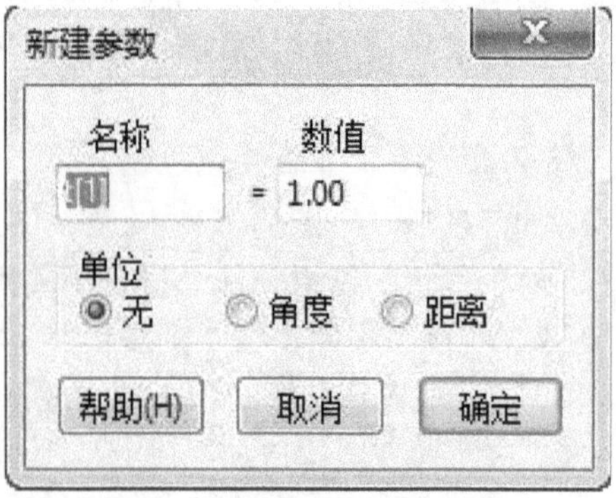

图4－2 “新建参数”图示

新建参数：这是一条功能命令，左键单击它，弹出如图4－2所示的对话框，可在

“名称”栏中输入名字，例如 n，“数值”栏显示的是当前的数值，也可以输入其他数据。单位选择“无”，变量的数值是纯数；选择“角度”，变量可以作为角度使用；选择“距离”，变量可以作为距离或长度使用，按“确定”后即可建立一个参数；进一步的使用说明在下文会详细讲解。

计算、制表、添加表中数据、删除表中数据：这四条命令在“3 运用度量方法制作课件”已叙述过了，这里不再重复。

新建函数：这是一条功能命令，执行它，弹出如图 4 – 3 所示的对话框，输入一个函数，例如 sin（$a \cdot x$），按“确定”后，函数表达式显示在页面上。

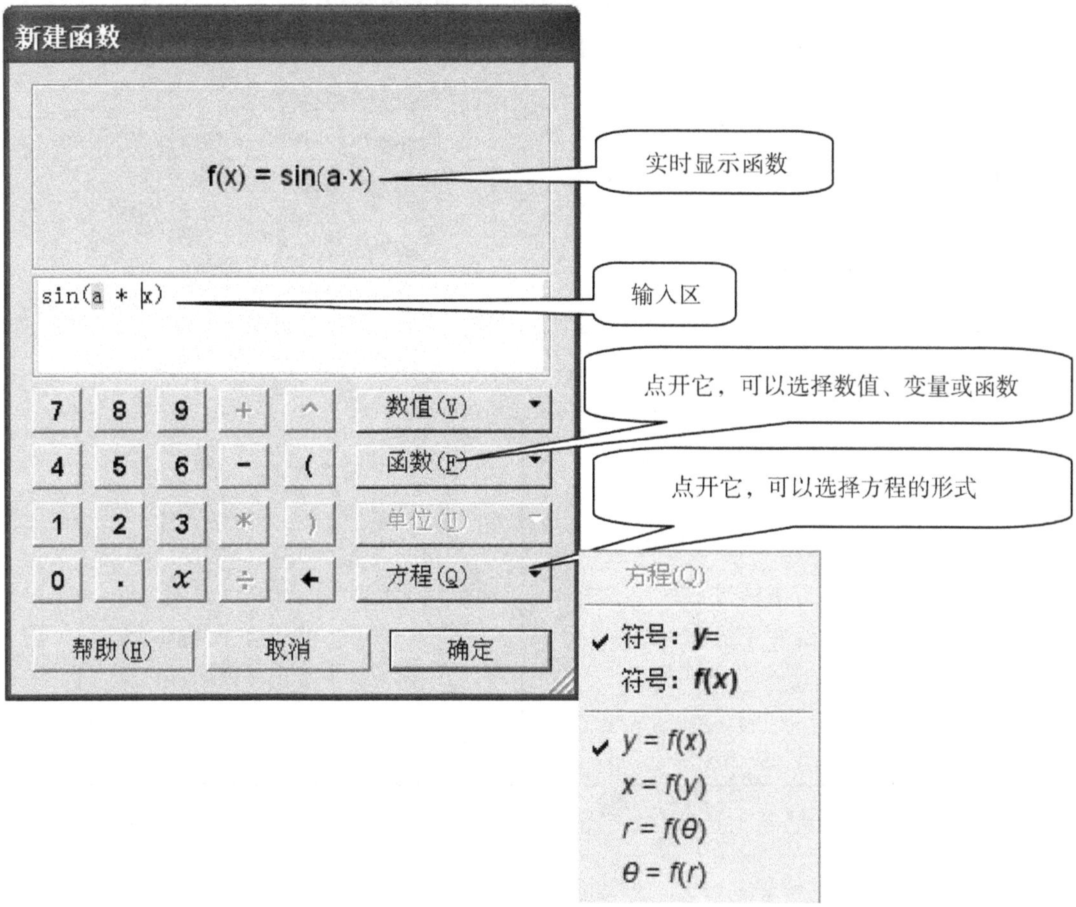

图 4 – 3 “新建函数”图示

定义导函数：选择一个函数表达式，执行它将求出函数的导数，并显示在页面上。

定义绘图函数：选中一个利用标记工具绘制的任意曲线图形，运用此命令，定义此任意曲线图形的函数，例如 g（x）：绘图［2］，并显示在页面上。

4.1.2 “绘图”菜单

点开“绘图”菜单，如图4－4所示。

定义坐标系：构建一个方形网格的二维坐标系。

标记坐标系：选择 x 轴或者 y 轴，把坐标轴标记为中心。

网格样式：其二级菜单有三个候选项，用来改变坐标系的形式，这三个选项分别是极坐标网格、方形网格、矩形网格，如图4－5所示。

显示网格：如果网格没有显示，执行此命令能够把网格显示在页面上；如果显示了网格，命令变为“隐藏网格”，把网格隐藏起来，而坐标轴仍然显示在页面上。

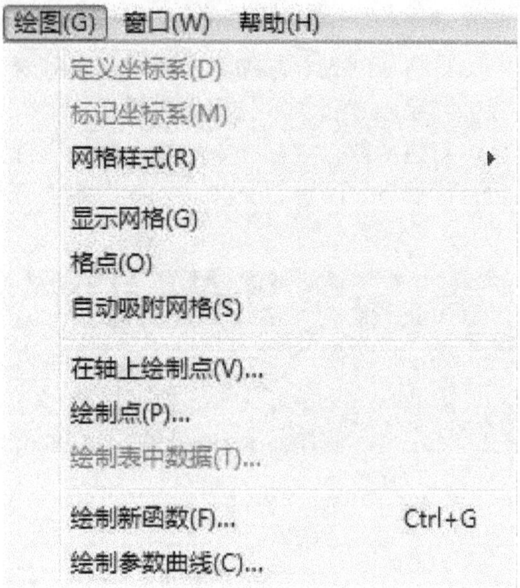

图4－4 “绘图”菜单图示

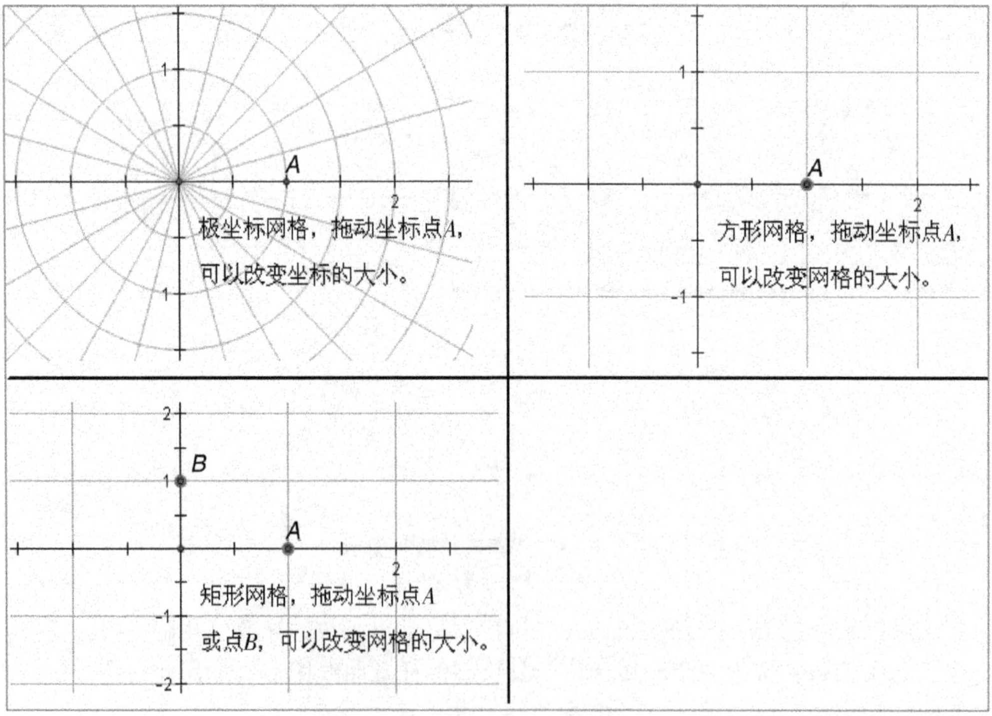

图4－5 三类坐标网格图示

自动吸附网格：是一个选择项，选择后在命令前面有一个√，在这种状态下，拖动点或线段端点，自动吸附到网格的顶点上。

在轴上绘制点：应用此命令，如图4－6所示，如果不选择轴，弹出上图对话框，可以在 x 轴上绘制点；如果先选择 y 轴，弹出下图对话框，可以在 y 轴上绘制点。

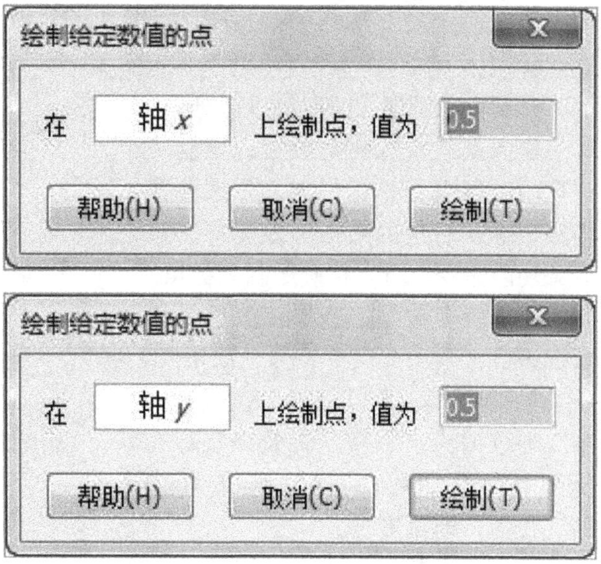

图4－6　“在轴上绘制点”图示

如果选择的是一条线段，命令变为“在线段上绘制点”，如图4－7上图所示，输入0.7的值，数值范围为0～1，在线段 AB 的0.7处绘制点 D。

如果选择的是一个内部图形，例如三角形内部，命令变为“在三角形上绘制点”，如图4－7下图所示，输入0.3的值，数值范围为0～1，在三角形边长的0.3处绘制点 E。

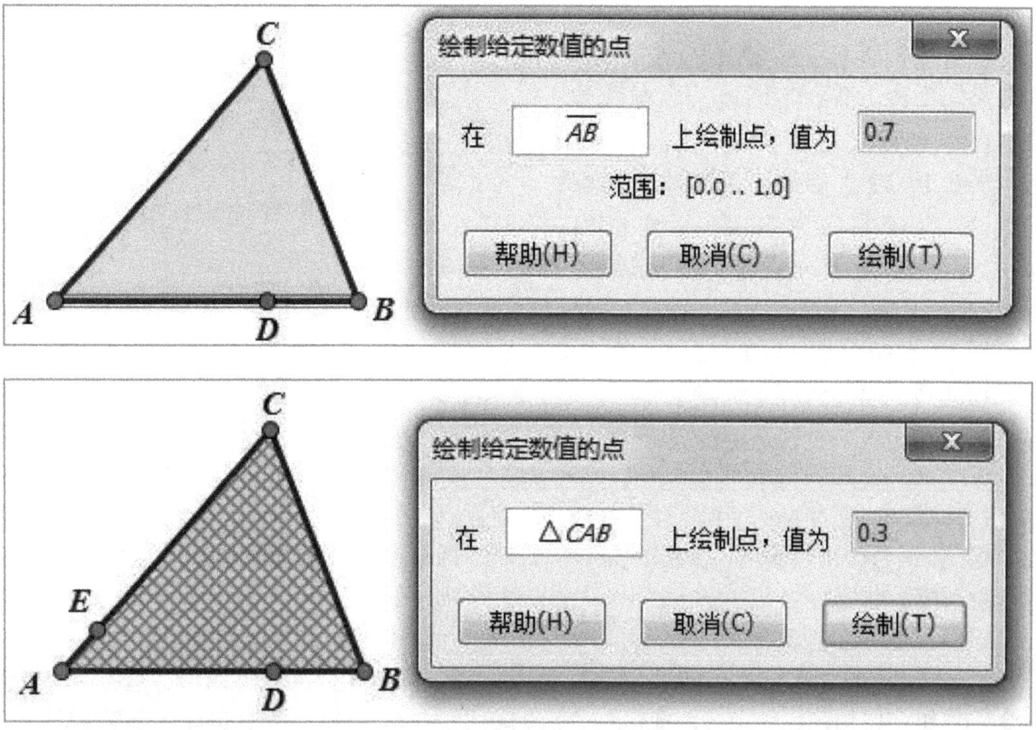

图4－7　在线段及图形边长上绘制点

用这种方法绘制的点，是线段或图形边长按照输入的值为比例的点，这些点是不能在线段或图形边长上移动的；与应用“构造/线段上的点”命令绘制出的点是不同的，在制作动画课件时要加以区分。

绘制点：点选两个数据，绘制一个以这两个数据为坐标的点，先选的数据为横坐标，后选的数据为纵坐标。这是一条功能命令，可以精确绘制坐标点。

绘制表中数据：选择一个已制作的数据表格，应用此命令，弹出如图 4－8 所示的对话框，默认这个表格第一列、第二列数据为点的横坐标及纵坐标，本例即是；若要更改坐标，点击“选择列”按钮，即可更改。

绘制新函数：先选择已建立的一个函数表达式，执行它，绘制这个函数的图形；如果先前没有建立函数，则会弹出如图 4－3 所示的对话框，输入函数按“确定”后，将把函数表达式及其图形一起显示出来。

绘制参数曲线：应用本命令之前，必须建立参数方程，下面以绘制椭圆参数方程曲线为例，讲解操作步骤。

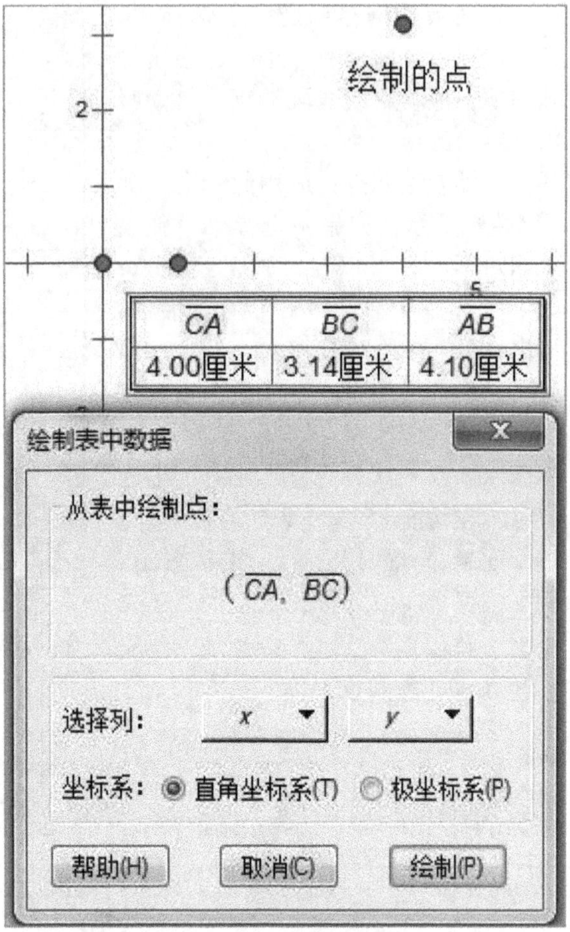

图 4－8　绘制表中数据的点

步骤 1：建立参数。在横轴上任取一点 A，度量它的横坐标，标签改为“a”；在纵轴上任取一点 B，度量它的纵坐标，标签改为“b”。

步骤 2：建立参数方程。应用“数据/新建函数”命令，新建椭圆的参数方程

$$\begin{cases} f(x) = a \cdot \cos(x) \\ g(x) = b \cdot \sin(x) \end{cases}$$

其中，方程中的参数 a，b 是步骤 1 建立的参数。

步骤 3：先选择方程 $f(x) = a \cdot \cos(x)$，再选择 $g(x) = b \cdot \sin(x)$，应用“绘图/绘制参数曲线”命令，弹出如图 4－9 所示对话框，在定义域中分别输入：0、2π，点击“绘制”，会弹出“编辑/参数选项”对话框，将对话框中的角度单位改选为“弧度”，即可绘制椭圆曲线。

同理，也可绘制双曲线，读者可以参照步骤 1 至步骤 3，自行绘制。

另外，“构造”菜单有一条“轨迹”命令，用于构建函数的轨迹图形，这是一条功能命令。例如：先构建一个点 A，度量这个点的数据为 $x_A = 4.47$，把数据代入函数表达式进行计算，得到另一数据，如 $y = A \cdot \cos(\omega \cdot x + \varphi) = -3.46$，选择度量的数据 x_A 和计算出来的数据 y，构建一个点 B，选择点 A 和点 B，应用“轨迹”命令，就能够绘制函数 $y = A \cdot \cos(\omega \cdot x + \varphi)$ 的轨迹图形。所选择的两个点中，其中一个点是另一个点的父对象，

例如点 A 是点 B 的父对象，并且点 B 是由度量点 A 的数据按照一定的数学关系式计算而构建的点。

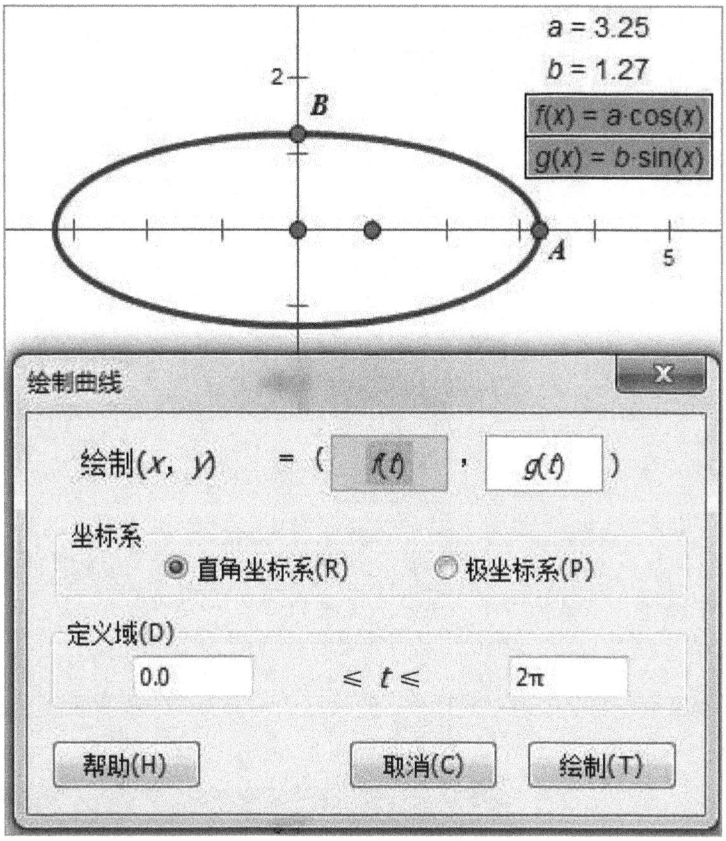

图 4－9　绘制参数曲线图示

4.2　参数的控制及使用范围

4.2.1　设置参数的属性

选择参数，应用“编辑/属性”命令打开参数属性对话框，如图 4－10 所示。“对象”“标签”选项的设置在前面已经详细阐述过，这里就不再重复。“参数”选项用来控制参数变化的大小和速度，控制参数变化的方式有三种：

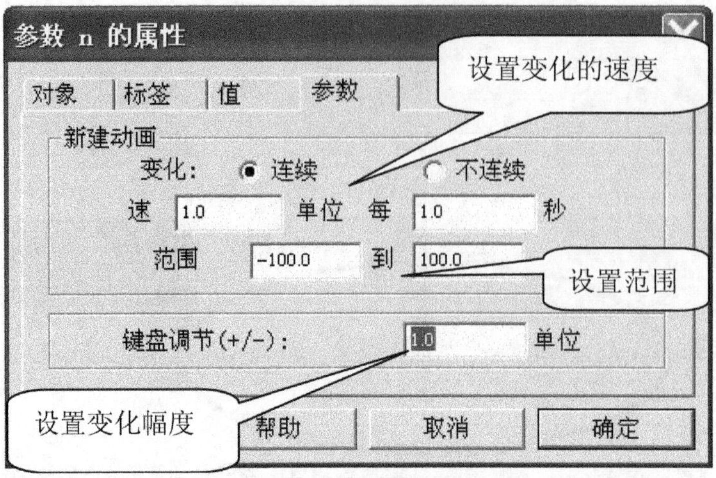

图 4－10 设置参数的属性图示

1. 键盘控制

选择参数，同时按下 Shift 键和 + 键，参数值增大；同时按下 Shift 键和 - 键，参数值减小。每按一次，参数值变化一次，变化的幅度在参数属性对话框的“键盘调节（+/-）”选项中设置，默认值为 1，也可以更改为 0.2、0.5 等。

2. 参数控制

双击参数，弹出“编辑参数值”对话框，直接输入一个需要的数值即可改变参数的大小。

3. 动画控制

选择参数，应用“编辑/操作类按钮/动画”命令，设置参数变化的动画，如图 4－11 所示。可以设置：①数值的变化方向，点开“方向”右侧按钮，有四个候选项，分别是“渐增”“渐减”“双向”“自由”，默认设置为“双向”，这里设置了数值变化的趋势。②数值改变的方式，选项有“连续”和“不连续”。③数值的变化速度，通过设置每单位时间改变的数值来实现。④数值的变化范围，默认范围是 - 100 到 100，也可以进行更改，如 0 到 5。

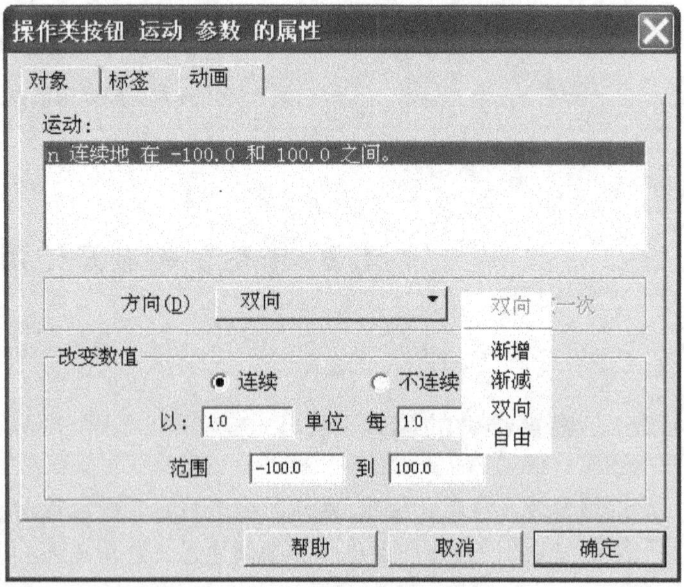

图 4－11 设置运动参数的属性

4.2.2 参数的应用范围

1. 用参数控制图形大小和位置

构建一个单位为“厘米”的参数，可以当作线段的长度使用。

例1：选中一个点和这个参数，应用“构造/以圆心和半径绘圆”命令构建一个圆，运用上面介绍的方法控制参数的大小，就能控制圆的大小，如图4－12上图所示。

例2：选中参数，应用“变换/标记距离”命令将其标记为对象平移的距离，选择一个对象，执行“变换/平移”命令构建另一个对象，控制参数的大小，就能控制新建对象的位置，如图4－12下图所示。

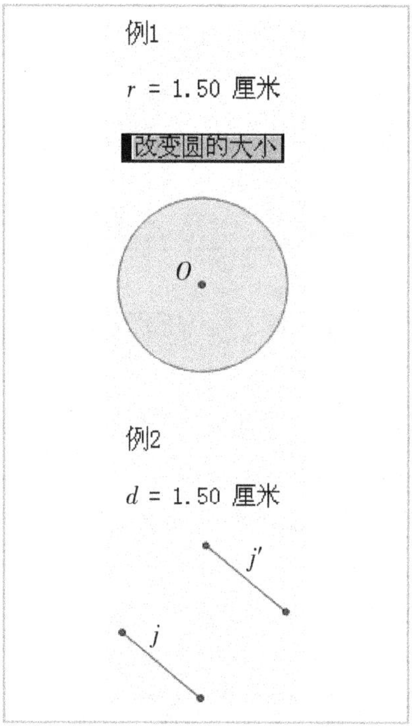

图4－12 单位为“厘米”的变量应用举例

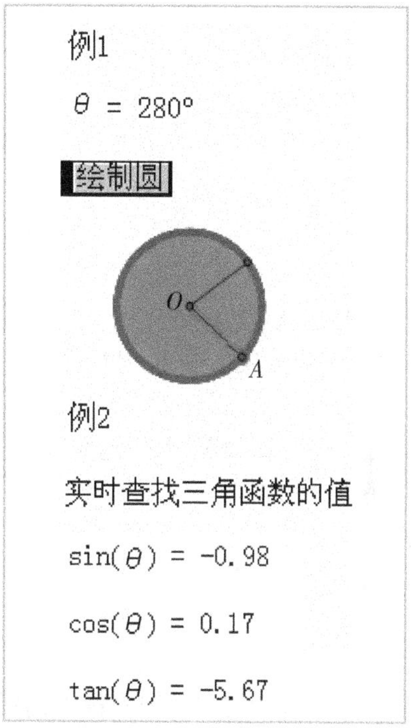

图4－13 单位为“度”的变量应用举例

2. 用参数构建动态图形、实时显示三角函数的值

构建一个单位为“度”的参数θ，可以当作角度使用。

例1：把角度变量θ标记为旋转的角度，选中一条线段及一个端点，应用“变换/旋转”命令使它按标记角度旋转，旋转后的端点改为A；选中角度变量θ，按“动画控制变量”方式设置动画，把标签改为“绘制圆”；选中点A和旋转后的线段，应用“显示/追踪对象”命令追踪运动的轨迹；点击“绘制圆”按钮，就能够动态绘制一个圆，如图4－13上图所示。

例2：构建一个单位为“度”的参数θ，应用“变换/计算”命令，分别计算sin（θ）、

cos（θ）、tan（θ），当参数 θ 的数值变化时，这些三角函数的值随之变化，如图 4－13 下图所示。

3. 用参数控制对象颜色

对于用快捷工具、构造菜单命令、变换菜单命令构建的对象，可以用参数来控制它们的颜色变化。例如：上面例 1 构造的圆面，选中圆面及参数 r，应用“显示/颜色/参数”命令，弹出如图 4－14 所示的对话框，设置它，按“确定”即可；当参数 r 改变时，圆面的颜色随之改变。

4. 在新建函数中使用，构造函数的动态图形

用参数构造的函数解析式，可以通过参数的改变来控制解析式的改变，进而控制函数图形的改变。动态解析式的实现，能够生动直观地揭示函数的性质以及函数图形的变化规律，在教学实践中取得了非常好的效果。

5. 在计算、迭代中使用，构建动态图形

参数可以作为数值进行计算，计算结果将会随着参数的变化而变化。同时选择原象和参数，按下 Shift 键，这时“变换/迭代”命令变为“变换/带参数的迭代”，这样构建的迭代图形，可以用参数来控制。具体的应用举例将在“6　使用迭代方法制作课件”中详细讲解。

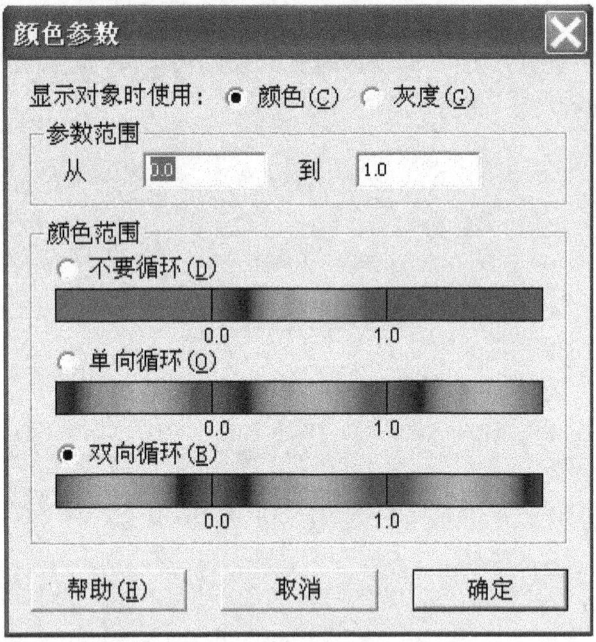

图 4－14　设置“颜色参数”图示

4.3　制作单纯的函数图形

实例 1　有理整函数（多项式）图形

1. 创作设想

把有理整函数图形在二维坐标系中绘制出来。效果如图 4－15 所示。

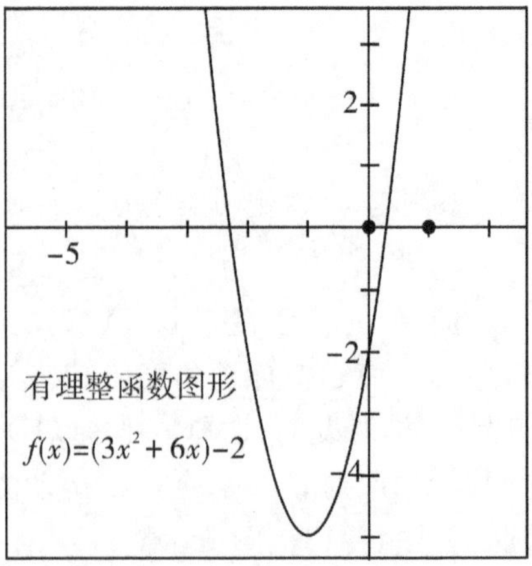

图 4－15　有理整函数图形效果图

2. 关键技术

构建新函数并绘制图形。

3. 教学应用

显示图形，这是信息技术应用于课堂教学最普通的方式，实现教学内容的数字化，减少了教师在黑板上画图的时间，把节省的时间用来讲授教学内容。这种应用方式要注意避免“简单的纸质教材数字搬家”的问题。

4. 制作过程

步骤1：应用“绘图/定义坐标系”命令建立二维坐标系，并隐藏网格。

步骤2：应用“数据/新建函数”命令，在弹出的对话框中输入函数 $3 \cdot x^2 + 6 \cdot x - 2$，按“确定”即可以在页面上建立函数 $f(x) = 3 \cdot x^2 + 6 \cdot x - 2$。

步骤3：选中函数 $f(x)$，应用“绘图/绘制新函数”命令，构建它的图形。

步骤4：标记所有要显示的标签，写入说明文字，设置它们的大小、颜色、位置。制作完成。

实例2　幂函数图形

1. 创作设想

幂函数表达式 $y = x^a$，其中 $a > 0$ 时，曲线通过点（0，0）和点（1，1）；$a < 0$ 时，曲线只通过点（0，0）；采用参数 a 的变化来控制不同的幂函数曲线图形，幂 a 为分数形式构建一个函数，幂 a 为整数形式构建另一个函数。效果如图4－16所示。

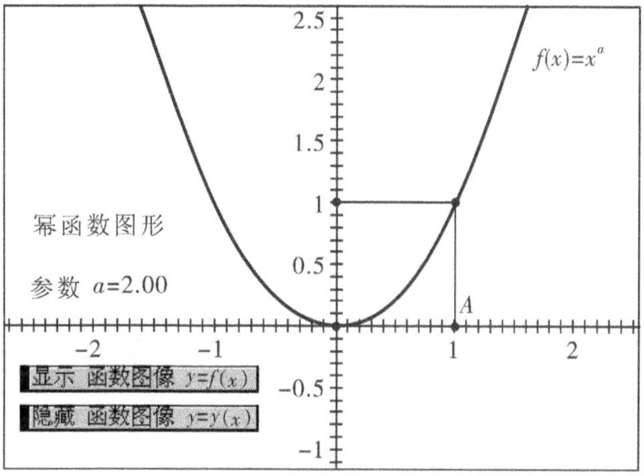

图4－16　幂函数图形效果图

2. 关键技术

将参数属性中键盘控制的单位设为1，并要设置两类曲线图形的隐藏/显示按钮。

3. 教学应用

拖动坐标点 A，可以改变二维坐标系的大小；点击“函数图像 $y = y(x)$”按钮，显示/隐藏幂为整数形式的幂函数 $y(x) = x^a$ 图形，点击“函数图像 $y = f(x)$”按钮，显示/隐藏幂为分数形式的幂函数 $f(x) = x^{\frac{1}{a}}$ 图形；选中参数 a，同时按下 Shift 键和＋键（－键），参数数值变化，显示不同幂函数的图形。

4. 制作过程

步骤1：应用“绘图/定义坐标系”命令建立二维坐标系，并隐藏网格。

步骤2：应用“数据/新建参数”命令，构建名称为 a、单位为“无”的参数；右键单击参数 a，选择“参数属性”，设置键盘控制的步长为1，不连续变化。

步骤3：应用“绘图/绘制新函数”命令，依次输入 x^a，点击页面上的参数 a，构建幂为整数形式的幂函数 $y(x) = x^a$ 图形；把曲线图形颜色设为黑色、线型设为粗。

步骤4：应用“绘图/绘制新函数”命令，依次输入x^（1/a），点击页面上的参数a，构建幂为分数形式的幂函数$f(x)=x^{\frac{1}{a}}$图形；把曲线图形颜色设为蓝色、线型设为细。

步骤5：选中函数$y(x)=x^a$及其曲线图形，应用“编辑/操作类按钮/隐藏/显示”命令，构建隐藏显示按钮，并把标签改为“函数图像$y=y(x)$”。

步骤6：选中函数$f(x)=x^{\frac{1}{a}}$及其曲线图形，应用“编辑/操作类按钮/隐藏/显示”命令，构建隐藏显示按钮，并把标签改为“函数图像$y=f(x)$”。

步骤7：标记所有要显示的标签，写入说明文字，设置它们的大小、颜色、位置。制作完成。

实例3　指数函数和对数函数图形

1. 创作设想

指数函数和对数函数互为反函数，先构建指数函数的曲线图形，再构建一条$y=x$的直线，并将其标记为镜面，最后建立点B的镜面反射点B'，构建点B'的轨迹即可得到对数函数的曲线图形。效果如图4－17所示。

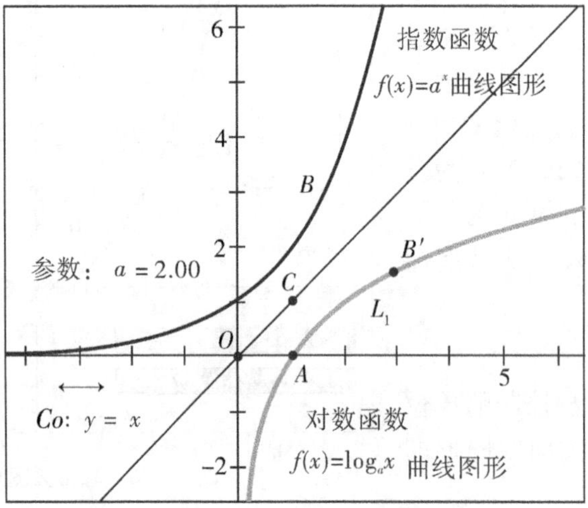

图4－17　指数函数和对数函数图形效果图

2. 关键技术

建立直线的镜面反射，构建反射点的轨迹，键盘控制参数a的步长设为0.1。

3. 教学应用

改变参数a的数值，对应的指数函数图形和对数函数图形随之改变。例如：双击参数a，输入数值2.718，便可以得到自然对数$\ln x$的曲线图形；输入10，得到常用对数$\lg x$的曲线图形；输入1，然后使用Shift键和－键（＋键）得到$0<a<1$的图形。

4. 制作过程

步骤1：应用“绘图/定义坐标系”命令建立二维坐标系，并隐藏网格。

步骤2：应用“数据/新建参数”命令，构建名称为a、单位为“无”的参数；右键

单击参数 a，选择“参数属性”，设置键盘控制的步长为0.1，不连续变化。

步骤3：应用“绘图/绘制新函数”命令，依次输入 a^x，点击页面上的参数 a，构建指数函数 $f(x)=a^x$ 图形；把曲线图形颜色设为红色、线型设为粗。

步骤4：应用“绘图/绘制点”命令，在弹出的对话框中点选“直角坐标”，横坐标输入1、纵坐标输入1，如图4－18所示；点击“绘制”按钮，构建点 C。

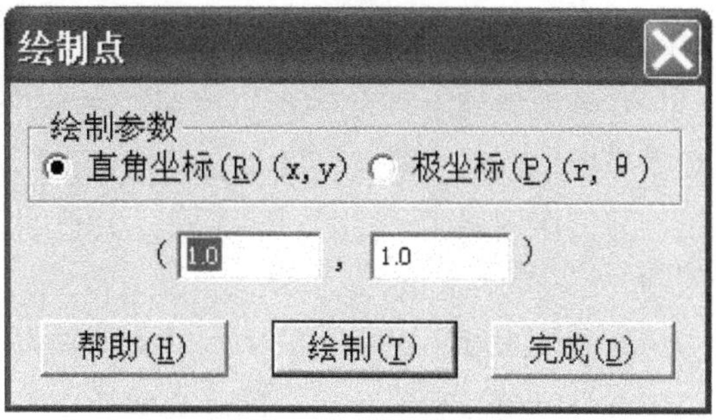

图4－18　绘制点 C

步骤5：同时选中点 C 和坐标原点 O，应用“构造/直线”命令构建一条 $y=x$ 的直线 CO；选中直线 CO，应用“变换/标记镜面”命令，把它标记为反射镜面。

步骤6：选中指数函数 $f(x)=a^x$ 图形，应用“构造/函数图像上的点”命令，在它上面构建一个任意点 B。

步骤7：选中点 B，应用“变换/反射”命令，构建反射点 B'。

步骤8：同时选中点 B 和点 B'，应用“构造/轨迹”命令，构建点 B' 的轨迹，这条轨迹即是对数函数 $f(x)=\log_a x$ 的曲线图形。

步骤9：标记所有要显示的标签，隐藏不需要显示的对象，写入说明文字，设置它们的大小、颜色、位置。制作完成。

实例4　三角函数图形

1. 创作设想

准确地绘制三角函数的图形，效果如图4－19所示。

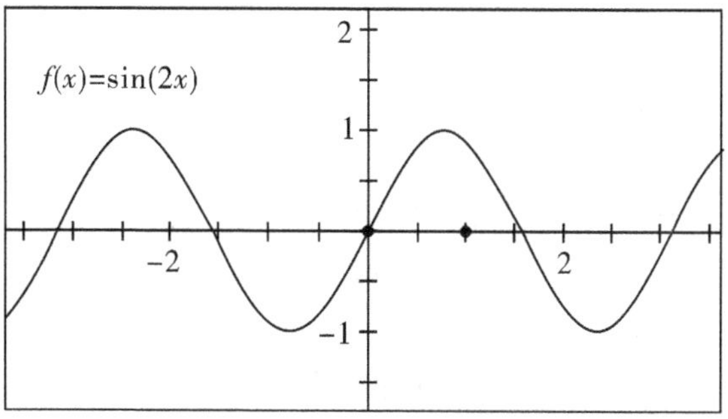

图4－19　三角函数图形效果图

2. 关键技术

利用绘制新函数命令中内设的三角函数 sin/cos/tan 等来建立。

3. 教学应用

显示图形，减少了教师在黑板上画图的时间，把节省的时间用来讲授教学内容。

4. 制作过程

步骤1：应用“绘图/定义坐标系”命令建立二维坐标系，并隐藏网格。

步骤2：选择“编辑/参数选项”命令，在弹出的对话框中将角度的单位设为“弧度”（这一步很重要）。

步骤3：应用“绘图/绘制新函数”命令，依次输入 sin（2 * x），其中 sin 为内设的函数，点击“确定”按钮便能绘制函数 $f(x)=\sin(2x)$ 的图形。

步骤4：标记所有要显示的标签，写入说明文字，设置它们的大小、颜色、位置。制作完成。

实例 5　带常数的函数图形

1. 创作设想

在纵坐标轴上任取一点，度量它的纵坐标，在横坐标轴上任取两点，度量它们的横坐标，度量的数值作为函数 $f(x)$ 的常数；绘制的图形如图 4－20 所示。

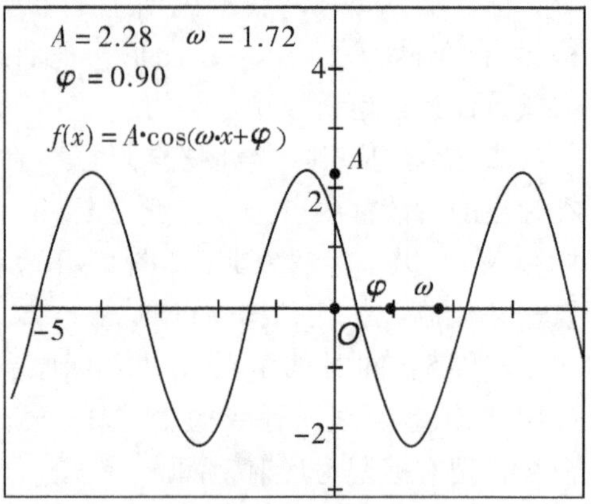

图 4－20　带常数的函数图形效果图

2. 关键技术

度量对象的数值并把它修改为常数。

3. 教学应用

拖拉点 A 可以改变振幅的大小，拖拉点 ω 可以改变角速度的大小，拖拉点 φ 可以改变初相位，同时图形的形状、大小也随之变化，实现图形的动态演示。

4. 制作过程

步骤 1：应用“绘图/定义坐标系”命令建立二维坐标系，并隐藏网格；选择“编辑/参数选项”命令，在弹出的对话框中将角度的单位设为“弧度”。

步骤 2：在纵坐标轴上任取一点，标记为点 A；在横坐标轴上任取两点，标记为点 ω、点 φ。

步骤 3：选中点 A，应用“度量/纵坐标”命令，度量它的纵坐标数值，标签改为 A；同时选中点 ω、点 φ，应用“度量/横坐标”命令，度量它的横坐标数值，标签分别改为 ω、φ。

步骤 4：应用“绘图/绘制新函数”命令，依次输入 $A*\cos(\omega*x+\varphi)$，其中“A”“ω”“φ”，为步骤 3 度量的结果，cos 为内设函数，点击“确定”按钮后，绘制出函数 $f(x)$ 的图形。

步骤 5：标记所有要显示的标签，写入说明文字，设置它们的大小、颜色、位置。制作完成。

4.4　制作包含函数图形的综合图形

实例 1　区间函数图形

1. 创作设想

在横坐标轴上任取两点并构建两点的线段，这个线段就是函数的区间；在这条线段上任取一点，度量它的横坐标，把三个参数及这个点的横坐标代入函数表达式进行计算，利用度量结果和计算结果构建一个点，再构建这个点的轨迹即可得到区间函数图形，如图 4－21 所示。

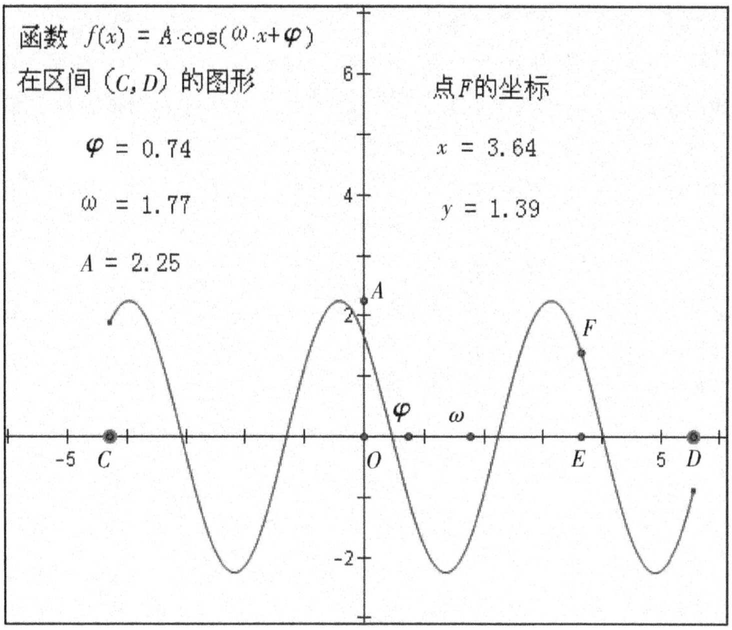

图 4－21　区间函数效果图

2. 关键技术

设立区间，构建点的轨迹。

3. 教学应用

拖拉点 C 或点 D，可以改变区间的范围，图形的范围也随之改变。

4. 制作过程（步骤 1、2、3 与 4.3 中实例 4 一样）

步骤 1：应用“绘图/定义坐标系”命令建立二维坐标系，并隐藏网格；选择“编辑/参数选项”命令，在弹出的对话框中将角度的单位设为“弧度”。

步骤 2：在纵坐标轴上任取一点，标记为点 A；在横坐标轴上任取两点，标记为点 ω、点 φ。

步骤 3：选中点 A，应用“度量/纵坐标”命令，度量它的纵坐标数值，标签改为 A；同时选中点 ω、点 φ，应用“度量/横坐标”命令，度量它的横坐标数值，标签分别改为 ω、φ。

步骤 4：在横坐标轴上任取两点，标记为点 C、点 D，选择这两点，应用“构造/线段”命令，构建线段 CD，并选中线段 CD，应用“构造/线段上的点”命令在线段上构建任意一点 E。

步骤 5：选中点 E，应用“度量/点横坐标”命令，度量它的横坐标，标签修改为“x”。

步骤 6：应用“数据/计算”命令，依次输入 $A*\cos(\omega*x+\varphi)$，其中“A”“ω”“φ”为步骤 3 的度量结果，“x”为步骤 5 的度量结果，cos 为内设函数，点击“确定”按钮后，把计算结果的标签修改为“y”。

步骤7：先点选步骤5的度量结果“x”，再点选步骤6的计算结果“y”，应用“绘图/绘制点（x，y）”命令，绘制点F。

步骤8：同时选中点E、点F，应用“构造/轨迹”命令，构建点F的轨迹，这条轨迹就是函数$f(x) = A \cdot \cos(\omega \cdot x + \varphi)$在区间$[C, D]$上的曲线图形。

步骤9：标记所有要显示的标签，写入说明文字，设置它们的大小、颜色、位置。制作完成。

可以采用以下方法使图形更形象生动：

（1）生成动画。选中点F，选择“显示/追踪/绘制的点”命令，设置点F的踪迹；再选中点E，应用“编辑/操作类按钮/动画”命令，生成点E在线段CD范围内来回运动的动画按钮，把按钮的标签修改为“绘制图形”；点击“绘制图形”按钮，点F随着点E的运动，按照轨迹的形状，生成运动的踪迹，使课件更加生动有趣。

（2）使轨迹的颜色五彩斑斓。完成步骤7之后，选中点F和步骤5的度量结果，选择“显示/颜色/参数”命令，设置点F的颜色参数，再通过步骤8构建轨迹，它的颜色就会五彩斑斓；配合动画的运用，效果更好。

实例2　椭圆曲线图形

1. 创作设想

精确绘制椭圆$x = a \cdot \cos(\theta)$，$y = b \cdot \sin(\theta)$的曲线图形，通过度量、计算、构造，可以计算出椭圆的各个基本元素，效果如图4－22所示。

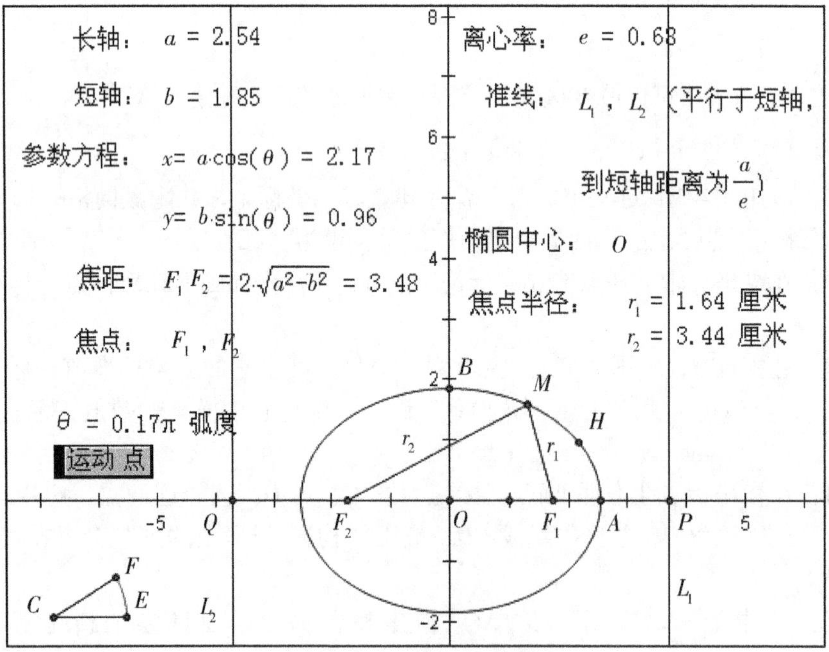

图4－22　椭圆曲线效果图

2. 关键技术

度量一个变化的角度作为椭圆参数方程中的夹角θ，绘制椭圆曲线上的一个点，构建这个点的轨迹。

3. 教学应用

拖动点 A 或点 B，椭圆曲线的形状、大小随之改变，相应的基本元素的数值也会变化，拖动时要保持长轴在 x 轴上；点击“运动点”按钮，点 H 沿着曲线运动，形成动态的图形，增强教学效果（实际课堂教学时，根据教学内容可以适当删减一些基本元素）。

4. 制作过程

步骤1：应用“绘图/定义坐标系”命令建立二维坐标系，并隐藏网格；选择“编辑/参数选项”命令，在弹出的对话框中将角度的单位设为“弧度”。

步骤2：在 x 轴上任取一点 A，选中它，应用“度量/横坐标”命令，度量它的横坐标，并把标签修改为“a”。

步骤3：在 y 轴上任取一点 B，选中它，应用“度量/纵坐标”命令，度量它的纵坐标，并把标签修改为“b”；调整点 A、点 B 位置，以满足 $a>b$。

步骤4：利用快捷点工具在页面上构建点 C、点 E，同时选中这两个点，应用“构造/以圆心和圆周上的点绘圆”命令，构建一个圆 C。

步骤5：在圆 C 的圆周上任取一点 F，依次选择点 E、圆 C 的圆周、点 F，应用“构造/圆上的弧”命令，构建一段圆弧 EF。

步骤6：选择圆弧 EF，应用“构造/弧内部/扇形内部”命令，构建扇形面；再构建线段 CE、线段 CF；如图 4－23 所示。

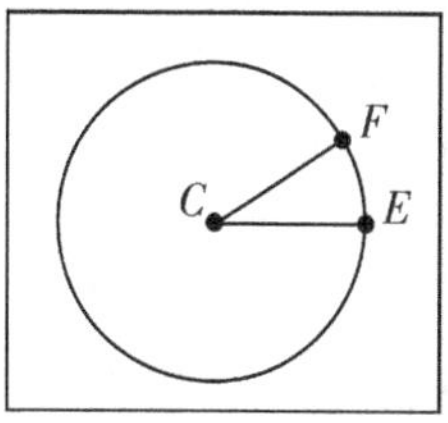

图 4－23　构建圆心角

步骤7：依次选择点 E、点 C、点 F，应用“度量/角度”命令，度量 $\angle ECF$ 的大小，并把标签修改为“θ”（注：步骤 4 到步骤 7 为构建一个圆心角并度量其角度的操作过程，在制作二次曲线图形时，一般应用它来获得一个角度，代入参数方程来计算）。

步骤8：应用“数据/计算”命令，依次输入 $x=a*\cos(\theta)$，其中“a”“θ”为测量结果，cos 为内设函数，计算横坐标的大小；应用“数据/计算”命令，依次输入 $y=b*\sin(\theta)$，其中“b”“θ”为测量结果，sin 为内设函数，计算纵坐标的大小。

步骤9：先后点选 $a*\cos(\theta)$ 的计算结果、$b*\sin(\theta)$ 的计算结果，应用“绘图/绘制点 (x, y)”命令，构建点 H。

步骤10：同时选中点 F、点 H，应用“构造/轨迹”命令，构建椭圆轨迹（至此，已经完成椭圆的绘制，下面就来构建它的各个基本元素）。

步骤11：应用“数据/计算”命令，依次输入 2 * sqrt (a^2 - b^2)，其中“a”“b”为度量结果，sqrt 为内设函数，计算椭圆的焦距 F_1F_2。

步骤12：选中原点 O，应用“度量/纵坐标”命令，度量原点 O 的纵坐标 y_O；应用“数据/计算”命令，依次输入 $2\sqrt{a^2-b^2}/2$，其中 $2\sqrt{a^2-b^2}$ 为步骤 11 的计算结果，计算焦点 F_1 的横坐标；应用“数据/计算”命令，依次输入

$$y_O = 0.00$$

$$x_{F_1} = \frac{(2\cdot\sqrt{a^2-b^2})}{2} = 1.74$$

$$x_{F_2} = \frac{-(2\cdot\sqrt{a^2-b^2})}{2} = -1.74$$

图 4－24　计算焦点横坐标

$-2\sqrt{a^2-b^2}/2$，其中 $-2\sqrt{a^2-b^2}$ 为步骤 11 的计算结果，计算焦点 F_2 的横坐标；如图 4－24 所示。

步骤 13：依次选择 $2\sqrt{a^2-b^2}/2$ 的计算结果、y_O 的度量结果，应用"绘图/绘制点（x，y）"命令，构建焦点 F_1；再依次选择 $-2\sqrt{a^2-b^2}/2$ 的计算结果、y_O 的度量结果，应用"绘图/绘制点（x，y）"命令，构建焦点 F_2。

步骤 14：在椭圆曲线上任取一点 M，构建线段 MF_1、线段 MF_2，标签分别修改为"r_1""r_2"。

步骤 15：选择线段 r_1，应用"度量/长度"命令，度量焦点半径 r_1 的数值；选择线段 r_2，应用"度量/长度"命令，度量焦点半径 r_2 的数值。

步骤 16：应用"数据/计算"命令，依次输入 $2\sqrt{a^2-b^2}/2/a$，其中 $2\sqrt{a^2-b^2}$ 为步骤 11 的计算结果，"a"为步骤 2 的度量结果，计算椭圆的离心率 e，并把标签修改为"e"。

步骤 17：应用"数据/计算"命令，依次输入 a/e，其中，"a"为步骤 2 的度量结果，"e"为步骤 16 的度量结果，计算右准线与 x 轴交点 P 的横坐标 x_P；应用"数据/计算"命令，依次输入 $-a/e$，其中，"a"为步骤 2 的度量结果，"e"为步骤 16 的度量结果，计算左准线与 x 轴交点 Q 的横坐标 x_Q。

步骤 18：先后选择 a/e 的计算结果、原点 O 的纵坐标 y_O，应用"绘图/绘制点（x，y）"命令，构建点 P；同时选中点 P 和 y 轴，应用"构造/平行线"命令，构建右准线，标签修改为"L_1"。

步骤 19：先后选择 $-a/e$ 的计算结果、原点 O 的纵坐标 y_O，应用"绘图/绘制点（x，y）"命令，构建点 Q；同时选中点 Q 和 y 轴，应用"构造/平行线"命令，构建左准线，标签修改为"L_2"。

步骤 20：标记所有要显示的标签，隐藏不需要显示的对象，写入说明文字，设置它们的大小、颜色、位置。制作完成。

实际制作课件时，步骤 11 至步骤 19 为选做步骤，根据需要讲解的基本元素的多少来决定。

实例 3　双曲线图形

1. 创作设想

精确绘制双曲线 $x=\frac{a}{\cos(\theta)}$，$y=b\cdot\tan(\theta)$ 的曲线图形，在这个基础上，通过度量、计算、构造构建各个基本元素，如图 4－25 所示。

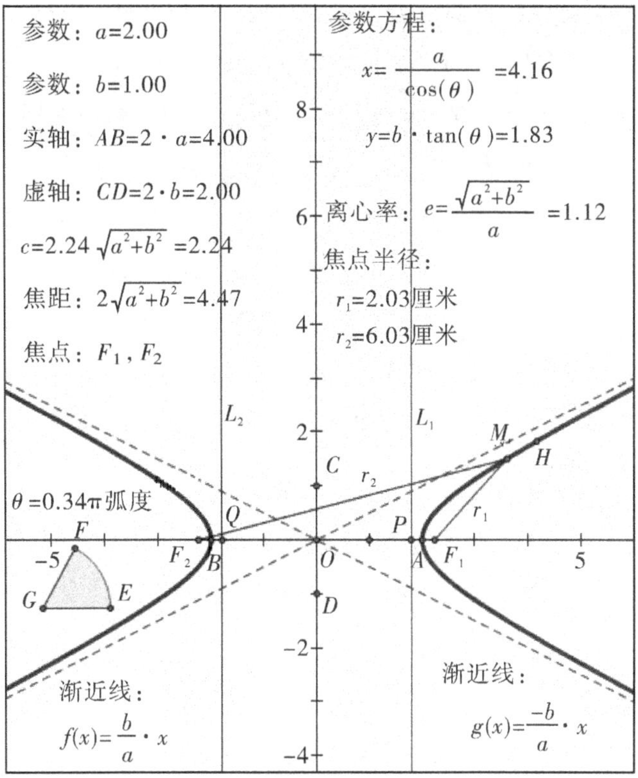

图 4－25　双曲线图形效果图①

2. 关键技术

建立无单位参数 a、b，代入参数方程计算，绘制曲线上的一个点，构建这个点的轨迹。

3. 教学应用

选择参数 a 或 b，使用 Shift 键及 + 键/ - 键改变其大小，双曲线图形的大小、形状也随之变化，基本元素的数值也同样变化（运用于实际课堂教学时，根据教学内容可以适当删减一些基本元素）。

4. 制作过程

步骤 1：应用“绘图/定义坐标系”命令建立二维坐标系，并隐藏网格；选择“编辑/参数选项”命令，在弹出的对话框中将角度的单位设为“弧度”。

步骤 2：应用“数据/新建参数”命令，建立名称为“a”、单位为“无”的参数 a，如图 4－26所示；再用同样的方法建立参数 b；采用实例 2 中步骤 4 到步骤 7 的方法，构建一个圆心

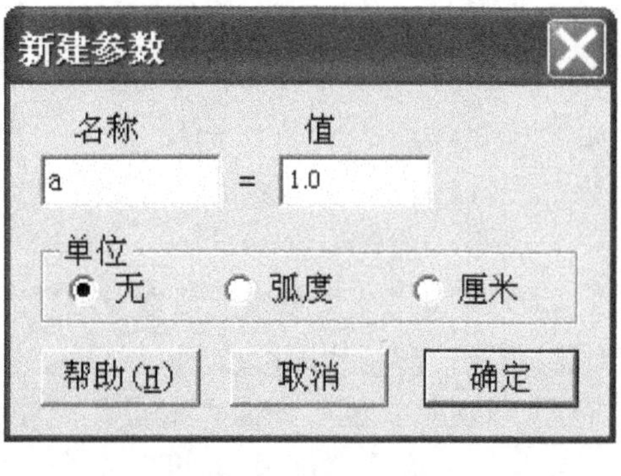

图 4－26　建立参数 a 图示

① 软件设置的是保留小数点后两位，但实际参与计算的是小数点后五位的数。

角∠EGF，度量它的角度，标签修改为“θ”。

步骤3：应用“数据/计算”命令，依次输入 $a/\cos(\theta)$，其中“a”“θ”为步骤2中的结果，cos为内设函数，计算方程 $x=\dfrac{a}{\cos(\theta)}$ 的值；应用“数据/计算”命令，依次输入 $b*\tan(\theta)$，其中“b”“θ”为步骤2中的结果，cos为内设函数，计算方程 $y=b*\tan(\theta)$ 的值。

步骤4：先后点选 $x=\dfrac{a}{\cos(\theta)}$ 的计算结果、$y=b*\tan(\theta)$ 的计算结果，应用“绘图/绘制点（x，y）”命令，构建点 H。

步骤5：同时选中点 F、点 H，应用“构造/轨迹”命令，构建双曲线的轨迹图形。

步骤6：选择原点 O，应用“度量/横坐标”命令，度量原点的横坐标 x_O；应用“度量/纵坐标”命令，度量原点的纵坐标 y_O。

步骤7：先后选择参数 a、度量的原点纵坐标 y_O，应用“绘图/绘制点（x，y）”命令，构建点 A；双击 y 轴，标记为镜面，选择点 A，应用“变换/反射”命令，构建它的反射点，并把标签修改为“B”，点 A、点 B 即为双曲线的顶点，它们之间的距离即为实轴长度。

步骤8：先后选择参数 b、度量的原点横坐标 x_O，应用“绘图/绘制点（x，y）”命令，构建点 C；双击 x 轴，标记为镜面，选择点 C，应用“变换/反射”命令，构建它的反射点，并把标签修改为“D”，两点之间的距离即为虚轴长度。

步骤9：应用“数据/计算”命令，依次输入 $2*\text{sqrt}(a\^{}2+b\^{}2)$，其中“$a$”“$b$”为参数的 a、b 数值，sqrt为内设函数，计算双曲线的焦距 F_1F_2。

步骤10：应用“数据/计算”命令，依次输入 $2\sqrt{a\^{}2+b\^{}2}/2$，其中 $2\sqrt{a\^{}2+b\^{}2}$ 为步骤9的计算结果，计算焦点 F_1 的横坐标 x_{F_1}；应用“数据/计算”命令，依次输入 $-2\sqrt{a\^{}2+b\^{}2}/2$，其中 $-2\sqrt{a\^{}2+b\^{}2}$ 为步骤9的计算结果，计算焦点 F_2 的横坐标 x_{F_2}；如图4－27所示。

原点坐标： $y_O=0.00$

$x_O=0.00$

焦点： $x_{F_1}=\dfrac{(2\cdot\sqrt{a^2+b^2})}{2}=2.24$

$x_{F_2}=\dfrac{-(2\cdot\sqrt{a^2+b^2})}{2}=-2.24$

准线： $X_P=\dfrac{a}{\dfrac{\sqrt{a^2+b^2}}{a}}=1.79$

$X_Q=\dfrac{-a}{\dfrac{\sqrt{a^2+b^2}}{a}}=-1.79$

图4－27　绘制基本元素的计算

步骤11：依次选择 $2\sqrt{a\^{}2+b\^{}2}/2$ 的计算结果、度量的原点纵坐标 y_O，应用“绘图/绘制点（x，y）”命令，构建焦点 F_1；依次选择 $-2\sqrt{a\^{}2+b\^{}2}/2$ 的计算结果、度量的原点纵坐标 y_O，应用“绘图/绘制点（x，y）”命令，构建焦点 F_2。

步骤12：在双曲线上任取一点 M，构建线段 MF_1、线段 MF_2，标签分别修改为“r_1”“r_2”；选择线段 r_1，应用“度量/长度”命令，度量焦点半径 r_1 的数值；选择线段 r_2，应用“度量/长度”命令，度量焦点半径 r_2 的数值。

步骤13：应用“数据/计算”命令，依次输入 $\text{sqrt}(a\^{}2+b\^{}2)/a$，其中“$a$”“$b$”为参数 a、b 的数值，计算双曲线的离心率 e，并把标签修改为“e”。

步骤14：应用“数据/计算”命令，依次输入 a/e，其中，“a”为参数 a 的数值，“e”为步骤13的计算结果，计算右准线 L_1 与 x 轴交点 P 的横坐标 x_P；应用“数据/计算”命令，依次输入 $-a/e$，计算左准线 L_2 与 x 轴交点 Q 的横坐标 x_Q。

步骤15：先后选择 a/e 的计算结果、度量的原点纵坐标 y_O，应用“绘图/绘制点（x，y）”命令，构建点 P；同时选中点 P 和 y 轴，应用“构造/平行线”命令，构建右准线，标签修改为“L_1”。

步骤16：先后选择 $-a/e$ 的计算结果、度量的原点纵坐标 y_O，应用“绘图/绘制点（x，y）”命令，构建点 Q；同时选中点 Q 和 y 轴，应用“构造/平行线”命令，构建左准线，标签修改为“L_2”。

步骤17：应用“绘图/绘制新函数”命令，依次输入 $b/a*x$，其中“a”“b”为参数 a、b 的数值，构建渐近线 $f(x)=\frac{b}{a}\cdot x$ 的图形；应用“绘图/绘制新函数”命令，依次输入 $-b/a*x$，其中“a”“b”为参数 a、b 的数值，构建渐近线 $g(x)=-\frac{b}{a}\cdot x$ 的图形。

步骤18：标记所有要显示的标签，隐藏不需要显示的对象，写入说明文字，设置它们的大小、颜色、位置。制作完成。

实例4　抛物线图形

1. 创作设想

精确绘制 $y=a\cdot x^2+b\cdot x+c$ 抛物线的图形，通过计算、构造构建它的基本元素，如图4－28所示。

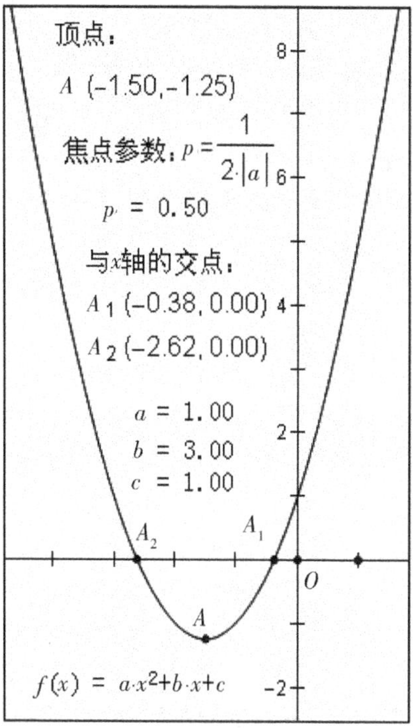

图4－28　抛物线图形效果图

2. 关键技术

建立参数 a、b、c。

3. 教学应用

选择参数 $a/b/c$，通过 Shift 键和＋键/－键，改变参数的大小，抛物线的大小、位置随之改变，并且它的基本元素也会随之变化。

4. 制作过程

步骤1：应用“绘图/定义坐标系”命令建立二维坐标系，并隐藏网格。

步骤2：应用“数据/新建参数”命令，建立名称为“a”、单位为“无”的参数 a；再用同样的方法建立参数 b、参数 c。

步骤3：应用“绘图/绘制新函数”命令，依次输入 $a*x^2+b*x+c$，其中“a”“b”“c”为骤2建立的参数数值，构建抛物线图形。

步骤4：应用“数据/计算”命令，依次输入 $-b/(2*a)$，其中“a”“b”为步骤2建立的参数数值，计算顶点 A 的横坐标 x_A；应用“数据/计算”命令，依次输入 $(4*a*c-b\^2)/(4*a)$，其中“a”“b”“c”为步骤2建立的参数数值，计算顶点 A 的纵坐标y_A，如图4－29所示。

步骤5：先后点选 $-b/(2*a)$ 的计算结果、$(4*a*c-b\hat{}2)/(4*a)$ 的计算结果，应用“绘图/绘制点 (x, y)”命令，构建顶点A。

步骤6：应用“数据/计算”命令，依次输入 $[-b+\mathrm{sqrt}(b\hat{}2-4*a*c)]/(2*a)$，其中“$a$”“$b$”“$c$”为步骤2建立的参数数值，sqrt为内设函数，计算交点A_1的横坐标x_{A_1}，如图4－29所示。

步骤7：应用“数据/计算”命令，依次输入 $[-b-\mathrm{sqrt}(b\hat{}2-4*a*c)]/(2*a)$，其中“$a$”“$b$”“$c$”为步骤2建立的参数数值，sqrt为内设函数，计算交点A_2的横坐标x_{A_2}，如图4－29所示。

顶点坐标：

$$x_A = \frac{-b}{2\cdot a} = -1.50$$

$$y_A = \frac{4\cdot a\cdot c-b^2}{4\cdot a} = -1.25$$

交点坐标：

$$x_{A_1} = \frac{-b+\sqrt{b^2-4\cdot a\cdot c}}{2\cdot a} = -0.38$$

$$x_{A_2} = \frac{-b-\sqrt{b^2-4\cdot a\cdot c}}{2\cdot a} = -2.62$$

度量原点纵坐标：$y_O = 0.00$

图4－29 抛物线基本元素计算

步骤8：选中原点O，应用“度量/纵坐标”命令，度量原点的纵坐标y_O。

步骤9：先后选择 $[-b+\mathrm{sqrt}(b\hat{}2-4*a*c)]/(2*a)$ 的计算结果、原点纵坐标的度量结果y_O，应用“绘图/绘制点 (x, y)”命令，构建交点A_1；先后选择 $[-b-\mathrm{sqrt}(b\hat{}2-4*a*c)]/(2*a)$ 的计算结果、原点纵坐标的度量结果y_O，应用“绘图/绘制点 (x, y)”命令，构建交点A_2。

步骤10：应用“数据/计算”命令，依次输入 $1/[2*\mathrm{abs}(a)]$，其中“a”为步骤2建立的参数数值，abs为内设函数，计算焦点参数p。

步骤11：标记所有要显示的标签，隐藏不需要显示的对象，写入说明文字，设置它们的大小、颜色、位置。制作完成。

实例5　一组重要的平面曲线图形

这组平面曲线图形的创作思路、关键技术都十分类似，读者在理解这几个实例的基础上，根据简要操作步骤的说明，能够自己制作出来。这里列举这几个曲线图形的目的，是为了说明几何画板能够精确绘制数学中的绝大部分图形。

1. 圆内旋轮线图形

效果如图4－30所示，简要的操作步骤如下：

步骤1：建立二维坐标系，并隐藏网格；选择“编辑/参数选项”命令，在弹出的对话框中设置角度的单位为“弧度”。

步骤2：建立单位为“厘米”的参数a、b；并计算$a-b$、a/b的大小。

步骤3：选中原点O及参数a，以圆心和半径绘圆（大实线圆），构建此圆与x轴的交点，标签修改为A_1、A_3，再构建此圆与y轴的交点，标签修改为A_2、A_4；选中原点O及$a-b$的计算结果，以圆心和半径绘圆（大虚线圆）。

步骤4：在大虚线圆上任取一点C，选中点C及参数b，以圆心和半径绘圆（小实线圆）。

步骤5：依次选择点A_1、点O、点C，度量$\angle A_1OC$的大小，标签修改为“t”。

步骤6：应用“数据/计算”命令，依次输入 $(a-b)*\cos t+b*\cos[(a-b)*t/b]$，计算曲线上点$M$的横坐标$x$。

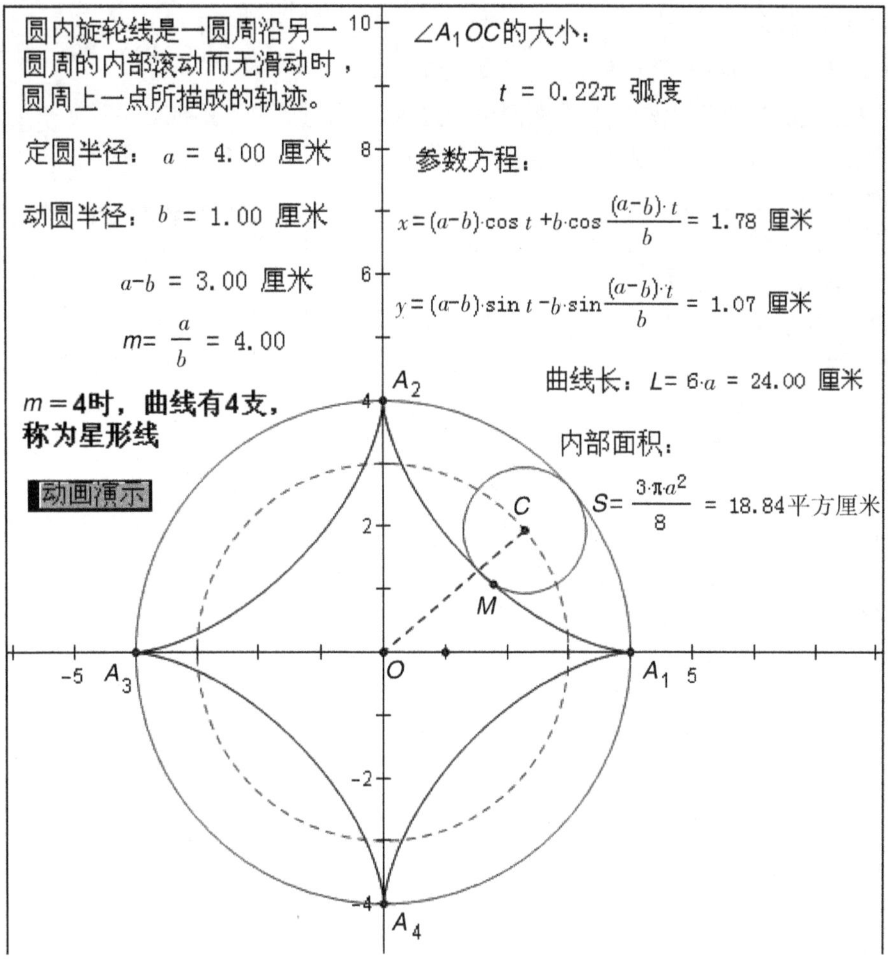

图 4－30　圆内旋轮线图形效果图[①]

步骤 7：应用“数据/计算”命令，依次输入（$a-b$）$*\sin t-b*\sin$［（$a-b$）$*t/b$］，计算曲线上点 M 的纵坐标 y。

步骤 8：先后选择步骤 5、步骤 6 的计算结果，应用“绘图/绘制点（x，y）”命令绘制点 M。

步骤 9：选中点 C、点 M，应用“构造/轨迹”命令构建点 M 的轨迹，即是圆内旋轮线的图形。

步骤 10：计算曲线长 L、内部面积 S。

步骤 11：选中点 C，应用“编辑/操作类按钮/动画”命令，建立它沿着虚线圆周运动的动画，标签修改为“动画演示”；选择点 M，应用“显示/追踪/点”命令。

步骤 12：标记所有要显示的标签，隐藏不需要显示的对象，写入说明文字，设置它们的大小、颜色、位置。制作完成。

① 软件设置的是保留小数点后两位，但实际参与计算的是小数点后五位的数。

2. 心脏线图形

效果如图 4－31 所示，简要的操作步骤如下：

步骤 1：建立二维坐标系，并隐藏网格；选择“编辑/参数选项”命令，在弹出的对话框中将角度的单位设置为“弧度”。

步骤 2：在 x 轴上任取一点 a，构建线段 Oa；选中这条线段，构建中点 H。

步骤 3：先后选择点 H、点 a，以“圆心和圆周上的点绘图”，构建圆 H。

步骤 4：选择线段 Oa，应用“度量/长度”命令度量它的长度，标签修改为 a，标记为距离。

步骤 5：应用“绘图/绘制新函数”命令，依次输入 $a*[1+\cos(\theta)]$，方程类型选择“$r=f(\theta)$”（很重要），构建心脏线的图形。

步骤 6：选择点 a，应用“变换/平移”命令，把它沿着 x 轴向右平移，平移距离为圆的直径“a”（把它标记为距离即可，见步骤 4），平移后把标签修改为“A”。

步骤 7：选中点 A，应用“度量/坐标”命令，度量顶点坐标；选中点 O，应用“度量/坐标”命令，度量尖点坐标。

步骤 8：计算“曲线长 L”“面积 S”的大小。

步骤 9：按照如图 4－32 所示公式计算极值点 C、点 D 的坐标。

步骤 10：先后选择计算的极值点 C 的横坐标、纵坐标，构建极值点 C；先后选择计算的极值点 D 的横坐标、纵坐标，构建极值点 D。

步骤 11：在心脏线上构建点 M，选中点 M，应用“编辑/操作类按钮/动画”命令，建立它沿着心脏线运动的动画，标签修改为“动画演示”；选中点 M，应用“显示/追踪/点”命令。

步骤 12：标记所有要显示的标签，隐藏不需要显示的对象，写入说明文字，设置它们的大小、颜色、位置。制作完成。

3. 圆的渐开线图形

效果如图 4－33 所示，简要的操作步骤如下：

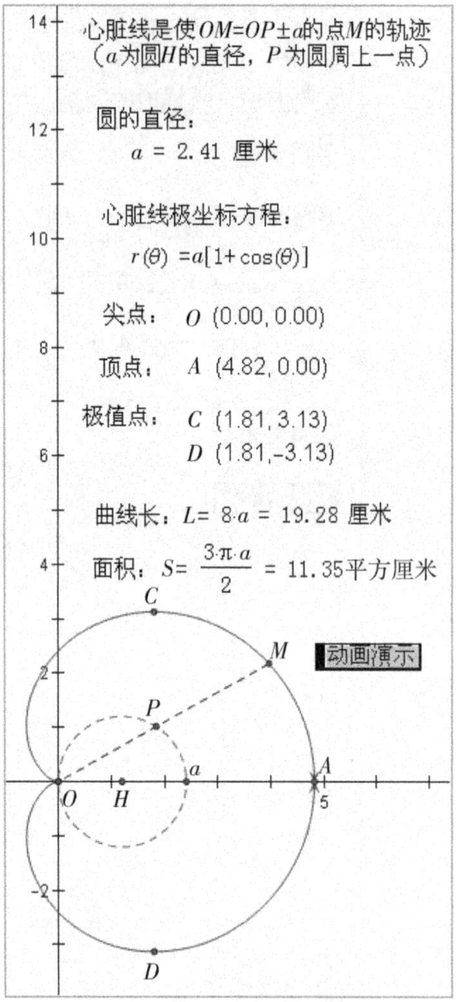

图 4－31　心脏线图形效果图

$$x_C、x_D=\frac{3\cdot a}{4}=1.81\text{厘米}$$

$$y_C=\frac{3\cdot\sqrt{3}\cdot a}{4}=3.13\text{厘米}$$

$$y_D=\frac{-3\cdot\sqrt{3}\cdot a}{4}=-3.13\text{厘米}$$

图 4－32　计算极值点坐标

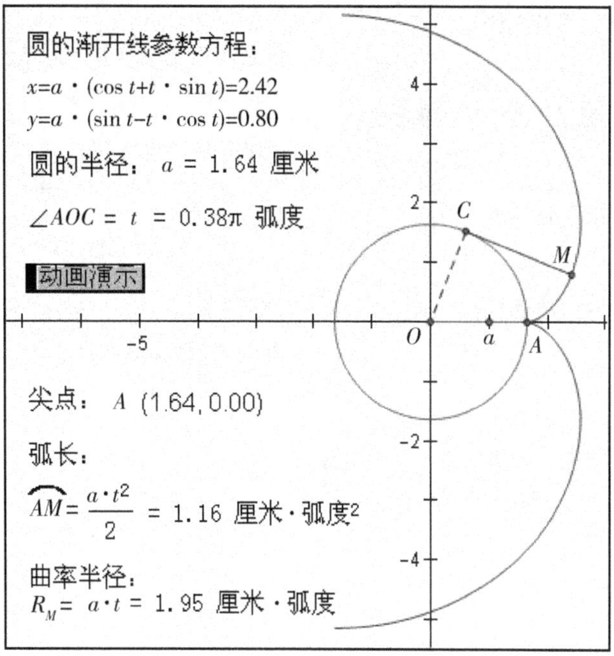

图 4－33　圆的渐开线效果图

步骤 1：建立二维坐标系，并隐藏网格；选择“编辑/参数选项”命令，在弹出的对话框中设置角度的单位为“弧度”。

步骤 2：在 x 轴上任取一点 A，同时选中点 A、点 O，构建它们的线段，选择这条线段，度量它的长度，并把标签修改为“a”。

步骤 3：先后选择点 O、点 A，应用“以圆心和圆周上的点绘圆”命令构建一个圆 O；在圆周上任取一点 C，构建线段 OC。

步骤 4：依次选择点 A、点 O、点 C，应用“度量/角度”命令，度量 $\angle AOC$ 的大小，标签修改为“t”。

步骤 5：应用“数据/计算”命令，依次输入 $a*(\cos t+t*\sin t)$，计算曲线上点 M 的横坐标 x。

步骤 6：应用“数据/计算”命令，依次输入 $a*(\sin t-t*\cos t)$，计算曲线上点 M 的纵坐标 y。

步骤 7：先后选择步骤 5、步骤 6 的计算结果，应用“绘图/绘制点（x，y）”命令绘制点 M。

步骤 8：选中点 C、点 M，应用“构造/轨迹”命令构建点 M 的轨迹，即圆的渐开线图形。

步骤 9：选择点 A，应用“度量/坐标”命令，度量尖点的坐标。

步骤 10：应用“数据/计算”命令，计算弧长、曲率半径的大小。

步骤 11：选中点 C，应用“编辑/操作类按钮/动画”命令，建立它沿着圆周运动的动画，标签修改为“动画演示”；构建线段 CM，选择点 M 和线段 CM，应用“显示/追踪/对象”命令。

步骤 12：标记所有要显示的标签，隐藏不需要显示的对象，写入说明文字，设置它们的大小、颜色、位置。制作完成。

4. 概率曲线图形

效果如图 4 – 34 所示，简要的操作步骤如下：

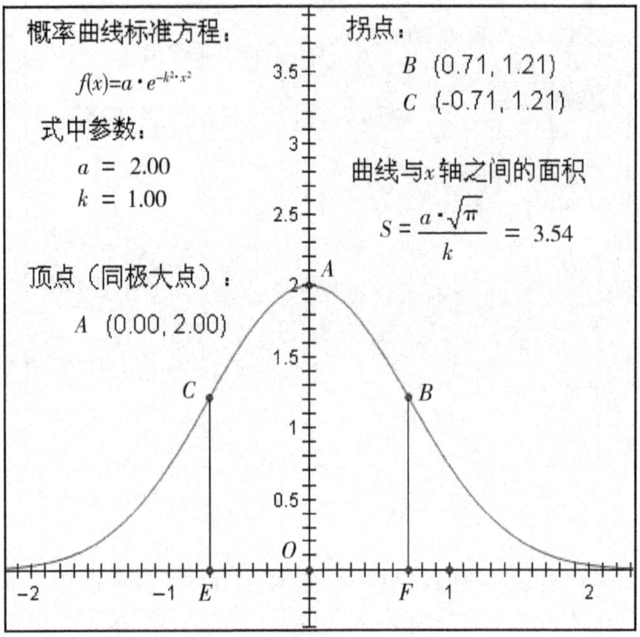

图 4 – 34　概率曲线效果图

步骤 1：建立二维坐标系，并隐藏网格。

步骤 2：建立名称为“a”、单位为“无”的参数 a，打开属性对话框，键盘控制步长修改为 0.5。

步骤 3：建立名称为“k”、单位为“无”的参数 k，打开属性对话框，键盘控制步长修改为 0.1。

步骤 4：应用“绘图/绘制新函数”命令，依次输入 a * e^(– k^2 * x^2)，其中 e 点选“数值”里面的常数，构建曲线图形。

步骤 5：选择原点 O，度量它的横坐标 x_O；先后选择 x_O、参数 a，应用“绘图/绘制点（x，y）”命令，构建顶点 A，并度量它的坐标。

$$y_B、y_C=\frac{a}{\sqrt{e}}=1.21$$

$$x_B=\frac{1}{k\cdot\sqrt{2}}=0.71$$

$$x_C=\frac{-1}{k\cdot\sqrt{2}}=-0.71$$

图 4 – 35　计算拐点坐标

步骤 6：按照如图 4 – 35 所示公式计算拐点 B、C 的坐标。

步骤 7：先后选择计算的拐点 C 的横坐标、纵坐标，应用“绘图/绘制点（x，y）”命令，构建拐点 C；先后选择计算的拐点 B 的横坐标、纵坐标，应用“绘图/绘制点（x，y）”命令，构建拐点 B。

步骤 8：同时选择拐点 B、纵坐标轴，构建点 B 的平行线；同时选择这条平行线及横坐标轴，构建它们的交点 F；构建线段 BF，并隐藏平行线。

步骤9：同时选择拐点 C、纵坐标轴，构建点 C 的平行线；同时选择这条平行线及横坐标轴，再构建它们交点 E；构建线段 CE，并隐藏平行线。

步骤10：度量拐点 B、C 的坐标；计算曲线与 x 轴之间的面积。

步骤11：标记所有要显示的标签，隐藏不需要显示的对象，写入说明文字，设置它们的大小、颜色、位置。制作完成。

5. 阻尼振动曲线图形

效果如图4－36所示，简要的操作步骤如下：

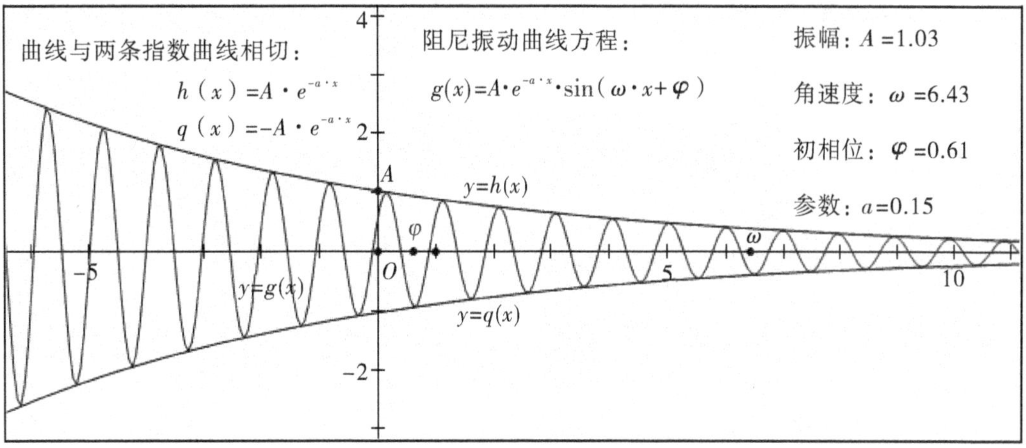

图4－36　阻尼振动曲线图形效果图

步骤1：建立二维坐标系，并隐藏网格；选择“编辑/参数选项”命令，在弹出的对话框中将角度的单位设置为“弧度”。

步骤2：在 x 轴上任取两点 ω、φ，选中它们，度量它们的横坐标，并把标签分别修改为 ω、φ。

步骤3：在 y 轴上任取一点 A，选中它，度量它的纵坐标，并把标签修改为 A。

步骤4：建立名称为“a”、单位为“无”的参数 a；打开属性对话框，键盘控制步长修改为0.05。

步骤5：应用“绘图/绘制新函数”命令，依次输入 A＊e^（－a＊x）＊sin（ω＊x＋φ），构建阻尼振动 $y=g(x)$ 曲线图形。

步骤6：应用“绘图/绘制新函数”命令，依次输入 A＊e^（－a＊x），构建指数 $y=h(x)$ 曲线图形。

步骤7：应用“绘图/绘制新函数”命令，依次输入－A＊e^（－a＊x），构建指数 $y=q(x)$ 曲线图形。

步骤8：标记所有要显示的标签，隐藏不需要显示的对象，写入说明文字，设置它们的大小、颜色、位置。制作完成。

4.5 上机实验操作

任务1：制作函数 $y=2\cdot x^2+3\cdot x+4$ 的图形

1. 要求

（1）以“学号+函数图形”作为文件名保存文档，发送到教师的邮箱。

（2）在5分钟内完成。

2. 操作步骤

（1）建立二维坐标系，并隐藏网格。

（2）应用“绘图/绘制新函数”命令，依次输入 2 * x^2 + 3 * x + 4，方程类型选择“$y=f(x)$”，构建函数图形。

任务2：绘制带参数的函数 $y=\frac{x^2}{2\cdot p}$ 的图形

1. 要求

（1）以“学号+参数函数图形”作为文件名保存文档，发送到教师的邮箱。

（2）在10分钟内完成。

2. 操作步骤

（1）建立二维坐标系，并隐藏网格。

（2）建立名称为“p”、单位为“无”的参数 p。

（3）应用“绘制新函数”命令，输入函数表达式（x^2）/（2 * p），构建函数图形。

任务3：绘制函数 $y=3\sin(4x)$ 在区间 $[a,b]$ 的图形

1. 要求

（1）以“学号+区间函数图形”作为文件名保存文档，发送到教师的邮箱。

（2）在15分钟内完成。

2. 操作步骤

（1）在 x 轴任取两点 A、B，构造线段 AB，并在 AB 线段任取一点 C。

（2）度量点 C 的横坐标 x_C。

（3）计算 $3*\sin(4*x_C)$ 的大小。

（4）应用“绘制点”命令，构造点 $D[x_C, 3*\sin(4*x_C)]$。

（5）同时选中点 C、点 D，应用“构造/轨迹”命令，构造点 D 的轨迹，这条轨迹即是需要绘制的图形。

任务4：绘制抛物线 $\sqrt{x}+\sqrt{y}=\sqrt{a}$ 的图形

其参数方程为 $\begin{cases} x=a\cdot\cos^4(\theta) \\ y=a\cdot\sin^4(\theta) \end{cases}$

顶点 B （$\frac{a}{4}$，$\frac{a}{4}$）

1. 要求

（1）以“学号＋抛物线图形”作为文件名保存文档，发送到教师的邮箱。

（2）在 15 分钟内完成。

2. 操作步骤

（1）建立名称为“a”、单位为“厘米”的参数 a。

（2）度量参数 θ 的大小：先构造一个圆，圆心为 C，在圆弧上任取两点 E、F，同时选中点 F、圆弧、点 E，构造“圆上的弧”；度量角 $\angle ECF$，标签改为 θ。

（3）分别计算 $a*\cos(\theta)$ ^4、$a*\sin(\theta)$ ^4 的大小。

（4）先后选中 $a*\cos(\theta)$ ^4、$a*\sin(\theta)$ ^4 的计算结果，应用“绘制点”命令，构造点 A。

（5）选中点 F 和点 A，构造点 A 的轨迹即是这条抛物线的图形。

（6）通过计算，构建顶点 B。

习　题

一、选择题

1. 新建参数的单位，没有下列候选项中的哪一项？（　　）

A. 无　　B. 度　　C. 厘米　　D. 秒

2. 下列选项中，哪个不在参数的应用范围内？（　　）

A. 控制图形大小和位置

B. 控制文字的字体大小风格

C. 构建动态图形、实时显示三角函数的值

D. 控制对象颜色

二、判断题

1. 新建的参数，在新建函数或绘制函数时，可以作为常量编入函数表达式中；但对某一对象度量的结果却不可以作为常量编入函数表达式中。

2. 应用“在轴上绘制点”命令，可在 x 轴、y 轴上绘制点，不管采取什么方法，都不能够在线段上精确绘制点。

3. 应用“在轴上绘制点”“绘制点”“绘制表中数据”命令，都能够精确绘制点。

三、操作题

1. 应用数据及绘图命令，绘制幂函数 $y=x^a$ 的图形。

2. 应用数据及绘图命令，绘制带参数的函数 $y=\frac{x^2}{2\cdot p}$ 的图形。

3. 绘制函数 $f(x)=A\cdot\cos(\omega\cdot x+\varphi)$ 在区间 $[-5,8]$ 的图形。

4. 绘制抛物线 $\sqrt{x}+\sqrt{y}=\sqrt{a}$ 的图形并绘制顶点。

其参数方程为 $\begin{cases}x=a\cdot\cos^4(\theta)\\y=a\cdot\sin^4(\theta)\end{cases}$

顶点 $B\left(\frac{a}{4},\frac{a}{4}\right)$

5. 绘制椭圆 $x=a\cdot\cos(\theta)$，$y=b\cdot\sin(\theta)$ 的曲线图形，并绘制焦点 F_1、F_2。

6. 椭圆中心不是原点 O，而在点 $G(g,h)$，其参数方程为 $x=g+a\cdot\cos(\theta)$、$y=h+b\cdot\sin(\theta)$，绘制这个椭圆曲线图形。提示：建立 4 个单位为“无”的参数 a、b、g、h，代入参数方程计算。

四、简述题

1. 简述参数的应用范围。

2. 控制参数变化的方式有哪几种?

3. 如何把函数表达式中的 $f(x)$ 改为 $y(x)$?

4. 4.3 中实例 2 设计的是单独显示一个幂函数的曲线图形，如果要同时显示一组幂函数，如 $y=x^5$，$y=x^2$，$y=x$，$f(x)=x^{\frac{1}{2}}$，$f(x)=x^{\frac{1}{5}}$ 的曲线图形，如何实现? 请动手试一试。

5. 如何设计制作一个自然对数的实时查询工具呢（提示：把自然对数 ln$n$ 中的 n 设为参数，数值的“精确度”设为十万分之一，利用“计算”命令内置的函数“ln”来制作)?

6. 在 4.3 中实例 5 中，建立参数 A、ω、φ 还有以下两种方法。方法一：构建三条线段，度量它们的长度，标签分别修改为 A、ω、φ，改变线段的长度，这些参数的数值也跟着变化。方法二：应用“数据/新建参数”命令，建立三个单位为“无”的参数 A、ω、φ。利用这两种方法建立的参数所构建的函数曲线图形与实例 5 中建立的函数曲线图形，在课堂教学应用上有什么相同点和不同点?

5　制作动画型课件

学习要求

1. 了解操作类按钮菜单命令。
2. 理解动画的类型。
3. 掌握动画图形的设计制作方法及技巧。
4. 掌握动画的设计方法。

5.1　认识操作类按钮菜单

点开“编辑/操作类按钮”菜单，如图 5－1 所示，制作动画的命令叙述如下：

图 5－1　“操作类按钮”菜单图示

隐藏/显示：选择一个或一个以上已构造的点、线、面、文字，制作一个“隐藏/显示”的切换按钮。当同一页面上显示较多的内容，或教学内容的显示必须设置先后次序时，使用这一功能可以很方便地显示或隐藏教学内容。按钮制作后，用右键点击这个按钮，选择“属性”命令，弹出属性设置对话框，设置它的属性，如图 5－2 至 5－4 所示。

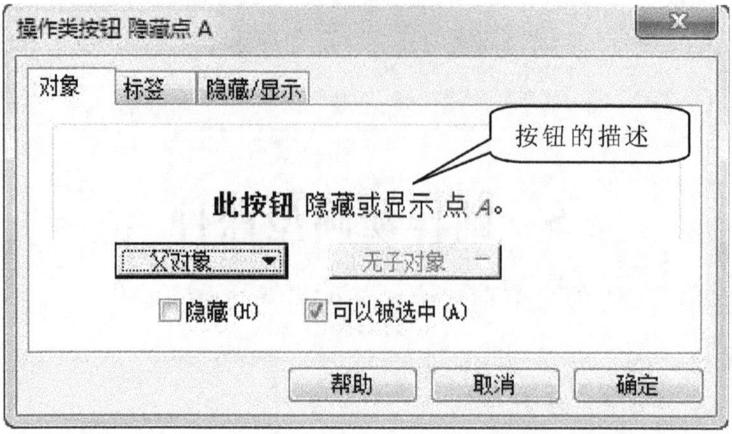

图 5－2　隐藏/显示按钮的对象设置图示

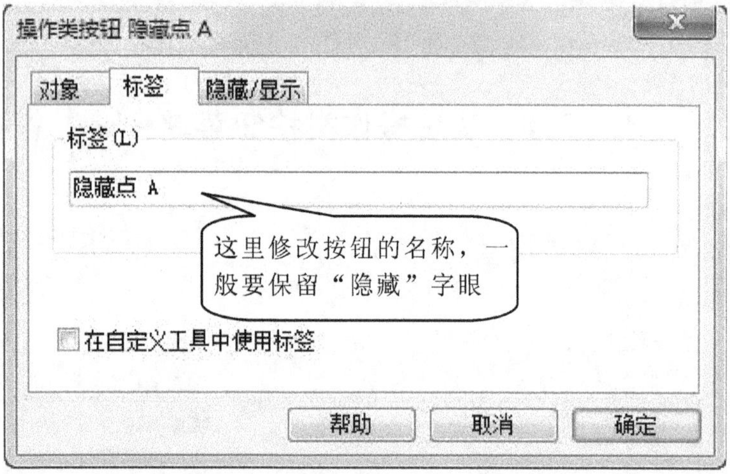

图 5－3　隐藏/显示按钮的标签设置图示

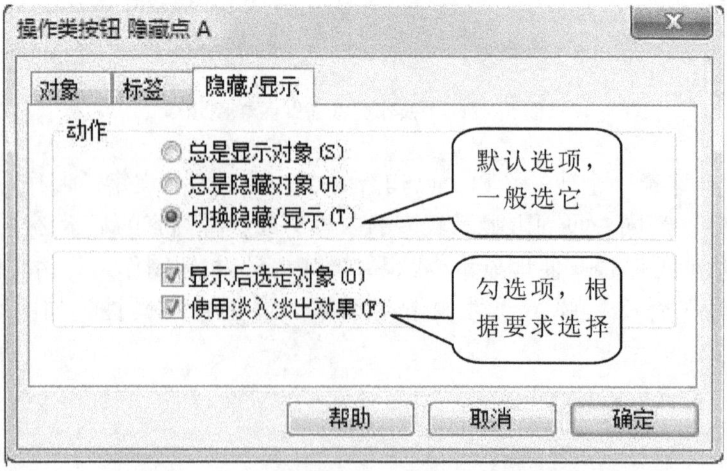

图 5－4　隐藏/显示按钮的隐藏/显示设置图示

动画：选择一个或一个以上的点、新建的参数，这些点必须能够自由地在线段、曲线、图形、轨迹上来回运动，否则，生成一个在页面上做无规则运动的动画；属性设置如图5－5所示，其中“对象”“标签”的设置与图5－2、5－3所示的设置相同。

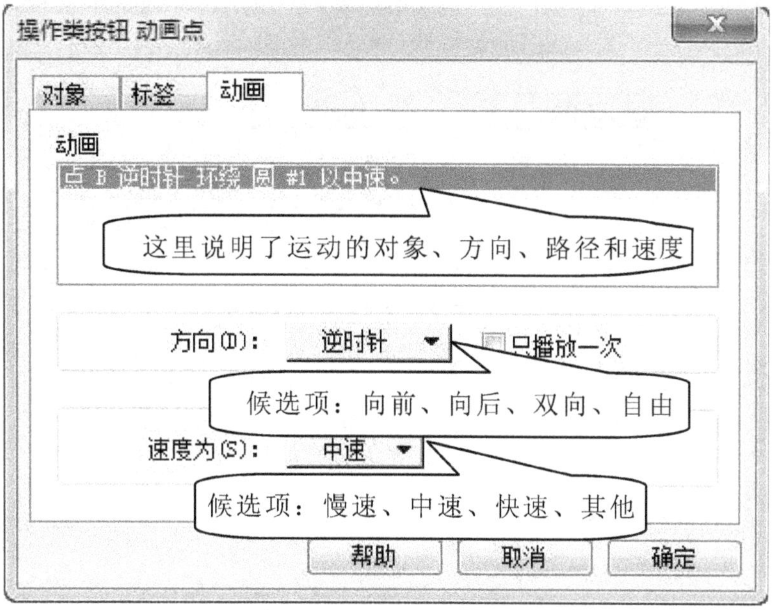

图5－5　动画属性设置图示

如果这个点没有子对象，生成的是点本身沿着路径运动的动画，把点设置为“追踪点”，将会按照运动路径生成追踪踪迹，踪迹是“线”，这是最简单的动画。

如果这个点有子对象，这个点称作“原始点”，分两种情况：

其一，子对象是“点”，那么，子对象点也会跟随原始点生成动画，运动的路径由子对象点所在的图形或轨迹形状决定。上一章中的“椭圆曲线”“圆内旋轮线”“圆的渐开线”就是这种情况。

其二，子对象是“线”，构成这条线的点也是原始点的子对象，子对象的线将会跟随原始点生成动画，运动的路径由构成这条线的点所在的图形或轨迹形状决定，运动的“线”则生成“面”，实例在本章讲解。

如果选择的对象是新建的参数，在“参数的控制及使用范围”中已叙述了它的属性设置方法，这里不重复叙述了。由这个参数构建的对象的形状、大小会随之变化，例如，参数作圆的半径，将改变圆的大小；参数作椭圆的长轴或短轴，椭圆的形状、大小都会改变。参数的动画运用得好，能够制作出生动的课件。

移动：选择两个点，一般来说，其中一个点（第一个选择的）要有子对象，这与“动画”有所不同；第一个选择的点必须能够自由地在线段、曲线、图形上来回运动，否则，会生成一个不能移动的动画。属性设置如图5－6至5－8所示。

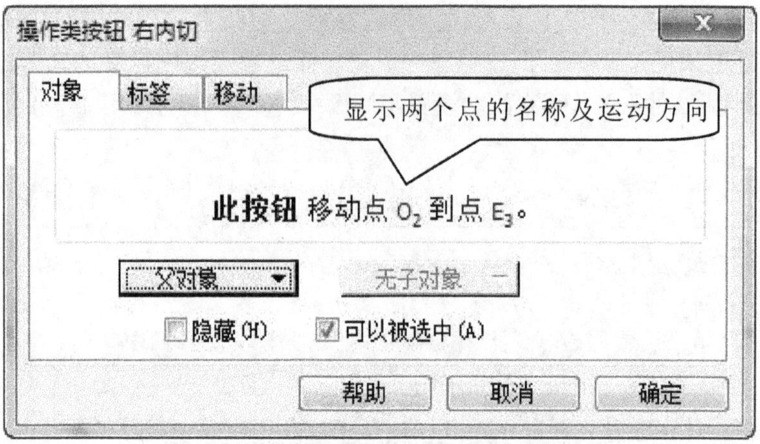

图 5－6　移动属性之对象设置图示

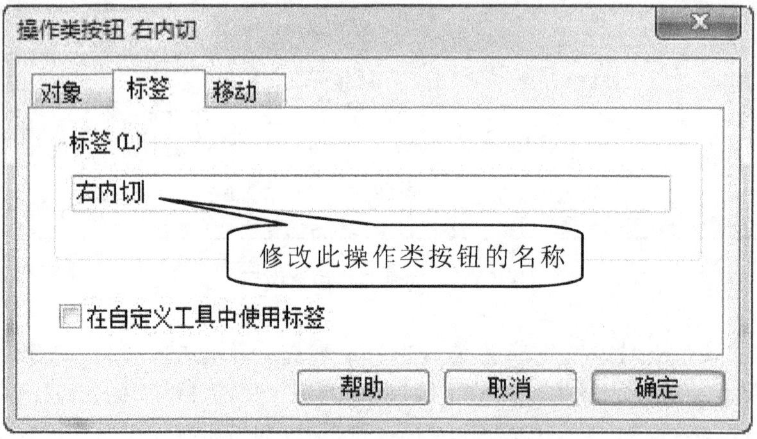

图 5－7　移动属性之标签设置图示

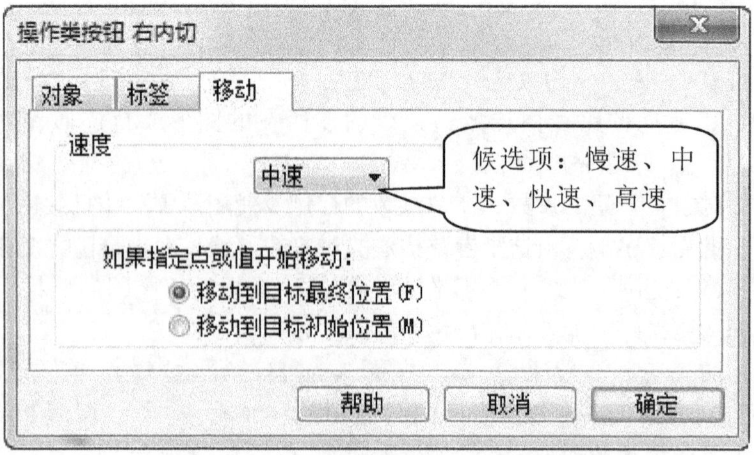

图 5－8　移动属性之移动设置图示

如果两个点所在的线是直线，它们做直线运动；如果两个点所在的线是曲线，它们做曲线运动（旋转）。要求第一个点所构成的子对象图形的形状必须保持不变，使用“变换”菜单命令构建的对象一般可以满足，如图 5 - 9 所示。

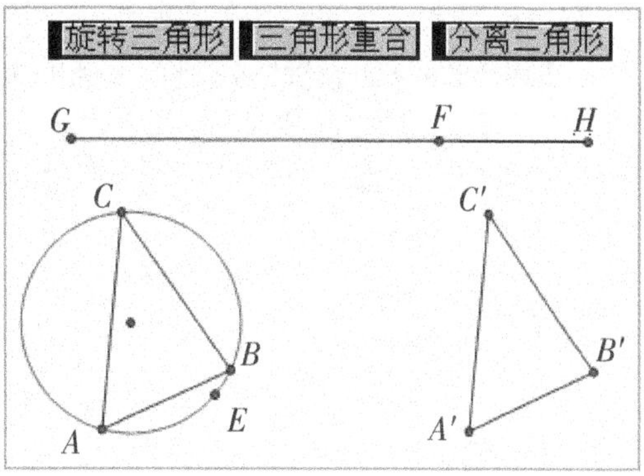

图 5 - 9　移动的点与子对象说明图示

图中，三角形 ABC 的顶点 B 是由点 A 旋转 80°得到的，顶点 C 是由点 A 旋转 200°得到的，所以，三角形 ABC 是点 A 的子对象。先选择点 A，再选择点 E，应用“移动”命令就制作了“旋转三角形”的操作按钮，第一个选择的点 A 在圆周上。

构建三角形 $A'B'C'$的过程：先后选择点 G 和点 F，标记为向量，再选择三角形 ABC，应用“按标记向量平移”命令得到三角形 $A'B'C'$，所以，三角形 $A'B'C'$是点 F 的子对象。先选择点 F，再选择点 G，应用“移动”命令就制作了“三角形重合”的操作按钮。先选择点 F，再选择点 H，应用“移动”命令就制作了“分离三角形”的操作按钮，第一个选择的点 F 在直线上。

系列：选择两个或两个以上的操作类按钮，其属性设置如图 5 - 10 所示，其中“对象”“标签”的设置与移动属性设置类似。

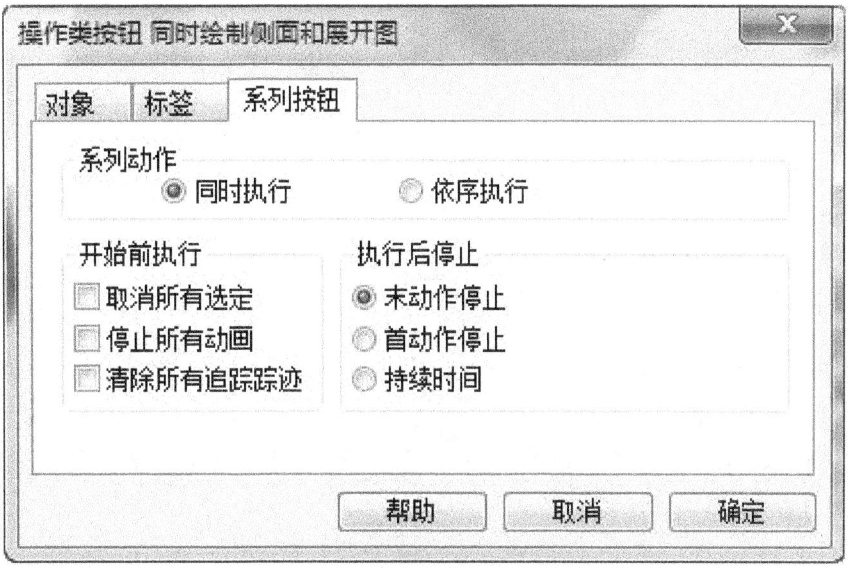

图 5 - 10　系列按钮属性设置图示

如果选择的是动画按钮，点选“同时执行”所建立的系列按钮，其执行效果跟选择两个点所建立的动画执行效果一样。

链接：不需要选择任何对象，只要本文档建立若干页面即可使用此命令，制作一个链接按钮；属性设置如图 5 - 11 所示，其中“对象”“标签”的设置与移动属性设置类似。

链接按钮只能设置跳转到本文档的页面，不支持跳转到其他文档。

“页面上的按钮”默认选项为“无”，如果选择目标页面的某一个按钮，那么，跳转到目标页面后，即刻执行该按钮的动作。

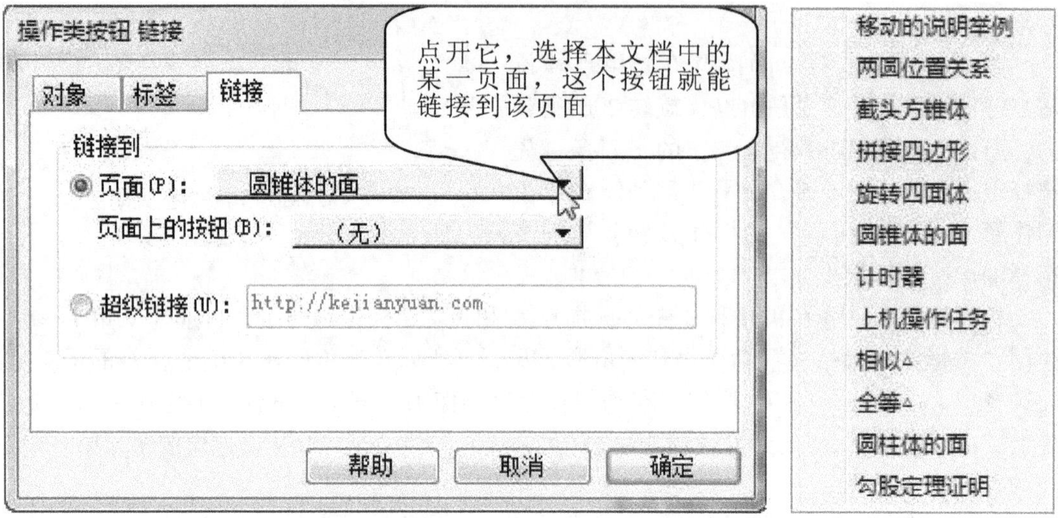

图 5 - 11　链接属性设置图示

5.2　动画的类型

使用几何画板制作的数学动画，形式繁多，难以归类。如果从选择的对象及其构建的子对象、选择的对象所在的运动路径及操作按钮种类所构成的三维角度出发，可以把数学课件动画分为七种类型，分别是：同步踪迹型、异步踪迹型、面展开型、直线移动型、定点转动型、旋转型和参数控制型。

（1）同步踪迹型：选择对象为点，把点设置为“追踪点”，这个点没有子对象，路径可以是线段、曲线、轨迹，应用“动画”命令构建，踪迹与运动路径相同。例如：在三角函数图形上任取一点 A，把点 A 设为“追踪点”，应用“动画”命令构建即可。

（2）异步踪迹型：选择对象为点（原始点，例如点 A），其子对象为点（例如点 B），把子对象点 B 设置为“追踪点”，原始点 A 的路径可以是线段、曲线，应用“动画”命令构建，点 B 的运动踪迹由它所在的曲线形状决定，与原始点 A 的运动路径形状不同。配合子对象点 B 颜色由参数控制，效果更好。

（3）面展开型：选择对象为点（原始点，例如点 A），其子对象为线段（例如线段 AB），把子对象线段 AB 设置为“追踪线段”，原始点 A 的路径可以是线段、曲线，应用“动画”命令构建，线段 AB 的运动踪迹则形成一个面，面的包络线由线段两个点所在的曲线形状决定。参见本章实例5、实例6。

（4）直线移动型：选择对象为两个点，并且都有子对象，都在同一条直线上。第一次选择的点称作运动点，如点 A，第二次选择的点称作目标点，如点 B。应用“移动”命令构建，运动点 A 向目标点 B 移动时，带动点 A 的子对象图形向目标运动，从而实现准确的定点移动。参见本章实例1、实例2。

（5）定点转动型：选择对象为两个点，在同一条曲线上。第一次选择的点称作运动点，如点 A，有子对象，往往由这些子对象形成图形；第二次选择的点称作目标点，如点 B，可以没有子对象；应用“移动”命令构建，运动点 A 沿曲线向目标点 B 移动时，带动点 A 的子对象图形向目标运动，从而实现准确的定点转动。参见本章实例3、实例4。

（6）旋转型：选择对象为点（原始点，例如点 A），其子对象为线段（例如线段 AB），把子对象线段 AB 设置为“追踪线段”，原始点 A 的路径可以是闭合曲线，应用“动画”命令构建，线段 AB 的运动踪迹则形成一个面，面的包络线由线段两个点所在的曲线形状决定。参见本章实例5、实例6。

（7）参数控制型：选择对象为参数，这个参数单位为长度或角度，其子对象为由参数控制的图形，应用“动画”命令构建，参数的变化会带动图形的变化。参见第4章相关内容。

以上七种类型的动画中，对象（通常是点）的运动路径，可以是线段、射线、直线、曲线，甚至是平面，而且可以是设计者自主绘制的，使得运动路径形状呈现多样化。根据多样化的运动路径而设计的动画，似乎也是多种多样的，但其实质就是一条运动路径。就利用动画来表现数学的教学内容而言，选择的对象及其子对象才是最主要的。依据“选择的对象及其子对象”和“操作命令”这两个维度来进行分类，可以使数学动画的分类更加清晰明确，如表5-1所示。

表5-1　数学动画分类表

<table>
<tr><td colspan="2" rowspan="2">三维角度</td><td colspan="7">动画类型</td></tr>
<tr><td>同步踪迹型</td><td>异步踪迹型</td><td>面展开型</td><td>直线移动型</td><td>定点转动型</td><td>旋转型</td><td>参数控制型</td></tr>
<tr><td rowspan="2">1</td><td>选择的对象</td><td>一个点</td><td>一个点</td><td>一个点</td><td>两个点</td><td>两个点</td><td>一个点</td><td>一个参数</td></tr>
<tr><td>子对象</td><td>无子对象</td><td>一个点或多个点</td><td>一条线段</td><td>一个图形</td><td>一个图形</td><td>一条线段</td><td>一个图形</td></tr>
<tr><td>2</td><td>对象的运动路径</td><td>直线或曲线</td><td>直线或曲线</td><td>直线或曲线</td><td>直线或平面</td><td>曲线</td><td>曲线</td><td>无</td></tr>
<tr><td>3</td><td>操作命令</td><td>动画</td><td>动画</td><td>动画</td><td>移动</td><td>移动</td><td>动画</td><td>动画</td></tr>
</table>

5.3 制作动画型课件

实例 1 两圆的位置关系（直线移动型）

1. 创作设想

两圆的半径关系决定了它们的位置关系，根据半径关系构建位置点，应用移动命令制作点到点的移动，从而准确确定两圆的位置关系，效果如图 5－12 所示。

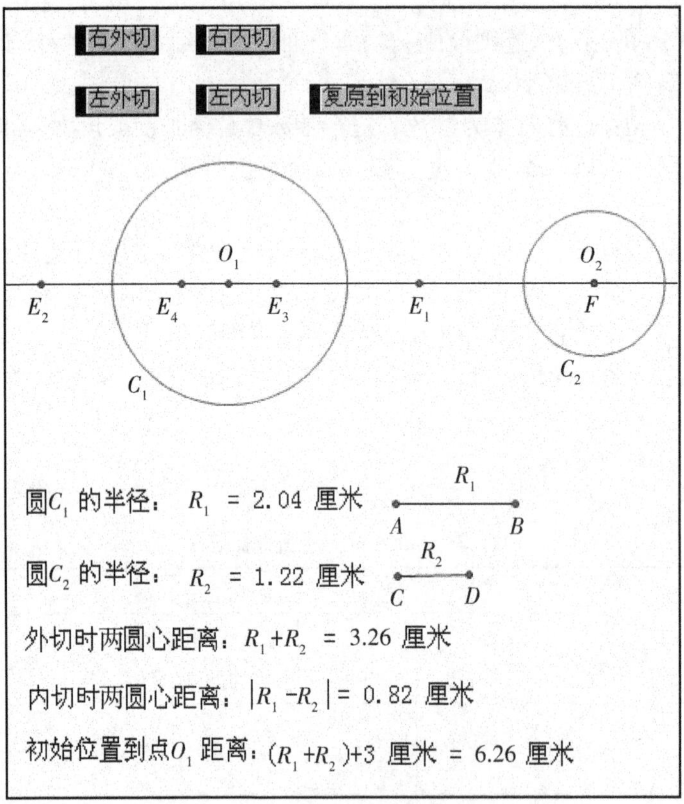

图 5－12 两圆的位置关系效果图

2. 关键技术

把外切时两圆心距离（R_1+R_2）、内切时两圆心距离$|R_1-R_2|$标记为距离，圆心 O_1 按标记距离水平向右、向左平移得到目标点 E_1、E_2、E_3、E_4，应用移动命令制作移动按钮。

3. 教学应用

拖动点 A 或点 B，可以改变圆 C_1 的半径 R_1 的大小，拖动点 C 或点 D，可以改变圆 C_2

的半径 R_2 的大小；点击“右外切”按钮，圆 C_2 移动到 E_1，准确演示在右边的外切关系，点击其他三个关系按钮也能够准确演示相应的两圆关系；点击“复原到初始位置”按钮，圆 C_2 移动到点 F。

4. 制作过程

步骤1：应用“绘图/定义坐标系”命令，显示二维坐标系；任取一点，同时选择该点和 x 轴，应用“构造/平行线”命令构建平行线，在平行线上任取两点，标记为点 O_1、点 O_2，隐藏坐标系和网格。

步骤2：绘制两条线段 AB、CD，度量它们的长度，标签分别修改为 R_1、R_2，作为两圆的半径。

步骤3：先后选择点 O_1 和线段 AB，应用“构造/以圆心和半径绘圆”命令，构建圆 C_1；先后选择点 O_2 和线段 CD，应用“构造/以圆心和半径绘圆”命令，构建圆 C_2。

步骤4：应用“数据/计算”命令，输入 R_1+R_2，其中“R_1”“R_2”为步骤2的度量结果，计算外切时两圆心的距离 R_1+R_2。

步骤5：应用“数据/计算”命令，输入 abs（R_1-R_2），其中 abs 为内设函数，计算内切时两圆心的距离 $|R_1-R_2|$。

步骤6：应用“数据/计算”命令，输入 R_1+R_2+3，计算初始位置到点 O_1 的距离。

步骤7：选择外切时两圆心的距离 R_1+R_2 的计算结果，应用“度量/标记距离”命令将其标记为平移的距离；选择点 O_1，应用“度量/平移”命令，设置平移的方向和距离，如图5－13所示，点击“平移”按钮，把它向右按标记距离平移构建一个点，标签修改为“E_1”；再选择点 O_1，应用“度量/平移”命令，弹出如图5－13所示对话框，固定角度输入180，点击“平移”按钮，把它向左按标记距离平移构建一个点，标签修改为“E_2”。

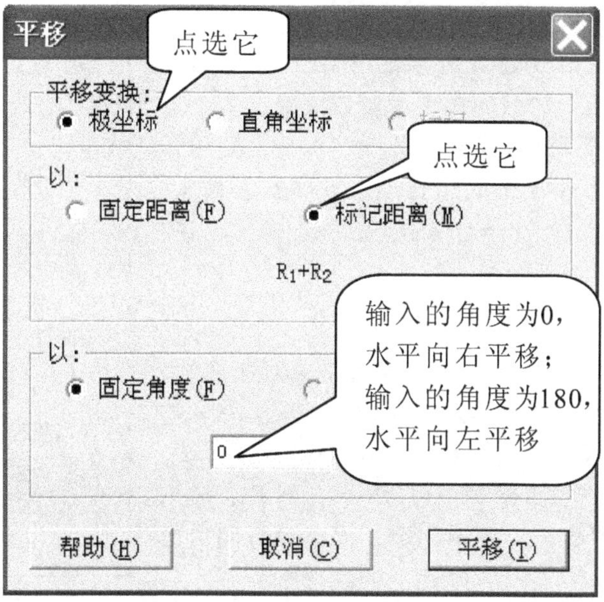

图5－13　圆心 O_1 平移设置图示

步骤8：选择内切时两圆心的距离 $|R_1-R_2|$ 的计算结果，应用“度量/标记距离”命令将其标记为平移的距离；选择点 O_1，应用“度量/平移”命令，弹出如图5－13所示对话框，固定角度输入0，点击“平移”按钮，把它向右按标记距离平移构建一个点，标签修改为“E_3”；再选择点 O_1，应用“度量/平移”命令，弹出如图5－13所示对话框，固定角度输入180，点击“平移”按钮，把它向左按标记距离平移构建一个点，标签修改为“E_4”。

步骤9：选择初始位置到点 O_1 的距离的计算结果，应用“度量/标记距离”命令将其标记为平移的距离；选择点 O_1，应用“度量/平移”命令，弹出如图5－13所示对话框，固定角度输入0，点击“平移”按钮，把它向右按标记距离平移构建一个点，标签修改为“F”；至此，完成了位置关系点构建，下面来设计它们的移动按钮。

步骤10：先后选择移动点 O_2、目标点 E_1，应用“编辑/操作类按钮/移动”命令，在弹出的属性对话框设置有关的属性，标签修改为“右外切”，制作右外切按钮；同样，先后选择移动点 O_2、目标点 E_2，应用“编辑/操作类按钮/移动”命令，在弹出的属性对话框设置有关的属性，标签修改为“左外切”，制作左外切按钮。

步骤11：先后选择移动点 O_2、目标点 E_3，应用“编辑/操作类按钮/移动”命令，在弹出的属性对话框设置有关的属性，标签修改为“右内切”，制作右内切按钮；同样，先后选择移动点 O_2、目标点 E_4，应用“编辑/操作类按钮/移动”命令，在弹出的属性对话框设置有关的属性，标签修改为“左内切”，制作左内切按钮。

步骤12：先后选择移动点 O_2、目标点 F，应用“编辑/操作类按钮/移动”命令，在弹出的属性对话框设置有关的属性，标签修改为“复原到初始位置”，制作复原到初始位置按钮。

步骤13：标记所有要显示的标签，隐藏不需要显示的对象，写入说明文字，设置它们的大小、颜色、位置。制作完成。

实例2　截头方锥体（直线移动型）

1. 创作设想

构建可分离的方锥体及上面截头，并且俯视角度可以改变，上下两部分的比例可以改变，保持上底边长度小于下底边长度。准确安装截头，并能分合自如，效果如图5－14、5－15所示。

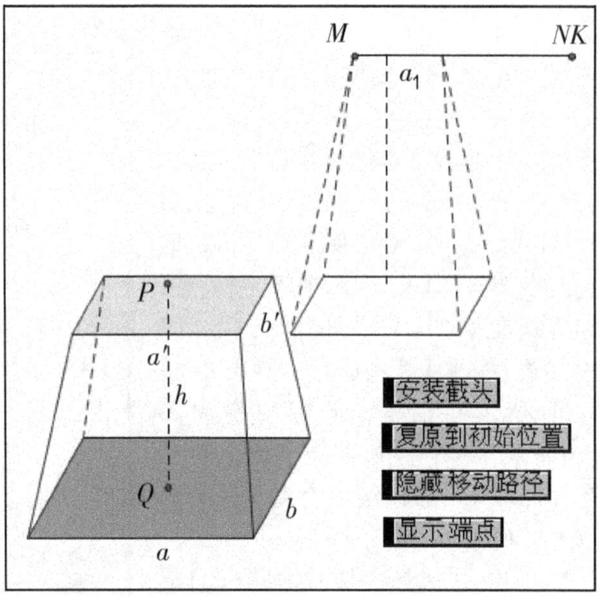

图5－14　截头方锥体（分离）效果图

2. 关键技术

制作了平行四边形 $ABCD$ 之后，紧接着构建截头棱 EF，满足 $a_1 < a$ 的条件，连接线段 EB、EC、FA、FD。把点 B 沿着线段 EB 平移到 B'，应用“构造”菜单命令，构建平行四边形 $A'B'C'D'$，隐藏长的线段和直线。分别连接线段 EB'、EC'、FA'、FD'、AA'、BB'、CC'、DD'、$A'B'$、$B'C'$、$C'D'$、$D'A'$。这样，上下两部分就可以分离开。

3. 教学应用

使用键盘改变俯视角度 θ 及参数 n，图形形状将会改变；拖动点 A，改变图形的大小，拖动点 P，改变上下两部分的比例，此时截头方锥体的基本元素的数值随之变化；点击“安装截头”，上下两部分重合，点击“复原到初始位置”，上下两部分分离，点击“隐藏移动路径”，路径 MN 消失。如果觉得端点影响了运动效果，可以点击“隐藏端点”把它隐藏起来。

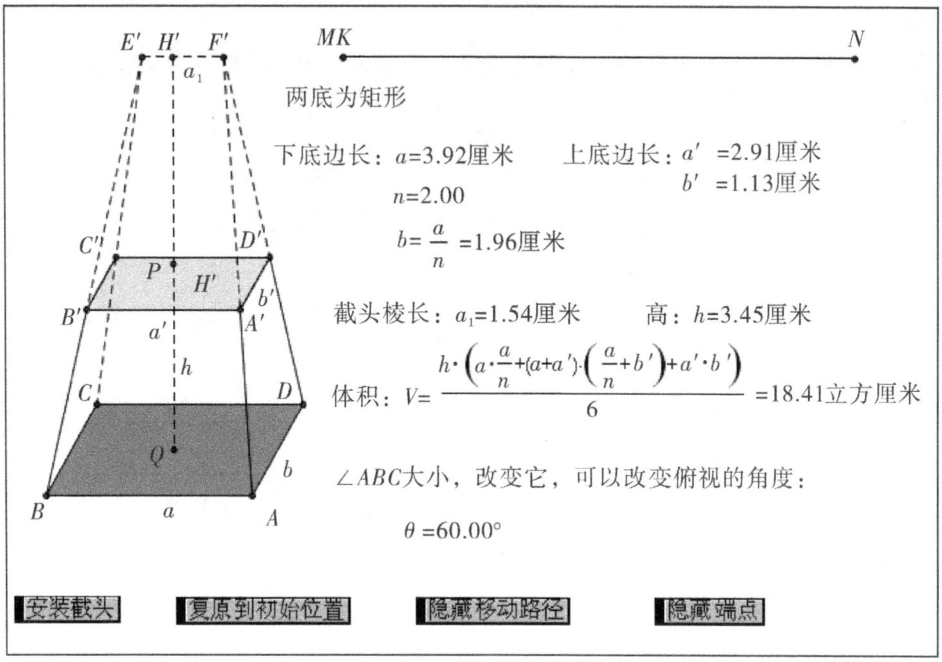

图 5－15　截头方锥体（安装）效果图

4. 制作过程

【大步骤：①制作下底（步骤 1～6）；②构建截头棱（步骤 7～12）；③制作上底（步骤 13～20）；④截头按标记向量平移（步骤 21～25）；⑤制作移动按钮（步骤 26～30）】

步骤 1：应用“绘图/定义坐标系”命令，显示二维坐标系；任取一点 B，同时选择点 B 和 x 轴，应用“构造/平行线”命令构建平行线，在平行线上任取一点 A，隐藏坐标系和网格。

步骤 2：建立名称为 n、单位为“无”的参数 n，目前数值为 2，键盘控制的步长改为 0.5；同样建立名称为 θ、单位为“度”的参数 θ，目前数值为 60°，键盘控制的步长改为 5；这两个参数是用来控制图形的形状的。

步骤 3：度量线段 AB 的距离，标签修改为 a，作为下底的长；计算 $\frac{a}{n}$ 的大小，作为下底的宽 b。

步骤 4：选中 $\frac{a}{n}$ 的计算结果，标记为移动距离；选中参数 θ，标记为角度。

步骤 5：选中点 B、点 A、线段 AB，应用“变换/平移”命令，把它按照标记距离和标记角度平移；把平移之后的点 B'、点 A' 标签修改为 C、D。

步骤 6：连接线段 BC、CD、DA，平行四边形 $ABCD$ 制作完成。

步骤 7：连接线段 AC 和 BD，构建它们的交点 Q，如图 5－16 所示。

步骤 8：同时选中点 Q 和直线 p，应用“构造/垂线”命令，构建过点 Q 的垂线 s；在垂线 s 上任取一点 H；同时选中点 H 和直线 p，应用“构造/平行线”命令，构建过点 H 的平行线 u。

步骤 9：同时选中点 A、点 B 和直线 u，应用“构造/垂线”命令，构建过点 A 的垂线 t 和

过点 B 的垂线 r。

步骤 10：同时选中直线 u 和直线 r，构建它们的交点 T；同时选中直线 u 和直线 t，构建它们的交点 V。

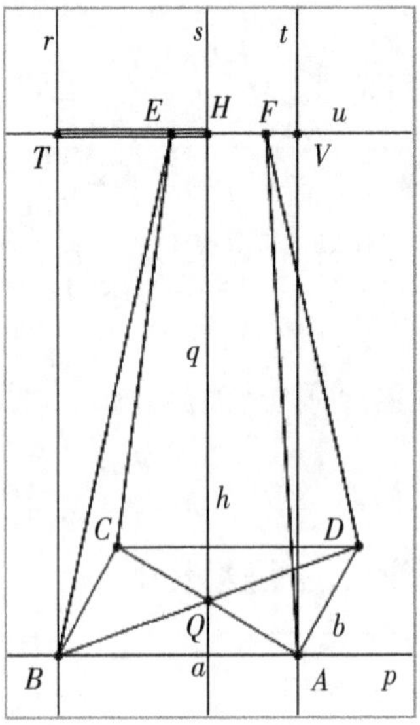

图 5－16　制作截头棱图示

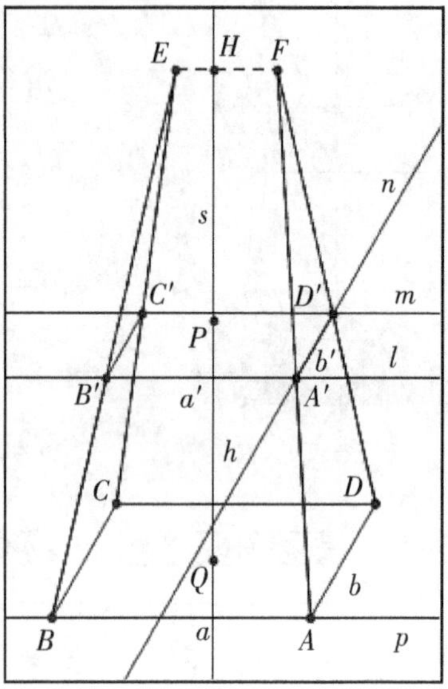

图 5－17　构建上底图示

步骤 11：连接线段 TH，在它上面任取一点 E；连接线段 VH，在它上面任取一点 F；连接线段 EF，线段 EF 就是截头棱，度量它的长度，标签修改为 a_1，即是截头棱长。

步骤 12：隐藏直线 r、直线 t、线段 TH、线段 VH、点 T、点 V。

步骤 13：连接线段 EB、EC、FA、FD，如图 5－17 所示。

步骤 14：在直线 s 上任取一点 P，度量点 Q 和点 P 之间的距离 QP。

步骤 15：先后选择点 A、点 B、点 E，度量 $\angle ABE$ 的大小，标记为角度；计算 $\dfrac{QP}{\sin\angle ABE}$的大小，并把计算结果标记为距离。

步骤 16：选择点 B，应用“变换/平移”命令，把它按照标记距离和标记角度平移到 B'。

步骤 17：同时选择点 B'和直线 p，构建过点 B'的直线 l；同时选择直线 l 和线段 FA，构建它们的交点 A'。

步骤 18：同时选择点 A'和线段 AD，构建过点 A'的直线 n；同时选择直线 n 和线段 FD，构建它们的交点 D'。

步骤 19：同时选择点 D'和直线 p，构建过点 D'的直线 m；同时选择直线 m 和线段 EC，构建它们的交点 C'。

步骤 20：连接线段 $A'B'$、$B'C'$、$C'D'$、$D'A'$，度量线段 $A'B'$的长度，标签修改为“a'”；度量线段 $A'D'$的长度，标签修改为 b'。

步骤 21：隐藏直线 p、s、l、m、n，隐藏线段 EB、EC、FA、FD；分别连接线段 EB'、EC'、FA'、FD'、AA'、BB'、CC'、DD'、$A'B'$、$B'C'$、$C'D'$、$D'A'$、HP、PQ。

步骤22：在直线 u 上任取两点 M、N，连接线段 MN，并在其上面任取一点 K。

步骤23：先后选择点 M、K，应用“变换/标记向量”命令将其标记为移动向量。

步骤24：同时选中点 E、H、F，线段 EF、EB'、EC'、FA'、FD'、$A'B'$、$B'C'$、$C'D'$、$D'A'$、HP，即是截头的上部分，应用“变换/平移”命令，按照标记向量平移，平移后的点变为 E'、H'、F'，如图5－18所示。

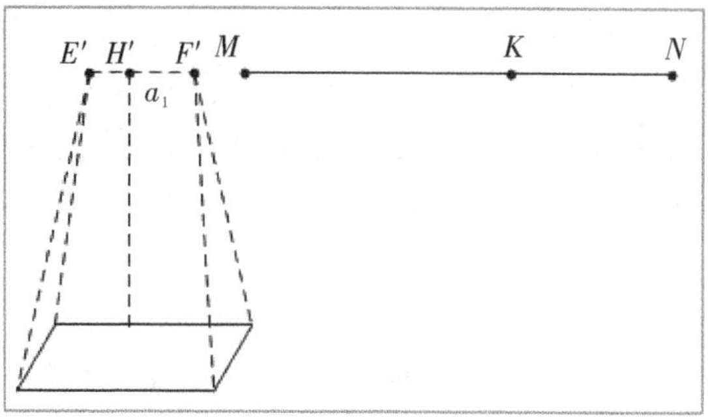

图5－18　平移截头图示

步骤25：隐藏点 E、H、F，线段 EF、EB'、EC'、FA'、FD'、$A'B'$、$B'C'$、$C'D'$、$D'A'$、HP，即隐藏截头的原上部分。

步骤26：先后选择移动点 K、目标点 M，应用“编辑/操作类按钮/移动”命令，设置它的属性，标签修改为“安装截头”，制作“安装截头”按钮。

步骤27：先后选择移动点 K、目标点 N，应用“编辑/操作类按钮/移动”命令，设置它的属性，标签修改为“复原到初始位置”，制作“复原到初始位置”按钮。

步骤28：同时选择点 K、点 M、点 N、线段 MN，应用“编辑/操作类按钮/隐藏/显示”命令，设置它的属性，标签修改为“移动路径”，制作“显示/隐藏移动路径”切换按钮。

步骤29：同时选择截头上所有的点，应用“编辑/操作类按钮/隐藏/显示”命令，设置它的属性，标签修改为“端点”，制作“显示/隐藏端点”切换按钮。

步骤30：标记所有要显示的标签，隐藏不需要显示的对象，写入说明文字，设置它们的大小、颜色、位置。制作完成。

实例3　拼接四边形（定点转动型）

1. 创作设想

构建一个上下两部分分离的三角形，上部三角形可以绕点 D 转动，应用“移动”命令制作操作按钮，效果如图5－19所示。

2. 关键技术

以点 D 为圆心、线段 GH 为半径构建一个圆，利用圆的直径 AB 作为三角形的一条边来构建分离的图形。

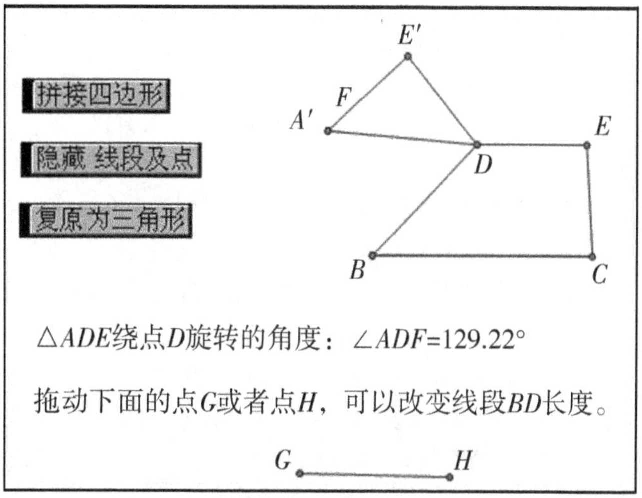

图5－19　拼接四边形效果图

3. 教学应用

点击“拼接四边形”按钮，上部三角形逆时针旋转，准确拼接成四边形；点击“隐藏线段及点”按钮，把多余的线段及点隐藏起来，得到一个纯四边形；点击“复原为三角形”按钮，上部三角形顺时针旋转，准确组成三角形。

4. 制作过程

步骤1：应用“绘图/定义坐标系”命令，显示二维坐标系，隐藏网格，如图5－20所示。

步骤2：构建线段 GH，在 x 轴上任取一点 D，同时选中点 D 和线段 GH，构建一个圆；在圆周上任取一点 B，同时选择点 B 和 x 轴，应用“构造/平行线”命令构建平行线 k，在平行线上任取一点 C。

步骤3：先后选择点 B、点 D，应用“构造/射线”命令构建射线 j，再构建射线和圆周的交点 A。

步骤4：连接线段 AC，构建线段 AC 与 x 轴的交点 E。

步骤5：隐藏直线 k、射线 j、线段 AC、坐标系及坐标点，连接线段 AD、AE、DB、BC、CE、ED，至此，已制作完上下分离的两部分图形，下面来制作旋转的图形。

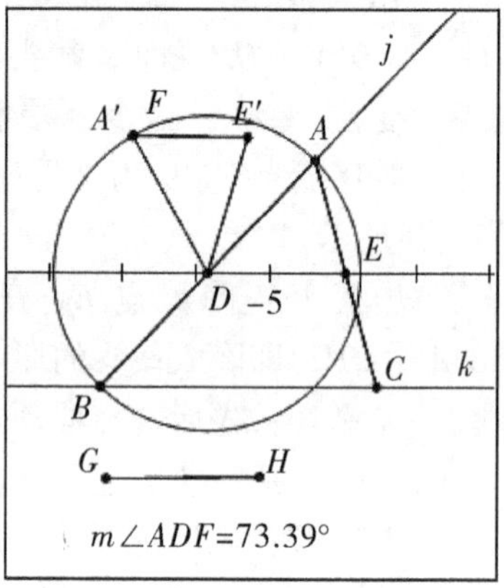

图5－20　拼接四边形制作图示

步骤6：在圆周上任取一点 F（这里与点 A' 重合），先后选择点 A、点 D、点 F，应用“度量/角度”命令，度量 $\angle ADF$ 的大小，应用“变换/标记角度”命令，将其标记为旋转的角度。

步骤7：双击点 D，把它标记为旋转中心，同时选择点 A、点 E、线段 AD、线段 DE、线段 EA，即上部小三角形，应用“变换/旋转”命令，把它按照标记角度旋转，得到三角形 $A'DE'$。

步骤8：先后选择移动点 F、目标点 B，应用“编辑/操作类按钮/移动”命令，在弹出的对话框中设置它的属性，标签修改为“拼接四边形”，制作拼接四边形按钮。

步骤9：先后选择移动点 F、目标点 A，应用“编辑/操作类按钮/移动”命令，在弹出的对话框中设置它的属性，标签修改为“复原为三角形”，制作复原三角形按钮。

步骤10：选择点 D、点 F、点 A'、线段 $A'D$、线段 BD，应用“编辑/操作类按钮/隐藏/显示”命令，点击右键弹出它的属性对话框，设置它的属性，标签修改为“隐藏线段及点”，制作线段及点的隐藏/显示切换按钮。

步骤11：标记所有要显示的标签，隐藏不需要显示的对象，写入说明文字，设置它们的大小、颜色、位置。制作完成。

实例4　旋转四面体（定点转动型）

1. 创作设想

构建一个顶点由角度控制、相对位置保持不变的

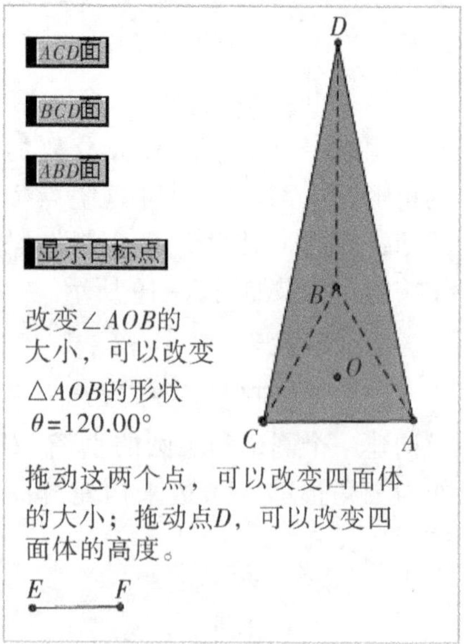

图5－21　旋转四面体效果图

三角形，使得三角形某一点向目标点移动便可得到需要的图形，如图5－21所示。

2. 关键技术

构建相对位置保持不变的三角形。

3. 教学应用

点击“*ACD* 面”按钮，把 *ACD* 的正面展示出来，把后面的线段设为虚线，增强它的立体效果；同样地，点击“*BCD* 面”按钮，正面展示 *BCD* 面，将其正面线段设为实线，背面线段设为虚线。

4. 制作过程

步骤1：应用“绘图/定义坐标系”命令，显示坐标系，隐藏网格。

步骤2：构建点 *O*，图示选中点 *O* 和 *y* 轴，应用“构造/平行线”命令构建通过点 *O* 的直线 *k*。

步骤3：构建线段 *EF*，同时选中点 *O* 和线段 *EF*，应用“构造/以圆心和半径绘圆”命令构建一个圆；在圆周上任取一点 *A*。

步骤4：应用“数据/新建参数”命令，建立名称为 θ、单位为“度”的参数 θ，设置当前的数值为120°，并把它标记为旋转角度。

步骤5：双击点 *O*，把它标记为旋转中心；选择点 *A*，应用“变换/旋转”命令，按照标记角度旋转它，得到点 *A′*，把它的标签修改为 *B*；选择点 *B*，应用“变换/旋转”命令，按照标记角度旋转它，得到点 *B′*，把它的标签修改为 *C*。

步骤6：在直线 *k* 上任取一点 *D*；连接线段 *AB*、*BC*、*CA*、*DA*、*DB*、*DC*，至此，四面体已构建完毕，下面构建移动的目标点和按钮。

步骤7：在圆周上任取一点 *H*，同时选中点 *H* 和 *x* 轴，应用“构造/平行线”命令构建通过点 *H* 的直线 *j*；构建直线 *j* 和圆周的交点 *F*，直线 *k* 和圆周的交点 *G*。

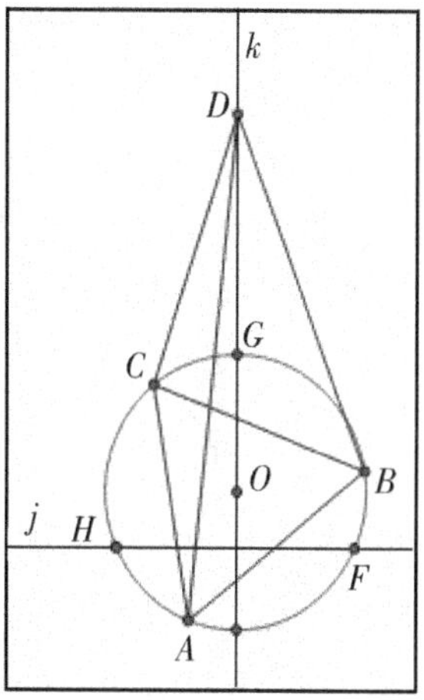

图5－22　旋转四面体制作图示

步骤8：先后选择移动点 *A*、目标点 *F*，应用“编辑/操作类按钮/移动”命令，在弹出的属性对话框中进行设置，标签修改为“*ACD* 面”，制作正面展示 *ACD* 面的按钮。

步骤9：先后选择移动点 *A*、目标点 *G*，应用“编辑/操作类按钮/移动”命令，在弹出的属性对话框中进行设置，标签修改为“*BCD* 面”，制作正面展示 *BCD* 面的按钮。

步骤10：先后选择移动点 *A*、目标点 *H*，应用“编辑/操作类按钮/移动”命令，在弹出的属性对话框中进行设置，标签修改为“*ABD* 面”，制作正面展示 *ABD* 面的按钮。

步骤11：调整点 *H* 和点 *F* 的位置，使得与显示正面的底边的两个端点重合。

步骤12：同时选择点 *H*、点 *F*、点 *G*，应用“编辑/操作类按钮/隐藏/显示”命令，打开按钮的属性对话框，标签修改为“显示目标点”，制作目标点显示/隐藏的切换按钮。

步骤13：标记所有要显示的标签，隐藏不需要显示的对象，写入说明文字，设置它们的大小、颜色、位置。制作完成。

本例制作的动画属于定点转动型动画，如果选择点 A，应用“编辑/操作类按钮/动画”命令，就能够制作旋转型动画。

实例 5　展开圆台的面（旋转型）

1. 创作设想

构建两个中心同在 y 轴上、大小不同但有一定比例关系的椭圆，利用这两个椭圆构造圆台；构造底圆上一个点的动画带动它的半径绕圆心旋转来构造下底圆面，构造上圆上一个点的动画带动它的半径绕圆心旋转来构造上底圆面，再构造底圆上另一个点的动画带动它的母线沿着上下圆周的运动来构造侧面；把两个圆的周长展开在对应的大圆周上，来构建它们对应的弧，两条弧之间的面即是圆台侧面的展开面；如图 5－23 所示。

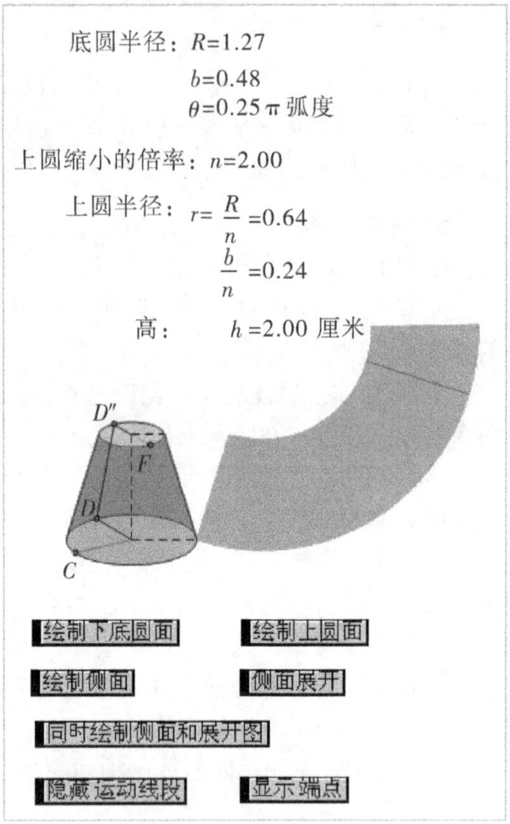

图 5－23　展开圆台的面效果图

2. 关键技术

构建两个中心同在一条直线上的椭圆；获取对应的弧长。

3. 教学应用

拖动点 A 可以改变圆台的大小，用键盘控制参数 h 的大小，可以改变圆台的高度；绘制各个面时，先点击“绘制侧面”按钮来绘制侧面，然后再来绘制上底圆面和下底圆面，这样效果可能会好一点；点击“侧面展开”按钮，绘制侧面；点击“隐藏运动线段”按钮，不能绘制各个面，但可以把整个图形移动到另外位置，改变它的大小、形状后，再显示运动线段，可以绘制出第二个图形；这个图形的端点太多，为了使画面简洁，可以点击“隐藏端点”按钮，隐藏大部分的端点。

4. 制作过程

步骤 1：应用“绘图/定义坐标系”命令显示二维坐标，隐藏网格；打开“参数选项”对话框，角度单位设为“弧度”，其他采用默认值。

步骤 2：在 x 轴上任取一点 A，度量它的横坐标，标签修改为 R，作为下椭圆的长轴（也是下底圆的半径）；在 y 轴上任取一点 B，度量它的横坐标，标签修改为 b，作为下椭圆的短轴。

步骤 3：先后选中坐标点 O、点 A，应用“构造/以圆心和

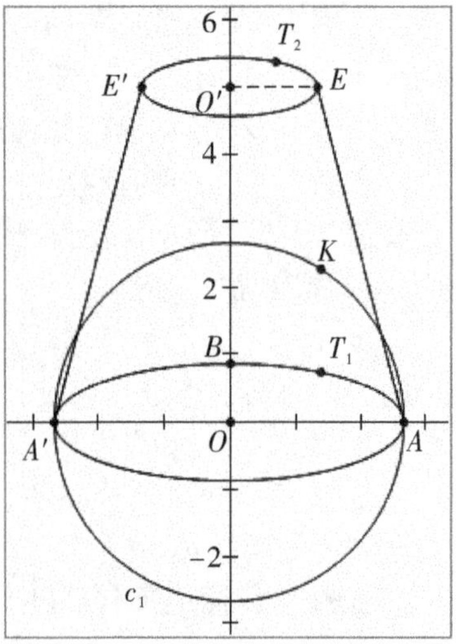

图 5－24　绘制圆台图示

圆周上的点绘圆”命令，构建圆 c_1；并在圆周上任取一点 K。

步骤4：先后选择点 A、点 O、点 K，应用“度量/角度”命令，度量 $\angle AOK$ 的大小，标签修改为 θ，作为上下两个椭圆的参数方程计算式中的角度。

步骤5：应用“数据/计算”命令，输入 $R*\cos(\theta)$；再应用“数据/计算”命令，输入 $b*\sin(\theta)$；先选择 $R*\cos(\theta)$ 的计算结果，再选择 $b*\sin(\theta)$ 的计算结果，应用“绘图/绘制点（x，y）”命令，构建点 T_1。

步骤6：同时选中点 T_1 和点 K，应用“构造/轨迹”命令，构建下底椭圆。

步骤7：应用“图表/新建函数”命令，建立一个名称为 n、单位为“无”的参数 n，作为上圆的缩小倍率；再应用“图表/新建函数”命令，建立一个名称为 h、单位为“厘米”的参数 h，作为圆台的高。

步骤8：应用“数据/计算”命令，输入 R/n 计算上椭圆的长轴，再应用“数据/计算”命令，输入 b/n 计算上椭圆的短轴。

步骤9：应用“数据/计算”命令，输入 $R/n*\cos(\theta)$；再应用“数据/计算”命令，输入 $h+b/n*\sin(\theta)$；先选择 $R/n*\cos(\theta)$ 计算结果，再选择 $h+b/n*\sin(\theta)$ 计算结果，应用“绘图/绘制点（x，y）”命令，构建点 T_2。

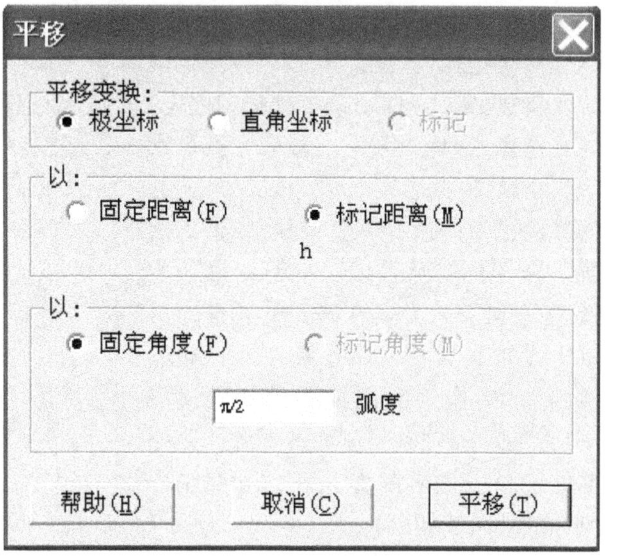

图5－25　平移点 O 设置图示

步骤10：同时选中点 T_2 和点 K，应用“构造/轨迹”命令，构建上底圆。

步骤11：选择参数 h，应用“变换/标记距离”命令，标记为点 O 平移的距离；选择点 O，应用“变换/平移”命令，按照图5－25所示设置它，把点 O 平移到 O'。

步骤12：同时选中点 A、点 O，度量它们的距离，应用“数据/计算”命令，输入 AO/n，把计算结果标记为点 O' 平移的距离。

步骤13：选择点 O'，应用“变换/平移”命令，固定角度输入0，把点 O' 平移到点 E。

步骤14：双击 y 轴把它标记为反射镜面，选择点 A，应用“变换/反射”命令，把它反射到点 A' 位置；选择点 E，应用“变换/反射”命令，把它反射到点 E' 位置。

步骤15：连接线段 AE、线段 $A'E'$，隐藏圆周、点 K、点 T_1、点 T_2；至此，已完成圆台图形的构建，如图5－26所示，下面来构建上下面、侧面的操作按钮。

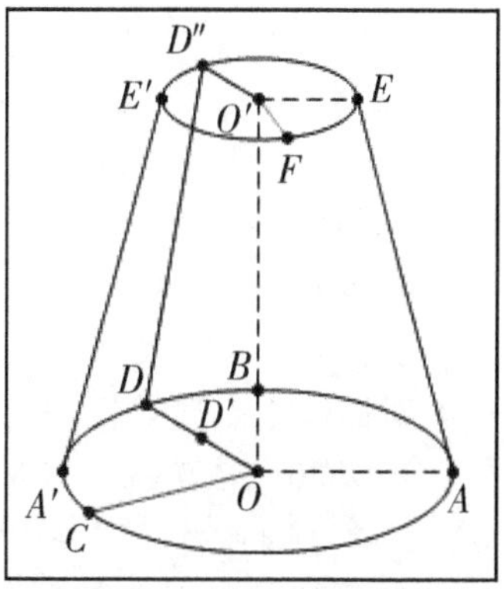

图5－26　制作面的动画图示

步骤16：在下面的椭圆上任取两点 C、D，连接线段 CO，并把它的颜色设为粉红色，应用“显示/追踪线段”命令；选择点 C，应用“操作类按钮/动画”命令，在弹出的属性对话框中设置其属性，标签修改为“绘制下底圆面”，制作绘制下底圆面的按钮，线段 CD 绘制的踪迹就是下底面。

步骤17：在上面的椭圆上任取一点 F，连接线段 FO'，并将其颜色设为青色，应用“显示/追踪线段”命令；选择点 F，应用“操作类按钮/动画”命令，在弹出的属性对话框中设置其属性，标签修改为“绘制上底圆面”，制作绘制上底圆面的按钮，线段 FO' 绘制的踪迹就是上底面；下面来制作绘制侧面的按钮。

步骤18：应用“数据/计算”命令，输入 $1/n$，把计算结果应用“变换/标记比值”命令，标记为点 D 缩小的比值；选择点 D，应用“变换/缩放”命令，在弹出的对话框中点选“标记比”，把点 D 按照标记比值缩放到 D'。

步骤19：选择距离参数 h，应用“变换/标记距离”命令，把它标记为点 D' 平移的距离；选择点 D'，应用“变换/平移”命令，把点 D' 平移到 D''。

步骤20：连接线段 DD''，并把它的颜色设为蓝色，应用“显示/追踪线段”命令；选择点 D，应用“操作类按钮/动画”命令，在弹出的属性对话框中设置其属性，标签修改为“绘制侧面”，制作绘制侧面的按钮，线段 DD'' 绘制的踪迹就是侧面；至此，三个面的绘制按钮已制作完成，下面制作侧面展开图按钮。

步骤21：先后选择点 A、点 E，应用“构造/射线”命令构建一条射线 k，再构建射线 k 与 y 轴的交点 R，连接线段 RE、RA；如图5－27所示。

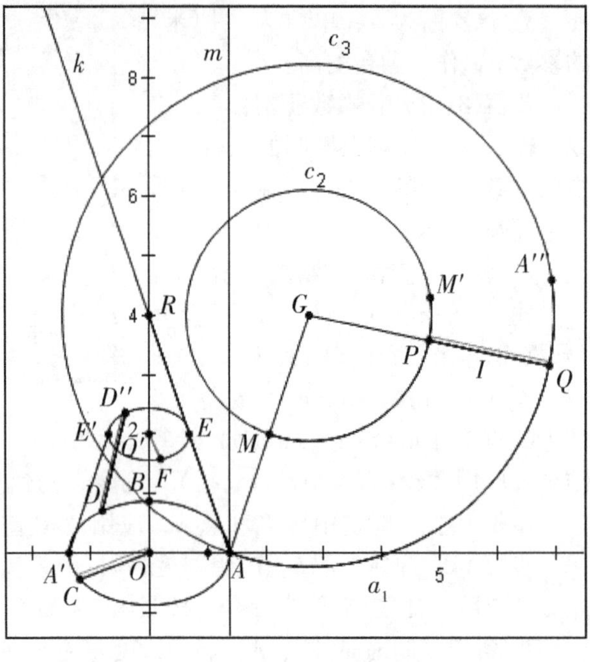

图 5－27　制作侧面展开图示

步骤22：选择点 A 和 x 轴，应用“构造/垂线”命令，构建通过点 A 的垂线 m，双击它，将其设为反射的标记镜面。

步骤23：选择点 R，应用“变换/反射”命令，将其反射到点 G；选择点 G 和线段 RE，构建圆 c_2，连接线段 GA，构建圆 c_2 与线段 GA 的交点 M。

步骤24：度量点 E 和点 O' 的距离（即是上圆的半径），再度量点 E 和点 R 的距离（即是圆 c_2 的半径），应用“数据/计算”命令，输入 $2*\pi$ 弧度 $*EO'/RE$，计算上圆的圆周在圆 c_2 的圆周上展开所占的圆心角，并把计算结果标记为点 M 旋转的标记角度。

步骤25：双击点 G 把它设为旋转中心，再选择点 M，应用“变换/旋转”命令，在弹出的对话框中点选“标记角度”，把点 M 旋转到 M' 位置。

步骤26：依次选择点 M、圆 c_2 圆周、点 M'，应用“构造/圆上的弧”命令，构建圆弧 MM'，并在圆弧上任取一点 P。

步骤27：选择点 G 和点 A，构建圆 c_3。

步骤28：度量点 A 和点 O 的距离（即是下圆的半径），再度量点 A 和点 R 的距离（即

是圆 c_3 的半径)，应用“数据/计算”命令，输入 2 * π 弧度 * AO/RA，计算下圆的圆周在圆 c_3 的圆周上展开所占的圆心角，并把计算结果标记为点 A 旋转的标记角度。

步骤 29：选择点 A，应用“变换/旋转”命令，在弹出的对话框中点选“标记角度”，把点 A 旋转到 A' 位置。

步骤 30：按逆时针方向依次选择点 A、圆 c_3 圆周、点 A'，应用“构造/圆上的弧”命令，构建圆弧 AA'；先后选择点 G、点 P，构建一条射线，再选择射线和圆弧 AA'，构建它们的交点 Q。

步骤 31：连接线段 PQ，并将其设为藏青色，应用“显示/追踪线段”命令；选择点 P，应用“操作类按钮/动画”命令，在弹出的属性对话框中设置其属性，标签修改为“展开侧面”，制作绘制展开侧面的按钮，线段 PQ 绘制的踪迹就是展开的侧面。

步骤 32：同时选中“绘制侧面”和“侧面展开”按钮，应用“编辑/操作类按钮/系列”命令，在弹出的属性对话框中，系列按钮的执行参数选择“同时执行”，标签修改为“同时绘制侧面和展开图”，制作同时执行的按钮。

步骤 33：选择四条旋转运动的线段、四个旋转运动的点，应用“编辑/操作类按钮/隐藏/显示”命令，弹出按钮的属性对话框，设置它，并将标签修改为“运动线段”，制作运动线段的显示/隐藏切换按钮。

步骤 34：除了四个旋转运动的点外，把剩余的点都选中，应用“编辑/操作类按钮/隐藏/显示”命令，弹出按钮的属性对话框，设置它，并将标签修改为“端点”，制作端点的显示/隐藏切换按钮。

步骤 35：标记所有要显示的标签，隐藏不需要显示的对象，写入说明文字，设置它们的大小、颜色、位置。制作完成。

实例 6　圆锥体的面（旋转型）

1. 创作设想

通过构建椭圆来绘制圆锥，构造椭圆上一个点的动画带动半径绕圆心旋转来构造底面，再构造椭圆上一个点的动画带动母线绕顶点旋转来构造侧面；把圆的周长展开在对应的大圆周上，构建它们对应的弧，构造弧上一个点的动画带动半径绕圆心旋转来构造侧面展开图。效果如图 5－28 所示。

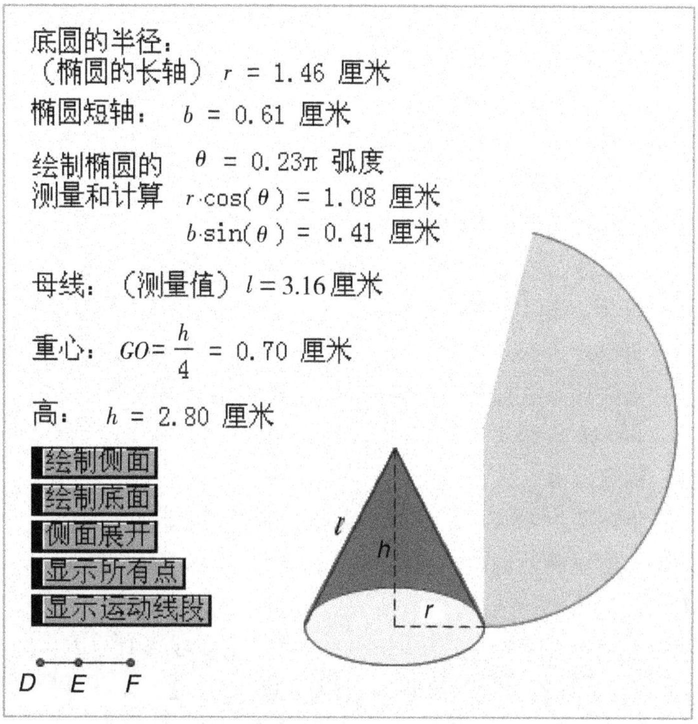

图 5－28　圆锥体的面效果图

2. 关键技术

底圆的圆周展开在大圆周上，构造它的对应弧长。

3. 教学应用

拖动点 F，改变底圆半径即椭圆的长轴，拖动点 E，改变椭圆的短轴，相应改变整个图形的透视效果，拖动点 C，改变圆锥体的高。建议先点击“绘制侧面”按钮，绘制完成并停止它后，再点击“绘制底面”按钮。为了展现清晰的演示效果，所有图形绘制完成后，隐藏所有的点和运动线段。

4. 制作过程

步骤1：应用“绘图/定义坐标系”命令显示二维坐标系，隐藏网格；打开“参数选项”对话框，角度单位设为“弧度”，其他采用默认值。

步骤2：构建线段 DF，并任取一点 E；选择点 D 和点 F，应用“度量/距离”命令度量这两点之间的距离，标签修改为 r，作为椭圆的长轴，也是底圆的半径；选择点 D 和点 E，应用“度量/距离”命令度量这两点之间的距离，标签修改为 b，作为椭圆的短轴。如图 5－29 所示。

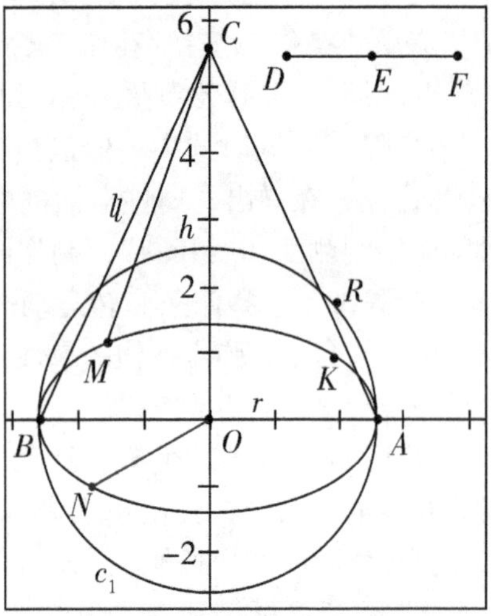

图 5－29　构建圆锥体图形图示

步骤3：先后选中坐标点 O、步骤 2 半径 r 的度量结果，应用“构造/以圆心和半径绘圆”命令，构建圆 c_1，再构建圆 c_1 和 x 轴的交点 A 和点 B，并在圆周上任取一点 R。

步骤4：先后选择点 A、点 O、点 R，应用“度量/角度”命令，度量 $\angle AOR$ 的大小，标签修改为 θ，作为椭圆的参数方程计算式中的角度。

步骤 5：应用“数据/计算”命令，输入 $r*\cos(\theta)$ 计算，再应用“数据/计算”命令，输入 $b*\sin(\theta)$ 计算。

步骤6：先选择 $r*\cos(\theta)$ 计算结果，再选择 $b*\sin(\theta)$ 计算结果，应用“绘图/绘制点（x，y）”命令，构建点 K。

步骤7：同时选择点 R、点 K，应用“构造/轨迹”命令，构建椭圆曲线，并在曲线上任取两点，分别是点 M、点 N。

步骤8：在 y 轴上任取一点 C，连接线段 CA、CB、CO、CM、ON，把线段 ON 的颜色设为黄色，隐藏圆 c_1、点 R、点 K；至此，已完成圆锥体图形的构建，下面进行底面、侧面、展开面的构建。

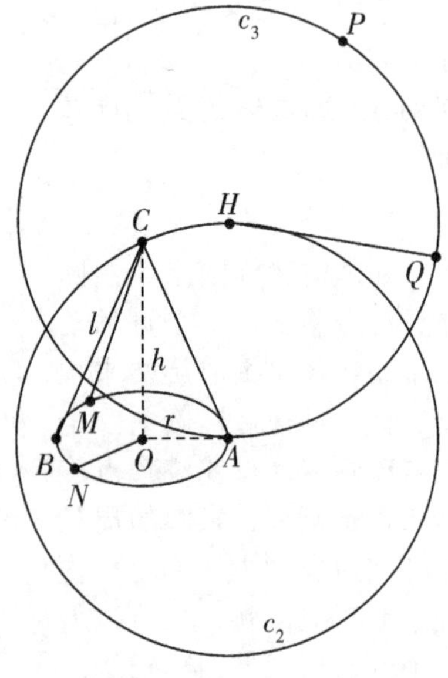

图 5－30　圆锥体侧面展开图示

步骤9：选择线段 ON，应用“显示/追踪线段”命令；选择点 N，应用“操作类按钮/动画”命令，在弹出的属性对话框中设置它的属性，标签修改为“绘制底面”，制作绘制底面的按钮，线段 ON 绘制的踪迹就是底面。

步骤10：选择线段 MC，应用“显示/追踪线段”命令；选择点 M，应用“操作类按钮/动画”命令，在弹出的属性对话框中设置它的属性，标签修改为“绘制侧面”，制作绘制侧面的按钮，线段 MC 绘制的踪迹就是侧面。下面来制作绘制侧面的按钮。

步骤11：先后选择点 A、点 C，应用“构造/以圆心和圆周上的点绘圆”命令，构建圆 c_2，并在圆 c_2 上任取一点 H。

步骤12：先后选择点 H、点 A，应用“构造/以圆心和圆周上的点绘圆”命令，构建圆 c_3。

步骤13：选择线段 CB，度量它的长度，标签修改为 l；应用“数据/计算”命令，输入 $r*2*\pi$ 弧度/1，计算底圆的圆周在圆 c_3 的圆周上展开所占的圆心角；应用“变换/标记角度”命令，把计算结果标记为点 A 绕点 H 旋转的角度。

步骤14：双击点 H，把它设为旋转中心；选择点 A，应用“变换/旋转”命令，在弹出的对话框中，点选“标记角度”，把点 A 旋转到点 P。

步骤15：按逆时针方向先后选择点 A、圆 c_3 的圆周、点 P，应用“构造/圆上的弧”命令，构建弧 AP，并在弧 AP 上任取一点 Q。

步骤16：连接线段 QH，颜色设为青色；选择点 Q，应用“操作类按钮/动画”命令，在弹出的属性对话框中设置其属性，标签修改为“侧面展开”，制作展开侧面的按钮，线段 QH 绘制的踪迹就是展开的侧面。

步骤17：同时选择点 C、点 O，度量它们之间的距离，标签修改为 h，这是圆锥体的高；应用“数据/计算”命令，输入 $h/4$，计算重心 G 到圆心 O 之间的距离，把它标记为距离，再选择点 O，应用“变换/平移”命令，按照标记距离沿 y 轴平移到点 G。

步骤18：选择所有的点，应用“编辑/操作类按钮/隐藏/显示”命令，在弹出的按钮属性对话框中设置它，标签修改为“所有点”，制作所有点的显示/隐藏切换按钮。

步骤19：选择三条旋转运动的线段 ON、MC、QH，应用“编辑/操作类按钮/隐藏/显示”命令，在弹出的按钮属性对话框中设置它，标签修改为“运动线段”，制作运动线段的显示/隐藏切换按钮。

步骤20：标记所有要显示的标签，隐藏不需要显示的对象，写入说明文字，设置它们的大小、颜色、位置。制作完成。

实例7　时钟（参数控制型）

1. 创作设想

建立秒针角度参数和分针角度参数，点12按照标记的秒针角度旋转，制作这个旋转点的动画，即秒针的动作；点 E 按照分针角度旋转，制作这个旋转点的动画，即分针的动作。效果如图5－31所示。

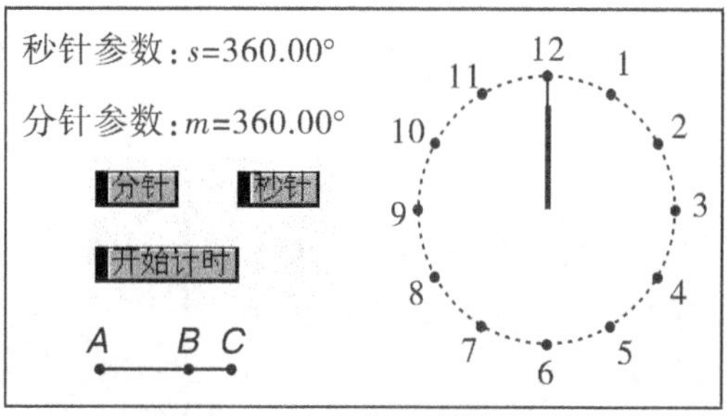

图5－31　时钟效果图

2. 关键技术

正确设置分针按钮、秒针按钮属性中的

“方向”“改变数值”。

3. 教学应用

拖动点 C，改变秒针的长度，拖动点 B，改变分针的长度；把秒针参数设为360°、分针参数设为360°，即可使指针复零。点击“开始计时”按钮，分针和秒针一起运行；点击“分针”按钮，分针运行；点击“秒针”按钮，秒针运行。

4. 制作过程

步骤1：应用“绘图/定义坐标系”命令，显示二维坐标系，隐藏网格。

步骤2：构建线段 AC，在线段上任取一点 B，连接线段 AB。

步骤3：建立名称为 s、单位为“度”的角度参数 s，数值设为310°，作为秒针角度参数；建立名称为 m、单位为“度”的角度参数 m，数值设为330°，作为分针角度参数。

步骤4：在页面上任取一点 D，同时选中点 D 和线段 AC，应用“构造/以圆心和半径绘圆”命令构建大圆（秒针圆），并把圆周设为虚线。

步骤5：同时选中点 D 和 y 轴，应用“构造/平行线”命令构建直线 j，构建大圆圆周和直线 j 的交点12、交点6；同时选中点 D 和 y 轴，应用“构造/垂线”命令构建直线 k，构建大圆圆周和直线 k 的交点9、交点3。

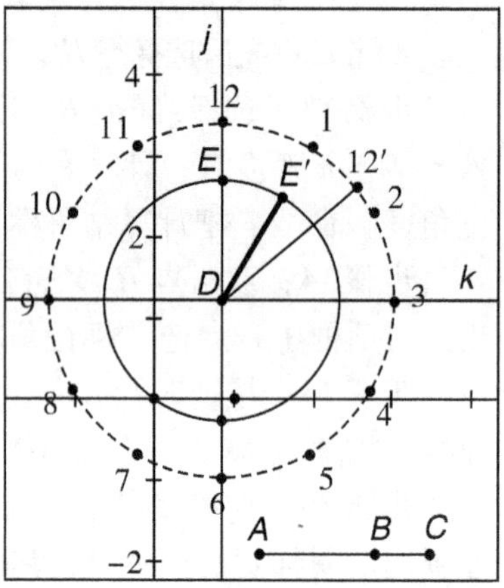

图5－32　制作时钟图示

步骤6：双击点 D，将其设为旋转中心；选择点12，应用“变换/旋转”命令，在弹出的对话框中点选“固定角度”，数值设为30°，把点12旋转到点11；再选择点12，应用“变换/旋转”命令，在弹出的对话框中点选“固定角度”，数值设为60°，把点12旋转到点10。

步骤7：按照步骤6的方法，把点9、点6、点3旋转两次，总共得到12个平分圆周的点。

步骤8：选中秒针角度参数 s，应用“变换/标记角度”命令，将其标记为点12旋转的角度；选择点12，应用“变换/旋转”命令，在弹出的对话框中点选“标记角度”，把点12旋转到点12′。

步骤9：选中秒针角度参数 s，应用“编辑/操作类

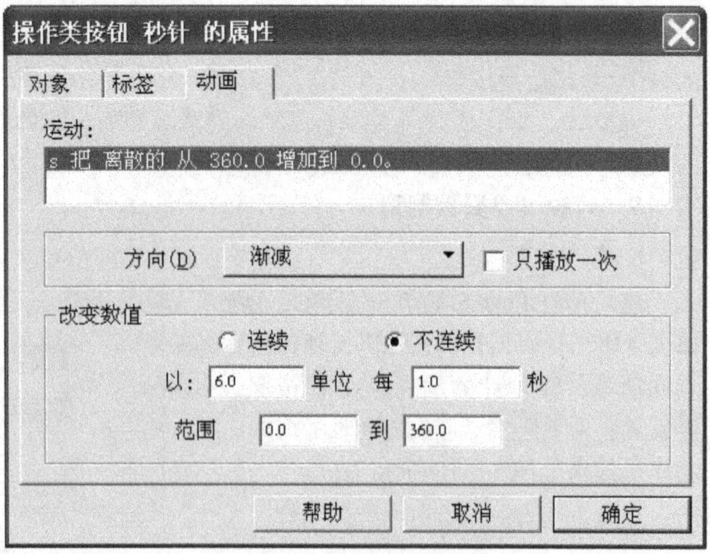

图5－33　秒针按钮属性设置图示

按钮/动画”命令，在弹出的对话框中按照图 5－33 所示进行设置，标签修改为“秒针”，制作秒针按钮。

步骤 10：同时选择点 D 和线段 AB，应用“构造/以圆心和半径绘圆”命令，绘制小圆，构建小圆与直线 j 的交点 E。

步骤 11：选中分针角度参数 m，应用“变换/标记角度”命令，把它标记为点 E 旋转的角度；选择点 E，应用“变换/旋转”命令，在弹出的对话框中点选“标记角度”，把点 E 旋转到点 E'，连接线段 DE'，并把颜色设为蓝色。

步骤 12：选中分针角度参数 m，应用“编辑/操作类按钮/动画”命令，在弹出的对话框中按照图 5－34 所示进行设置，标签修改为“分针”，制作分针按钮。

步骤 13：同时选择分针按钮和秒针按钮，应用“编辑/操作类按钮/系列”命令，弹出属性对话框，执行参数点选“同时执行”，标签修改为“开始计时”，制作开始计时按钮。

步骤 14：标记所有要显示的标签，隐藏不需要显示的对象，写入说明文字，设置它们的大小、颜色、位置。制作完成。

思考 1：如何制作 10 分钟停止的时钟？

思考 2：本例中通过构建两条直线 j、k 来构建 12 个时间点和运动点，直接利用 x 轴和 y 轴可行吗？请读者试一试。

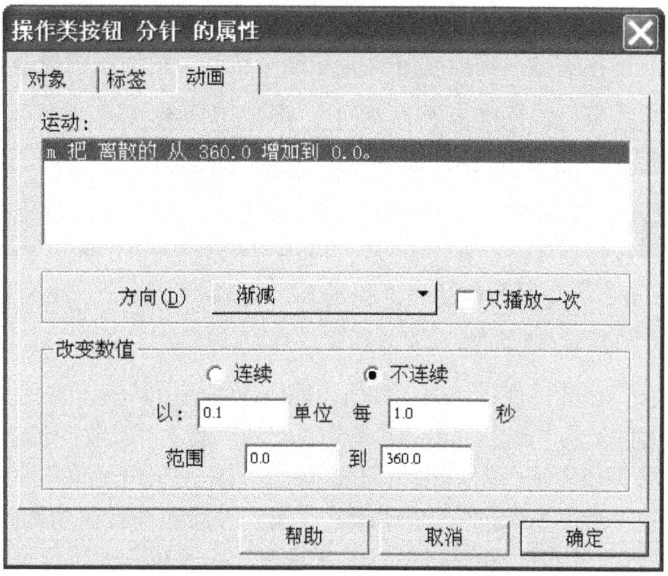

图 5－34　分针按钮属性设置图示

实例 8　角平分线（参数控制型、定点转动型、直线移动型）

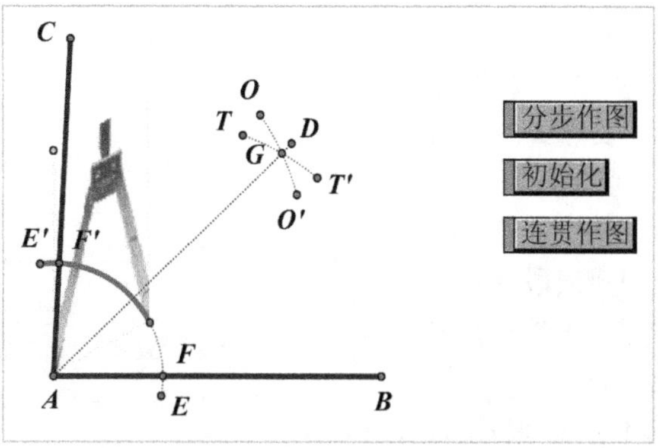

图 5－35　角平分线效果图

1. 创作设想

构建一个由参数控制大小的角，作角的平分线分三步：第一步，以点 A 为圆心，以三分之一边长为半径画弧，交 AB 于 F，交 AC 于 F'；第二步，分别以 F、F'为圆心，大于 $1/2FF'$的长为半径画弧，两弧在$\angle BAC$ 的内部交于点 G；第三步，画射线 AD，射线 AD 即为所求。步骤一及步骤二采用参数控制型、定点转动型动画来实现，步骤三采用参数控制型、直线移动型动画来实现，能够连贯地演示动画，也能够分步骤演示动画。效果如图 5 – 35 所示。

2. 关键技术

技术一，采用“显示/颜色/参数”命令，控制圆规、直尺及铅笔的显示或消失。例如第一步使用的显示技术，首先度量 P 在 $\overline{HJ}$ 上，再计算 sqrt [(P 在 $\overline{HJ}$ 上 – 0.01) * (0.99 – P 在 $\overline{HJ}$ 上)]，选择点 A'、点 E'' 及计算结果 $\sqrt{(P\text{在}\overline{HJ}\text{上}-0.01)\cdot(0.99-P\text{在}\overline{HJ}\text{上})}$（即数据参数，当点 P 在线段 HJ 上时，这个计算结果有意义；当点 P 不在线段 HJ 上时，这个计算结果无意义，显示未定义)，运用“显示/颜色/参数”命令，采用默认设置，点击“确定”按钮。于是，当点 P 在线段 HJ 上则显示图片，点 P 不在线段 HJ 上则隐藏图片，如图 5 – 37 及图 5 – 38 所示。

技术二，采用度量的值及其计算值，来控制圆弧及平分线的绘制。例如第一步的画圆弧技术，首先度量 P 在 $\overline{J'J}$ 上，再运用“数据/计算”命令，计算 $-n_1 * P$ 在 $\overline{J'J}$ 上，选择 $-n_1 * P$ 在 $\overline{J'J}$ 上的计算结果，应用“变换/标记角度”命令，双击点 A 并将其设为旋转中心，再选择点 E'，运用“变换/旋转”命令，点选标记角度，点击旋转按钮得到点 E''，先后选择点 A、点 E''、点 E'，应用“构造/圆上的弧”命令，构建圆弧 $E'E''$。当点 P 在线段 $J'J$ 上从左向右移动时，圆弧 $E'E''$ 按顺时针转动，如图 5 – 37 及图 5 – 38 所示。

3. 教学应用

点击“连贯作图”按钮，能够连续演示动画，改变线段 HM 的长度，可以改变整个动画时间。调节线段 HM 中各条分线段的长度，可以改变各节的动画时间，建议各点从左至右按图 5 – 35 所示顺序排列，不要改变。点击“分步作图”按钮，当移动点 Q 与点 J 重叠时，演示画圆弧 EE' 动画，当移动点 Q 与点 K 重叠时，演示画圆弧 EE' 及圆弧 OO' 动画。点击“初始化”按钮，点 P 迅速与点 H 重合，处于开始状态。改变角度参数 n 的大小，图形大小跟着改变，即是改变整个图形的位置，但是作图动画的准确性及过程不变，图形也不变形。

4. 制作过程

(1) 构建一个角度可以改变，两条角边相等的角，如图 5 – 36 所示。

步骤 1：新建一个单位为“角”的参数 n，运用“数据/计算”命令，在计算窗口中输入 $n + 20°$，标签更改为 n_1，再一次运用计算命令，在计算窗口中输入 $n/2$。

步骤 2：在平面上构建线段 AB，把角度参数 n 设为标记角度，把点 A 设为旋转中心，选择线段 AB 及点 B，应用“变换/旋转”命令，选择按标记角度旋转得到线段 AC；把计算结果 $n/2$ 设为标记角度，选择点 B，应用“变换/旋转”命令，选择按标记角度旋转得到点 D，构建线段 AD。

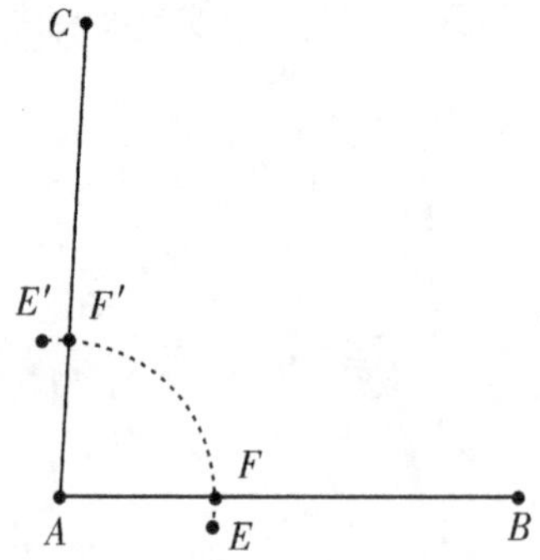

图 5 – 36　由角度参数 n 控制的角

步骤 3：选择线段 AB，应用“变换/缩放”命令，固定比例设为 1 : 3，在缩小的线段上，构建点 F，此时点 F 只能在这个三分之一的线段上移动，保证圆弧 EE' 不会太大以造成失真。

步骤 4：把角度参数 n 设为标记角度，选择点 F，应用“变换/旋转”命令，选择按标

记角度旋转得到点 F'，再次运用旋转命令，选择按固定角度 $-10°$ 旋转得到点 E，选择点 F'，再次运用旋转命令，选择按固定角度 $10°$ 旋转得到点 E'；依次选择点 A、点 E、点 E'，应用“构造/圆上的弧”命令，构建圆弧 EE'。

（2）构建分段线段，测量点 P 在各线段的值，输入相应计算式，作为控制圆规、直尺、铅笔的显示与运动的参数，如图 5－37 所示。

步骤 5：在平面上构建点 H，选择点 H，运用“变换/平移”命令，直角坐标系中，水平方向的固定距离输入 1 厘米，垂直方向的固定距离输入 0 厘米，点击“平移”按钮，得到水平平移的点。依次选择点 H 及平移的点，运用“构造/射线”命令，构建射线。在射线上构建点 M，再构建线段 HM。选择射线及平移的点，运用“显示/隐藏对象”命令隐藏起来，这样就得到一条水平线段 HM。

步骤 6：在线段 HM 上构建 9 个点，标签分别改为如图 5－37 上方所示的字符，先后选择点 H、点 J（注意次序不要颠倒），运用“构造/线段”命令构建线段 HJ。先后选择点 J'、点 J，构建线段 $J'J$，这两段线段是用来控制画圆弧 EE'' 的。以同样的方法构建线段 JK、$K'K$、KL、$L'L$、LM、$M'M$。

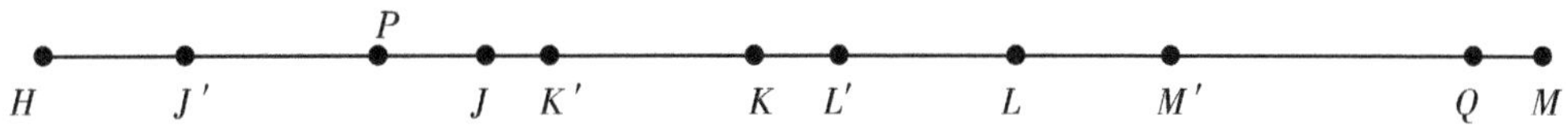

P 在 $\overline{HJ}$ 上 $=0.76$　$\sqrt{(P\text{在}\overline{HJ}\text{上}-0.01)\cdot(0.99-P\text{在}\overline{HJ}\text{上})}=0.42$　控制圆规显示

P 在 $\overline{J'J}$ 上 $=0.64$　$-n_1\cdot P$ 在 $\overline{J'J}$ 上 $=-68.72°$　画圆弧 $\overparen{EE'}$

P 在 $\overline{JK}$ 上 $=0.00$　$\sqrt{(P\text{在}\overline{JK}\text{上}-0.01)\cdot(0.99-P\text{在}\overline{JK}\text{上})}=$ 未定义　控制圆规显示

P 在 $\overline{K'K}$ 上 $=0.00$　$-20°\cdot P$ 在 $\overline{K'K}$ 上 $=0.00°$　画圆弧 $\overparen{OO'}$

P 在 $\overline{KL}$ 上 $=0.00$　$\sqrt{(P\text{在}\overline{KL}\text{上}-0.01)\cdot(0.99-P\text{在}\overline{KL}\text{上})}=$ 未定义　控制直尺显示

P 在 $\overline{L'L}$ 上 $=0.00$　$-20°\cdot P$ 在 $\overline{L'L}$ 上 $=0.00°$　画圆弧 $\overparen{TT'}$

P 在 $\overline{LM}$ 上 $=0.00$　$\sqrt{(P\text{在}\overline{LM}\text{上}-0.01)\cdot(0.99-P\text{在}\overline{LM}\text{上})}=$ 未定义　控制直尺显示

P 在 $\overline{M'M}$ 上 $=0.00$　$\sqrt{(P\text{在}\overline{M'M}\text{上}-0.01)\cdot(0.99-P\text{在}\overline{M'M}\text{上})}=$ 未定义　控制铅笔显示

图 5－37　控制圆规、直尺、铅笔的显示与运动参数的度量值与计算值

步骤 7：选择点 P、线段 HJ，按下 Shift 键不松手，点击“度量/点的值”命令，测量点 P 在线段 HJ 上的值（P 在 $\overline{HJ}$ 上 $=0.76$）。以同样的方法度量点 P 在其他线段上的值，如图 5－37 左边所示的结果。

（3）制作画圆弧 EE' 的动画，圆规出现 1 秒后，以固定点 A 做旋转运动，如图 5－38 所示。

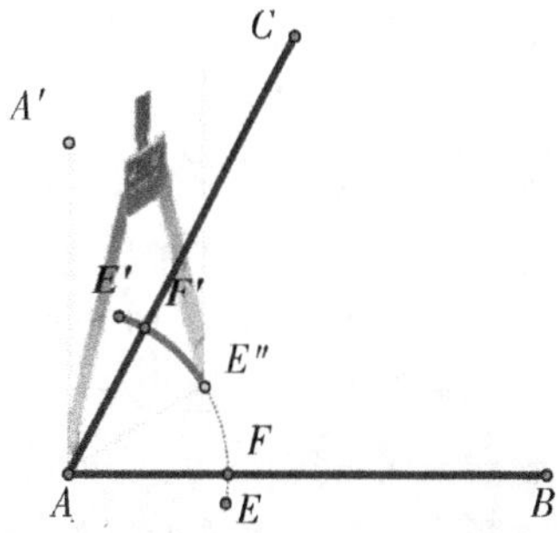

图 5－38　画圆弧 EE' 的动画图

步骤 8：运用“数据/计算”命令，在计算窗口中输入 sqrt [（P 在 $\overline{HJ}$ 上 -0.01）*（$0.99-P$ 在 $\overline{HJ}$ 上）]，其中，sqrt 在函数按钮中选择，P 在 $\overline{HJ}$ 上点选度量结果；再运用

“数据/计算”命令，计算 $-n_1 * P$ 在$\overline{J'J}$上。

步骤 9：选择 $-n_1 * P$ 在$\overline{J'J}$上的计算结果，应用“变换/标记角度”命令。双击点 A 将其设为旋转中心，再选择点 E'，运用“变换/旋转”命令，点选标记角度，点击旋转按钮得到点 E''，先后选择点 A、点 E''、点 E'，应用“构造/圆上的弧”命令，构建圆弧 $E'E''$。

步骤 10：度量点 F 与点 A 的距离 FA，计算 $2 \cdot FA$，把计算结果设为标记距离，选择点 A，运用“变换/平移”命令。参数设置如图 5－39 所示，点击平移按钮，得到点 A'。

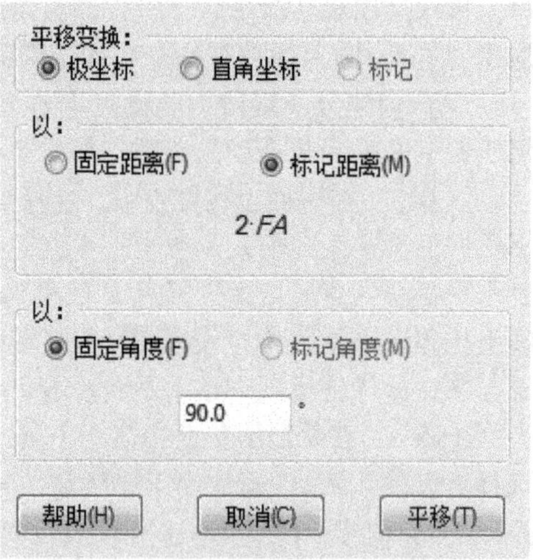

图 5－39　点 A 平移得到点 A'的参数设置

步骤 11：选择点 A'、点 E'' 及计算结果 $\sqrt{(P\text{ 在}\overline{HJ}\text{上} - 0.01) \cdot (0.99 - P\text{ 在}\overline{HJ}\text{上})}$，运用“显示/颜色/参数”命令，采用默认设置，点击“确定”按钮。于是，当点 P 在线段 HJ 上则显示图片，点 P 不在线段 HJ 上则隐藏图片。

步骤 12：在平面的适当位置复制圆规的图片，调整大小，再次复制圆规图片，先后选择点 A、点 E''、点 A'（次序不能颠倒），应用“编辑/粘贴图片”命令，把圆规图片装入这三个点的区域。在线段 HJ 上移动点 P，观察圆规是否能够转动。注意步骤 11 和步骤 12 不能颠倒。

（4）制作画圆弧 OO'的动画，圆规出现 0.5 秒后，以固定点 F'做旋转运动，如图 5－40 所示。

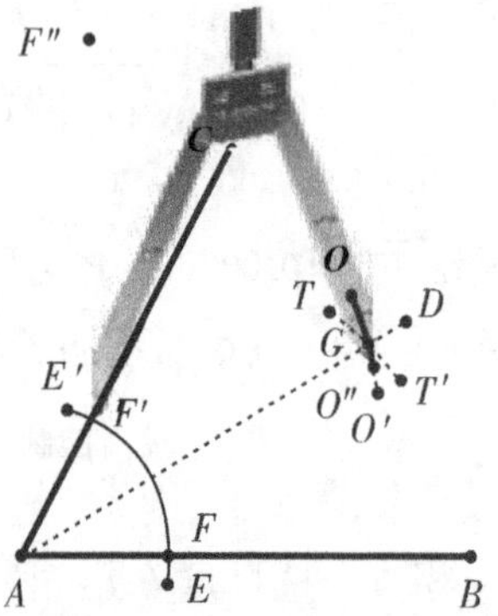

图 5－40　画圆弧 OO'的动画图

步骤 13：双击点 A，把计算结果 $\frac{n}{2} = 31.00°$设为标记角度，选择点 B 及线段 AB，运用“变换/旋转”命令，按标记角度旋转，得到线段 AD 及点 D，线段的线型设为点型、粗细设为细。

步骤 14：选择点 F、点 F'，应用“度量/距离”命令，度量 FF'，运用“数据/计算”命令，输入 $FF' + 1.5$ 厘米；选择计算结果及点 F'，应用“构造/以圆心和半径绘圆”命令，选择圆弧及线段 AD，应用“构造/交点”命令，构建它们的交点 G。

步骤 13、步骤 14 的操作，能够保证在任意改变 $\angle BAC$ 的大小时，圆弧在屏幕上。

步骤 15：双击点 F'，选择点 G，运用“变换/旋转”命令，旋转参数设为固定角度，数据输入 $-10°$（也可以大一点，建议不超过 $-15°$），点击“旋转”按钮，得到点 O'；再选择点 G，运用“变换/旋转”命令，旋转参数设为固定角度，数据输入 $10°$，点击“旋转”按钮，得到点 O；先后选择点 F'、点 O、点 O'，应用“构造/圆上的弧”命令，构建圆弧 OO'，把线型设为细线。

步骤 16：运用“数据/计算”命令，输入 $-20° * P$在$\overline{K'K}$上（如果上一步骤左右旋转的不是 10°，式中的 20°要根据实际旋转的角度输入），把计算结果设为标记角度；双击点 F'，选择点 O，运用“变换/旋转”命令，旋转参数设为标记角度，点击旋转按钮，得到点 O''；先后选择点 F'、点 O''、点 O，应用“构造/圆上的弧”命令，构建圆弧 OO''。

步骤 17：运用“数据/计算”命令，输入$1.3 *(FF' + 1.5$ 厘米)，把计算结果设为标记距离，选择点 F'，运用“变换/平移”命令，参数设置如图 5－41所示，点击“平移”按钮，得到点 F''。

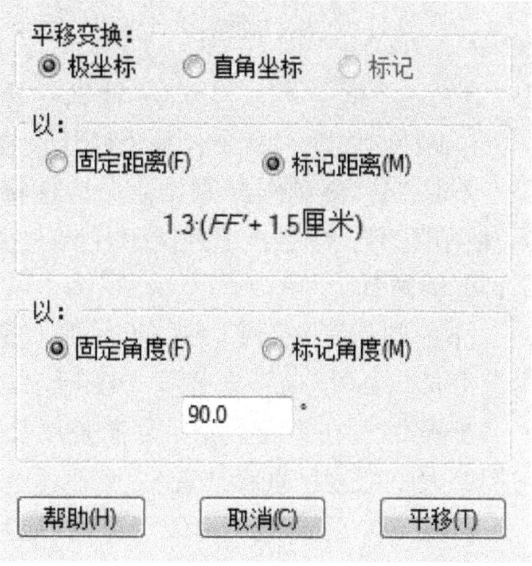

图 5－41　点 F'平移得到点 F''的参数设置

步骤 18：运用“数据/计算”命令，输入 sqrt[（P 在$\overline{JK}$上 -0.01）$*$（$0.99 - P$ 在$\overline{JK}$上）]后，选择点 F''、点 O''及计算结果 $\sqrt{(P\text{在}\overline{JK}\text{上}-0.01)\cdot(0.99-P\text{在}\overline{JK}\text{上})}$，运用“显示/颜色/参数”命令，采用默认设置，点击“确定”按钮。

步骤 19：复制圆规图片，先后选择点 F'、点 O''、点 F''（次序不能颠倒），应用“编辑/粘贴图片”命令，把圆规图片装入这三个点的区域。在线段 JK 上移动点 P，观察圆规是否能够转动。

（5）制作圆弧 TT'的动画，圆规出现 0.5 秒后，以固定点 F 做旋转运动，如图 5－42 所示。

步骤 20：双击点 F，选择点 G，运用“变换/旋转”命令，旋转参数设为固定角度，数据输入 $-10°$（也可以大一点，建议不超过 $-15°$），点击“旋转”按钮，得到点 T'；再选择点 G，运用“变换/旋转”命令，旋转参数设为固定角度，数据输入 10°，点击“旋转”按钮，得到点 T；先后选择点 F、点 T、点 T'，应用“构造/圆上的弧”命令，构建圆弧 TT'，把线型设为细线。

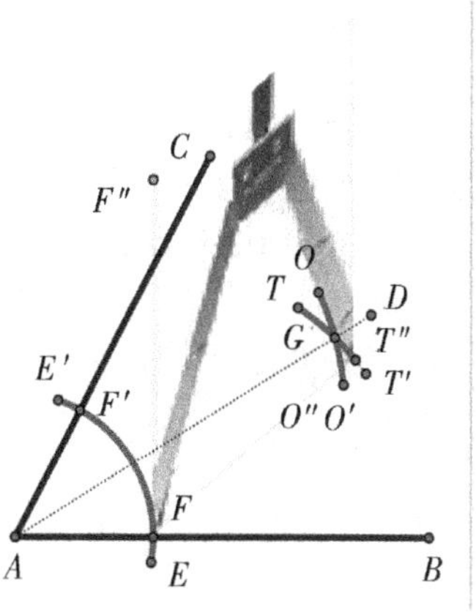

图 5－42　画圆弧 TT'的动画图

步骤 21：运用“数据/计算”命令，输入 $-20° * P$ 在$\overline{L'L}$上（如果上一步骤左右旋转的不是 10°，式中的 20°要根据实际旋转的角度输入），把计算结果设为标记角度；双击点 F，选择点 T，运用“变换/旋转”命令，旋转参数设为标记角度，点击“旋转”按钮，得到点 T''；先后选择点 F、点 T''、点 T，应用“构造/圆上的弧”命令，构建圆弧 TT''。

步骤 22：运用“数据/计算”命令，输入 $1.3 *$（$FF' + 1.5$ 厘米），把计算结果设为标记距离，选择点 F，运用“变换/平移”命令，参数设置如图 5－41 所示，点击“平移”按钮，得到点 F''。

步骤23：运用“数据/计算”命令，输入 sqrt[（P 在$\overline{KL}$上 -0.01）$*$（$0.99-P$ 在$\overline{KL}$上）]后，选择点 F''、点 T'' 及计算结果 $\sqrt{(P\text{在}\overline{KL}\text{上}-0.01)\cdot(0.99-P\text{在}\overline{KL}\text{上})}$，运用“显示/颜色/参数”命令，采用默认设置，点击“确定”按钮。

步骤24：复制圆规图片，先后选择点 F、点 T''、点 F''（次序不能颠倒），应用“编辑/粘贴图片”命令，把圆规图片装入这三个点的区域。在线段 KL 上移动点 P，观察圆规是否能够转动。

（6）制作画平分线 AD 的动画，直尺出现 1 秒后，铅笔沿直线 AD 运动，如图 5－43 所示。

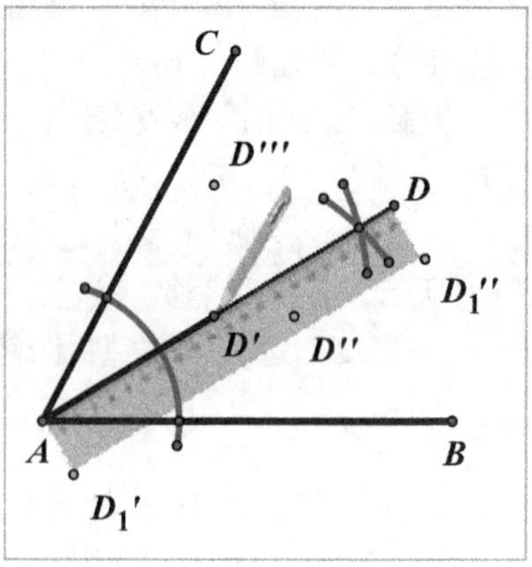

图 5－43　画平分线的动画图

步骤25：在平面上先后复制直尺及铅笔图片，调整它们的大小，直尺垂直放置。

步骤26：选择线段 AD、点 A，应用“构造/垂线”命令，构建它们的垂线；选择垂线，应用“构造/垂线上点”命令，构建点 D_1'；先后选择点 A、点 D，应用“变换/标记向量”命令后，再选择点 D_1'，运用“变换/标记向量”命令，平移变换选择标记，点击“平移”按钮后得到点 D_1''。

步骤27：运用“数据/计算”命令，输入 sqrt[（P 在$\overline{LM}$上 -0.01）$*$（$0.99-P$ 在$\overline{LM}$上）]后，选择点 D_1'、点 D_1'' 及计算结果 $\sqrt{(P\text{在}\overline{LM}\text{上}-0.01)\cdot(0.99-P\text{在}\overline{LM}\text{上})}$，运用“显示/颜色/参数”命令，采用默认设置，点击“确定”按钮。

步骤28：复制直尺图片，先后选择点 A、点 D_1'、点 D，应用“编辑/粘贴图片”命令，把直尺图片装入这长方形区域。

步骤29：选择度量结果 P 在$\overline{M'M}$上，应用“变换/标记比值”命令后，双击点 A，再选择线段 AD 及点 D，运用“变换/缩放”命令，缩放参数选择标记比，点击“缩放”按钮后得到线段 AD' 及点 D'。

步骤30：选择点 D'，运用“变换/平移”命令，参数选择如图 5－44 所示，点击“平移”按钮后得到点 D''；再选择点 D'，运用“变换/平移”命令，参数选择如图 5－45 所示，点击“平移”按钮后得到点 D'''。

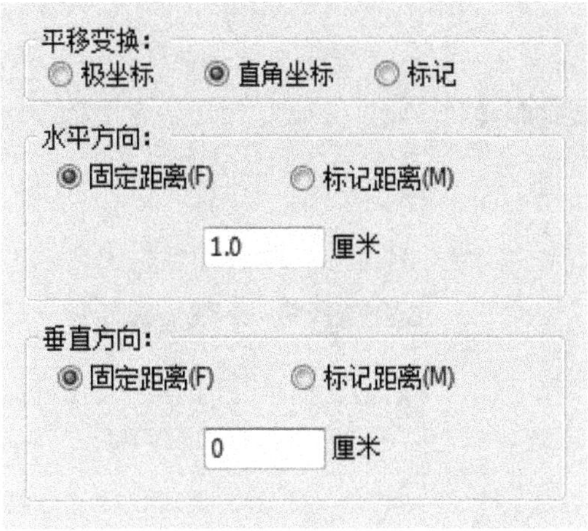

图 5－44　点 D'平移得到点 D''的参数设置

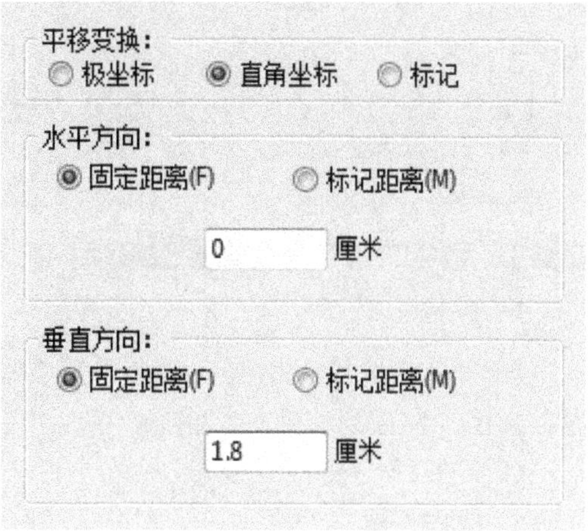

图 5－45　点 D'平移得到点 D'''的参数设置

步骤 31：运用“数据/计算”命令，输入 sqrt[(P 在$\overline{M'M}$上 - 0.01)·(0.99 - P 在$\overline{M'M}$上)]后，选择点 D'''、点 D''及计算结果$\sqrt{(P 在\overline{M'M}上 - 0.01) * (0.99 - P 在\overline{M'M}上)}$，运用“显示/颜色/参数”命令，采用默认设置，点击“确定”按钮。

步骤 32：复制铅笔图片，先后选择点 D'、点 D''、点 D'''，应用“编辑/粘贴图片”命令，把直尺图片装入这长方形区域，如果图片挡住直尺，右键单击铅笔图片，选择置于底层命令。在线段 LM 上移动点 P，观察铅笔是否能够移动。

（7）制作动画按钮及隐藏对象按钮，美化屏幕。

步骤 33：先后选择点 P、点 M，应用“编辑/操作类按钮/移动”命令，标签输入“连贯作图”，移动的速度设为“慢速”，其他设置采用默认值，点击“确定”按钮，得到“连贯作图”按钮；点击它，能够连续演示动画；改变线段 HM 的长度，可以改变整个动画的时间，调节线段 HM 中各条分线段的长度，可以改变各节的动画时间。

步骤 34：先后选择点 P、点 Q，应用“编辑/操作类按钮/移动”命令，标签输入“分步作图”，移动的速度设为“慢速”，其他设置采用默认值，点击“确定”按钮，得到“分步作图”按钮；当移动点 Q 与点 J 重叠时，点击这个按钮，演示画圆弧 EE'动画，当移动点 Q 与点 K 重叠时，演示画圆弧 EE'及圆弧 OO'动画。

步骤 35：先后选择点 P、点 H，应用“编辑/操作类按钮/移动”命令，标签输入“初始化”，移动的速度设为“高速”，其他设置采用默认值，点击“确定”按钮，得到“初始化”按钮。

步骤 36：选择不需要给学生展示的对象，应用“编辑/操作类按钮/显示/隐藏”命令，标签输入“美化屏幕”。

5.4 上机实验操作

任务1：相似三角形（定点直线移动）

1. 要求

（1）以“学号+相似三角形”作为文件名保存文档，发送到教师的邮箱。

（2）在15分钟内完成。

2. 操作步骤

（1）构建三角形 ABC。

（2）构建线段 EF，并在上面任取一点 D。

（3）先后选择点 E、点 D，标记为向量。

（4）选择整个三角形 ABC，应用“平移”命令，按标记向量平移，得到三角形 $A'B'C'$。

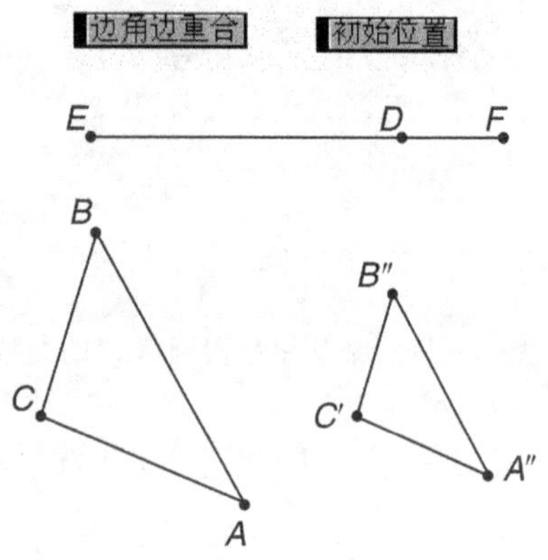

图5-46 相似三角形效果图

（5）双击点 C'，选择整个三角形 $A'B'C'$，应用“缩放”命令，按固定比例1/2缩放，得到三角形 $A''B''C'$。

（6）先后选择点 D、点 E，应用“平移”命令，标签修改为“边角边重合”，制作重合按钮。

（7）先后选择点 D、点 F，应用“平移”命令，标签修改为“初始位置”，制作初始位置按钮。

（8）测试运行效果。

任务2：全等三角形（定点旋转）

1. 要求

（1）以“学号+全等三角形”作为文件名保存文档，发送到教师的邮箱。

（2）在15分钟内完成。

2. 操作步骤

（1）以快捷绘圆工具构建一个圆，圆心为 A。

（2）以点 A 作为顶点构建任意三角形 ABC（实际绘制时三角形可以小于圆）。

（3）在圆周上任取两点，分别是点 D、点 E，先后选择点 D、点 A、点 B，度量 $\angle DAB$ 大小，并标记为角度。

（4）双击点 A，设为旋转中心，选择整个三角形 ABC，应用“旋转”命令，按标记角度旋转，得到三角形 $AB'C'$。

（5）先后选择点 A、点 B，构建射线，再构建射线与圆周的交点 F。

（6）先后选择点 D、点 F，应用“平移”命令，标签修改为“全等”，制作全等按钮。

（7）先后选择点 D、点 E，应用“平移”命令，标签修改为“初始位置”，制作初始位置按钮。

（8）同时选择射线、圆周、点 G、点 E、点 D、点 F，应用“隐藏/显示”按钮，标签修改为“路径和点”，制作路径和点的隐藏/显示切换按钮。

（9）测试运行效果。

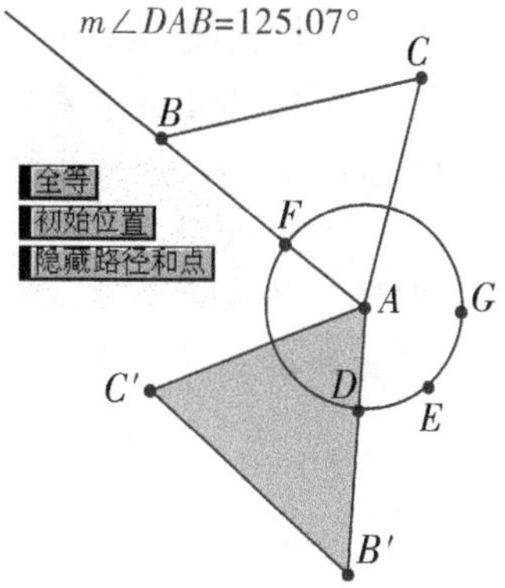

图 5－47　全等三角形效果图

任务 3：圆柱体的面（旋转）

（教师先构建一个圆柱体，标注好各个顶点和圆心，作为实验材料下发给学生）

1. 要求

（1）以“学号＋圆柱体”作为文件名保存文档，发送到教师的邮箱。

（2）在 15 分钟内完成。

2. 操作步骤

（1）在下圆上任取两点，分别是点 F、点 G，在上圆上任取一点 E。

（2）连接线段 OF、$O'E$，并把它们的颜色设为红色，应用“追踪线段”命令。

（3）同时选中点 E 和点 F，应用“动画”命令，在弹出的属性对话框中，将标签修改为“底面”，制作底面的按钮。

（4）选择参数 h，标记为移动距离；选择点 G，应用“平移”命令，把它按照标记距离 h 沿垂直方向平移到 G'。

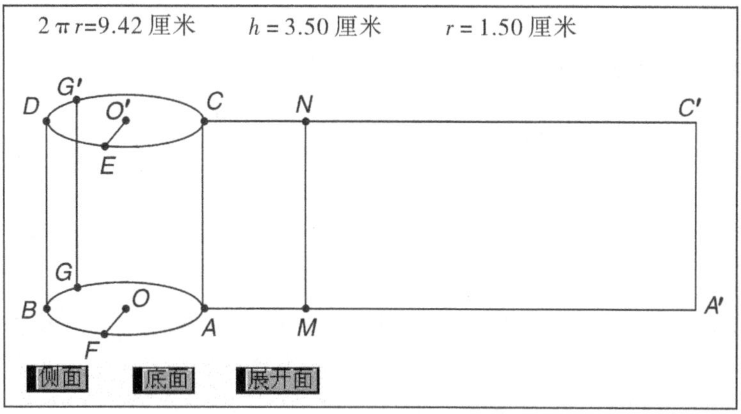

图 5－48　圆柱体的面效果图

（5）连接线段 GG'，并把它的颜色设为棕色，应用“追踪线段”命令。

（6）选择点 G，应用“动画”命令，在弹出的属性对话框中，将标签修改为“侧面”，制作侧面的按钮。

（7）应用“计算”命令，输入 $2*3.14159*r$，并把计算结果标记为平移的距离。

（8）选择点 A，应用“平移”命令，按照标记距离沿着水平方向平移到 A'。

（9）选择点 C，应用“平移”命令，按照标记距离沿着水平方向平移到 C'。

（10）连接线段 AA'、CC'、$A'C'$，并在线段 AA' 上任取一点 M。

（11）同时选择点 M 和线段 AC，构建一条与线段 AC 平行的平行线，再构建平行线与线段 CC' 的交点 N，连接线段 MN，并把它的颜色设为青色，应用“追踪线段”命令。

（12）选择点 M，应用“动画”命令，在弹出的属性对话框中，将标签修改为“展开面”，制作展开面的按钮。

（13）测试运行效果。

习　题

一、选择题

1. 动画的方向设置，下列哪个选项在列表中是没有的？（　　）

A. 向前　　B. 向后　　C. 向左　　D. 自由

2. 在设计动画时，只选择 1 个点，以下哪种动画类型是不能设计的？（　　）

A. 直线移动型　　B. 同步踪迹型　　C. 异步踪迹型　　D. 面展开型

二、判断题

1. 操作类按钮不能设置总是显示对象的动作。（　　）

2. 设置动画的速度时，除了可以设置为慢速、中速、快速外，也可以设置其他速度。（　　）

3. 利用动画命令及移动命令，都要选择 1 个点或 2 个点，这些点都在直线或曲线上运动，这个运动是平面运动，所以不能设计出图形的旋转动画。（　　）

4. 在设计移动动画时，如果在移动点开始移动后，目标点也移动，那么，移动点只能跟着移动到新的目的地。（　　）

三、操作题

1. 设计两圆的位置关系（左外切、右外切、左内切、右内切）的动画，要求两圆的半径可以改变。

2. 利用定点转动技术，设计全等三角形的动画。

3. 图形自定义，设计同步踪迹型动画。

4. 图形自定义，设计异步踪迹型动画。

5. 设计运用角度参数控制绘制圆的动画。

6. 参照实例 8，设计使圆规旋转画一段圆弧的动画。

7. 参照实例 8，设计使用铅笔和直尺画一条线段的动画。

四、简述题

1. 几何画板的动画可以分为哪几种类型？

2. 在实例 1 设计的步骤 1 中，如果直接构建一条直线，而不与 x 轴平行，最终的运行效果会怎样？

3. 在实例 2 的设计中，步骤 26、步骤 27 是制作移动按钮，能否选中点 K，应用“动画”命令来制作？如果不制作移动按钮，能否手动控制？

4. 实例 2 和实例 3 的关键技术都是构建能够分离的两部分图形，试简述它的基本过程。

5. 在实例 4 的设计中，构建的三角形的顶点位置相对固定；如果在圆周上任取三个点，构建一个三角形，能够制作出整个三角形旋转的效果吗？

6 使用迭代方法制作课件

学习要求

1. 了解原象、初象、迭代深度、迭代图像、迭代图、迭代规则、迭代的定义。
2. 理解迭代设置。
3. 掌握迭代图形的制作方法及技巧。

6.1 迭代的概念

在数学中，迭代是指应用某些数学结构、计算结果或其他相同操作处理先前结果的过程。此操作必须在一些输入后定义一个输出，用前一步的输出作为下一步的输入。

代数中，一个迭代是一个计算结果的循环（用一个输入值计算一个输出值）。若要开始迭代过程，首先必须有个开始值，称为种子。例如：以 3 为种子进行加 2 处理，第一次迭代 3 进行加 2 处理，即 $3+2=5$，第二次迭代则对第一次迭代的结果 5 进行加 2 处理，即 $5+2=7$，如此下去产生以下数值序列 3，5，7，9，…

几何学中，一个迭代是用一个操作处理一组对象产生一组新的对象。若要开始操作过程，必须有一组对象作为原象。以“向右平移 1 厘米”的变换为例，如果应用此变换于作为原象的三角形 ABC，初象三角形 $A'B'C'$ 将向右平移 1 厘米。迭代此变换将产生一个全等的三角形系列，以原象三角形 ABC 为开始每个都相对于前面的三角形向右平移 1 厘米。

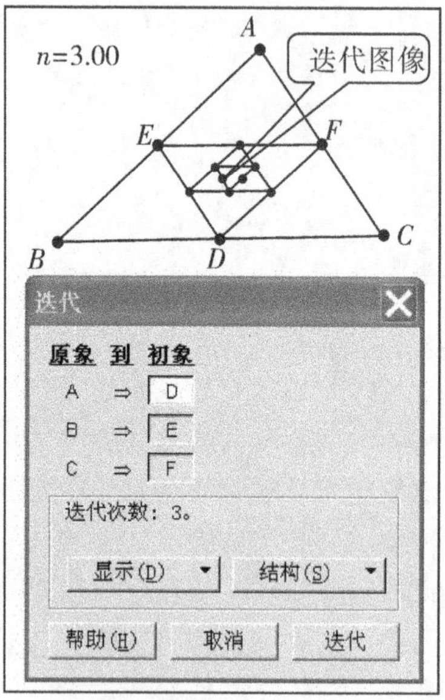

图 6－1 迭代示例图示

所有的迭代规则都是由原象（种子）和映射操作定义的。对原象应用一次操作时，初象为原象的操作结果。进行迭代操作时，可得到第二次、第三次、第四次的迭代图像等。

几何画板允许对在页面上建立的任何数学关系进行迭代，用迭代创建重复的变换。

选择原象点 A、点 B、点 C 及参数 n，应用“变换/带参数的迭代”命令，弹出如图 6－1 所示的对话框，图中的设置解释如下：

1. 几个概念

原象：产生迭代序列的初始对象，通常称为“种子”；原象可以是点，如点 A、点 B、点 C，作为原象的点对象，这些点应为无父对象的点，称作原象点；原象也可以是数值，作为原象的度量值或计算结果，这些数值应为独立的值，称作原象值。

初象：原象经过一系列变换操作而得到的象。与原象相关联，例如点 D、点 E、点 F。

迭代深度：迭代执行的次数；一般可以用参数来控制，如本例中的参数 n，选择原象时，同时选择参数，按住 Shift 键，原“变换/迭代”命令就变为“变换/带参数的迭代”；如果不用参数控制，则可以直接使用键盘的 Shift 键和 + 键来增加迭代次数，或使用 Shift 键和 - 键来减少迭代次数，也可以在“显示”按钮中控制。

迭代图像：迭代操作产生的象的序列。

迭代图：原象到初象映射相关联的所有对象的集合。

迭代规则：由一个或多个从原象到初象的映射定义迭代执行方式。

迭代：按一定的迭代规则，从原象到初象的反复映射过程。

2. 显示选项

点开“显示”按钮，显示选项如图 6－2 所示：

增加迭代：增加迭代的次数。

减少迭代：减少迭代的次数。

完整迭代：显示完整的迭代。

最终迭代：显示最终的迭代。

注意：当你的迭代规则中只有一个映射时，更多的是希望显示完整的迭代；当有两个或两个以上的映射时，更多的是希望显示最终的迭代。

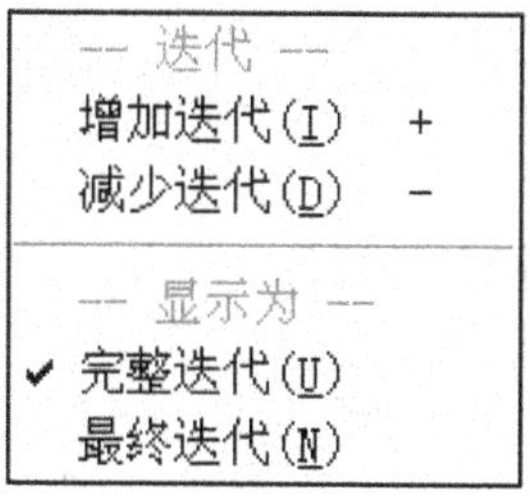

图 6－2　显示选项图示

3. 结构选项

点开“结构”按钮，结构选项如图 6－3 所示：

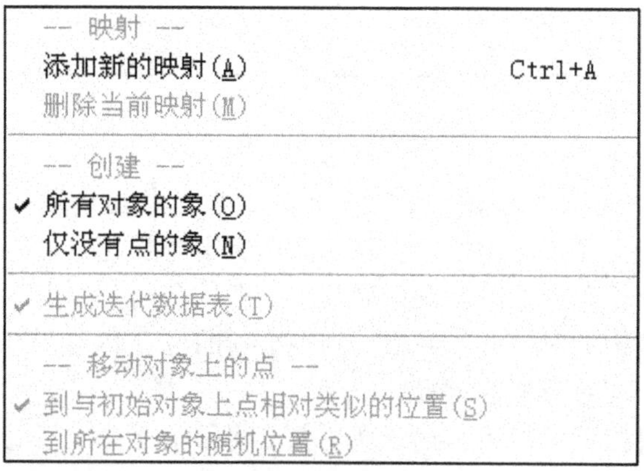

图 6－3　结构选项图示

添加新的映射：增加迭代映射的初象，如图 6－4 所示。

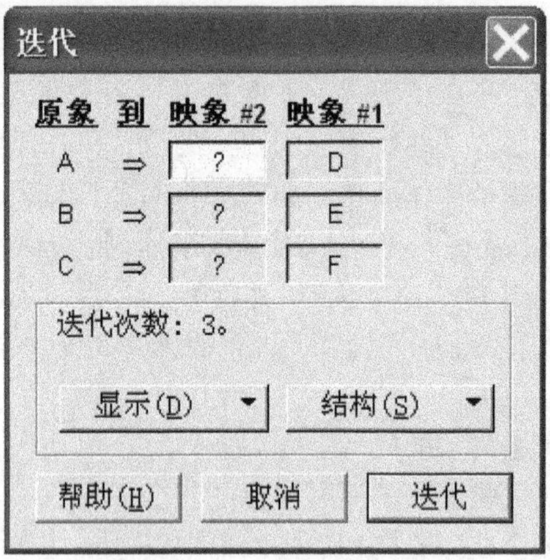

图 6－4　增加映射图示

删除当前映射：删除当前迭代映射的初象。

所有对象的象：创建的迭代图像为显示点的对象。

仅没有点的象：创建的迭代图像为不显示点的对象；在多映射迭代时，如果你不想看到迭代图像的点，只想保留迭代图像的线段时，勾选这个选项，将创建没有点的迭代图像。

生成迭代数据表：为所有的迭代数值创建一个表，如表 6－1 所示。

表 6－1　迭代数据表示例

n	$m\angle ABC$	$n-1$	$\frac{m\angle ABC}{n}$
0	56.42°	2.00	18.81°
1	37.62°	1.00	18.81°
2	18.81°	0.00	18.81°

此表为每个可见值建立一个受迭代影响的列，表的第一列的 n 个值表示迭代数（即经过的第几次迭代），表的每行所描述的数据表示在此次迭代上的度量值。数据表的行数随着迭代次数的增加或减少而自动调整。创建的数据表不需要时，可以选中表格删除即可。

到与初始对象上点相对类似的位置：显示每个迭代图像上的点到初始对象上点相对类似的位置。如果拖动被构造对象上的初象点到一个新的位置时，所有的迭代图像将调节相应点到与初始对象上点相对类似的位置。

到所在对象的随机位置：每个迭代图像初象点将显示在一个新的随机位置。

4. 终点

当选择某个点的迭代图像时，“变换/迭代……”命令将变成“变换/终点”，应用这条命令，将构造迭代图像的终点，终点可以像使用构造菜单命令构造的点一样。

不能构造“多映射迭代”生成的迭代图像的终点。

6.2 制作迭代图形

实例1 n 等分线段

1. 创作设想

线段的一个端点 B 按照 $1/n$ 的比例缩放到 B'，应用迭代技术构建即可，效果如图6－5所示。

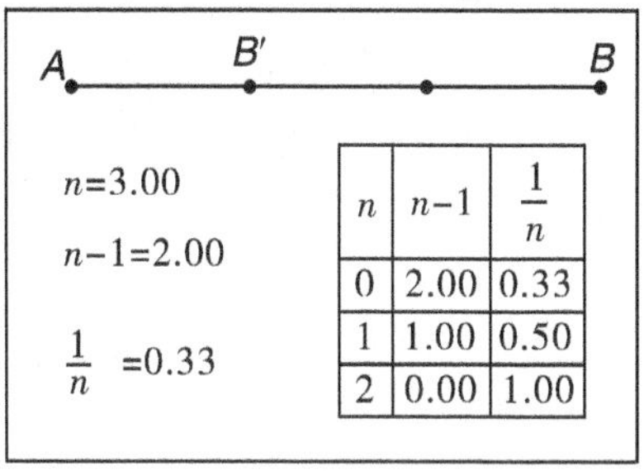

图6－5 n 等分线段效果图

2. 关键技术

构建迭代规则。

3. 教学应用

选中参数 n，按下 Shift 键和＋键，增加参数数值，线段平分点也增加；按下 Shift 键和－键，减少参数数值，线段平分点也减少。

4. 制作过程

步骤1：构建一条线段 AB。

步骤2：建立一个名称为 n、单位为“无”的参数 n，应用“变换/计算”命令，输入 $n-1$，再应用“变换/计算”命令，输入 $1/n$，并把 $1/n$ 的计算结果标记为比值。

步骤3：双击点 A，设为旋转中心，选择点 B，应用“变换/缩放”命令，按照 $1/n$ 的标记比缩放到 B'。

步骤4：选择点 A、参数 n、计算结果 $n-1$，按下 Shift 键，应用“变换/带参数的迭代”命令，在弹出的对话框中，如图6－6所示，原象点 A 的初象点选点 B'，原象参数 n 的初象点选计算结果 $n-1$，设置后，点击“迭代”按钮即可。

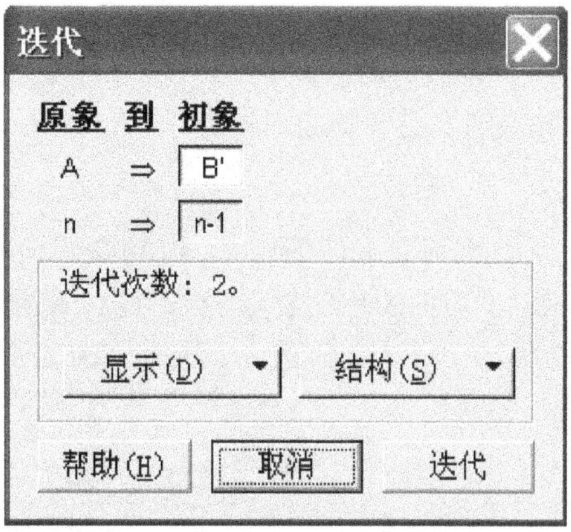

图6－6 n 等分线段的迭代设置图示

步骤5：标记所有要显示的标签，写入说明文字，设置它们的大小、颜色、位置。制作完成。

实例2 n 等分角

1. 创作设想

把角的一条边，按照角度的 n 等分平均值大小旋转一个角度，应用迭代技术构建即可；效果如图6－7所示。

2. 关键技术

构建迭代规则。

3. 教学应用

改变角度的大小，其平分的关系仍然保持不变；选中参数 n，按下 Shift 键和 + 键，增加参数数值，角的平分线也增加；按下 Shift 键和 - 键，减少参数数值，角的平分线也减少。

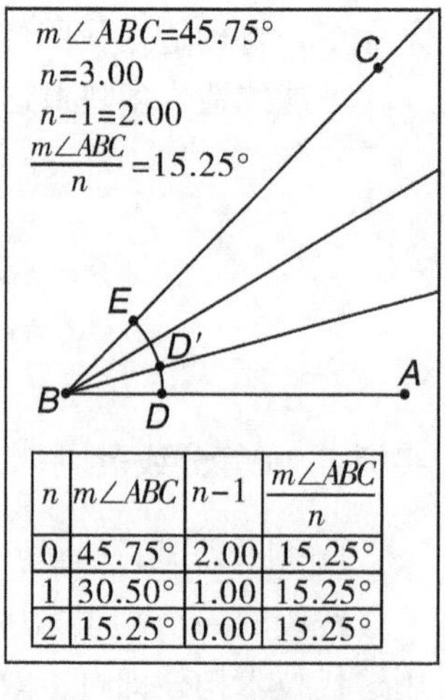

图 6-7　n 等分角效果图

4. 制作过程

步骤 1：构建一个角 ABC，并度量其角度大小。

步骤 2：建立一个名称为 n、单位为“无”的参数 n，应用“变换/计算”命令，输入 $n-1$，再应用“变换/计算”命令，输入 $m\angle ABC/n$，并把它的计算结果标记为点 D 的旋转角度。

步骤 3：在线段 AB 上任取一点 D，先后选择点 B、点 D，应用“构造/以圆心和圆周上的点绘圆”命令，构建一个圆，并构建圆周和线段 BC 的交点 E。

步骤 4：双击点 B，设为旋转中心，选择点 D，应用“变换/旋转”命令，按照标记角度 $(m\angle ABC/n)$ 旋转到 D'，构建射线 BD'。

步骤 5：选择点 D、参数 n、计算结果 $n-1$，按下 Shift 键，应用“变换/带参数的迭代”命令，在弹出的对话框中，如图 6-8 所示，原象点 D 的初象点选点 D'，原象参数 n 的初象点选计算结果 $n-1$，设置后，点击“迭代”按钮即可。

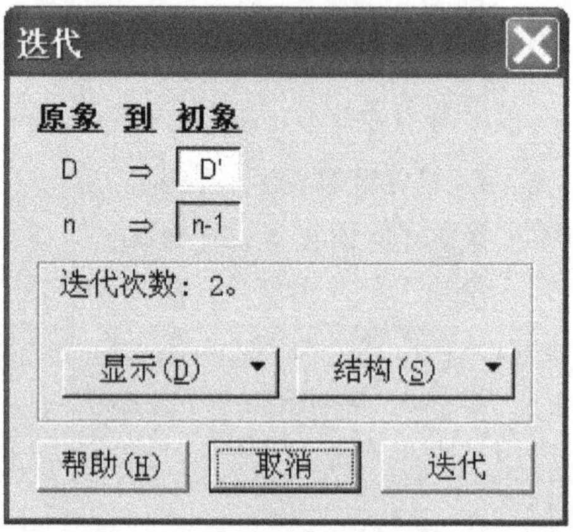

图 6-8　n 等分角的迭代设置图示

步骤 6：标记所有要显示的标签，写入说明文字，设置它们的大小、颜色、位置。制作完成。

实例 3　正 n 边形

1. 创作设想

把圆周上的一点 A，按照圆周角 n 等分的角度旋转，应用迭代技术构建即可，效果如图 6-9 所示。

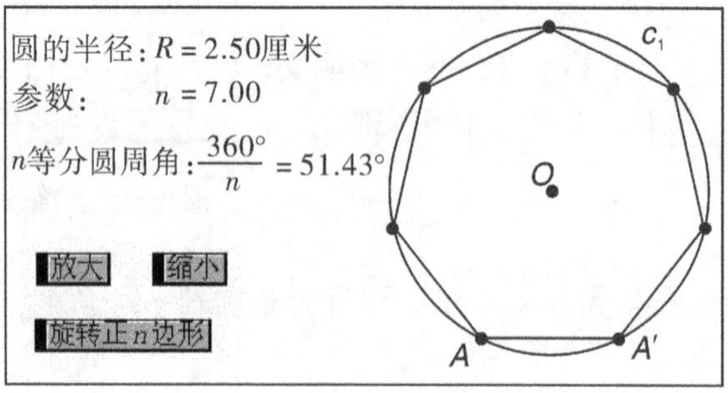

图 6-9　正 n 边形效果图

2. 关键技术

构建迭代规则。

3. 教学应用

参数 n 的数值即是正边形的边数，如 7，即是正七边形；选中参数 n，按下 Shift 键和 + 键，增加参数数值，正边形的边数也增加；按下 Shift 键和 − 键，减少参数数值，正边形的边数也减少。

4. 制作过程

步骤 1：建立一个名称为 n、单位为“无”的参数 n，应用“变换/计算”命令，输入 $360°/n$，并把它的计算结果标记为点 A 的旋转角度。

步骤 2：建立一个名称为 R、单位为“厘米”的长度参数 R，数值的范围设为 0 ~5 厘米。

步骤 3：在页面上任取一点 O，同时选择点 O 和长度参数 R，应用“构造/以圆心和半径绘圆”命令，构建一个圆，并在圆周上任取一点 A。

步骤 4：双击点 O 把它设为旋转中心；选择点 A，应用“变换/旋转”命令，把点 A 按照标记角度（$360°/n$）旋转到 A'，连接线段 AA'。

步骤 5：选择点 A、参数 n，按下 Shift 键，应用“变换/带参数的迭代”命令，在弹出的对话框中，原象点 A 的初象点选点 A'，原象数值 n 的初象点选计算结果 $n-1$，设置后，点击“迭代”按钮即可。

步骤 6：选择参数 R，应用“编辑/操作类按钮/动画”命令，按照图 6 − 10 所示进行设置，标签修改为“放大”，制作放大按钮；用同样方法制作缩小按钮，在弹出的对话框中进行设置，“方向”改为“渐减”。

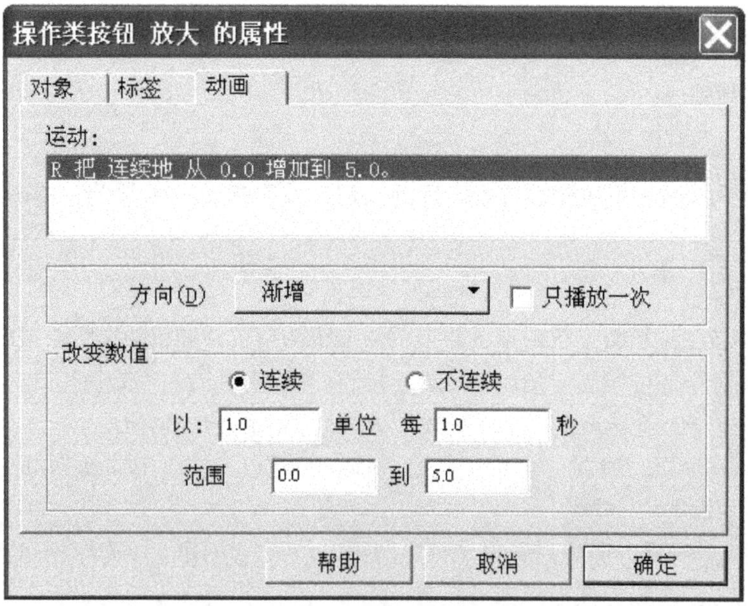

图 6 − 10　放大按钮设置图示

步骤7：选择点 A，应用“编辑/操作类按钮/动画”命令，在弹出的对话框中进行设置，标签修改为“旋转正 n 边形”，制作正 n 边形旋转按钮。

步骤8：标记所有要显示的标签，写入说明文字，设置它们的大小、颜色、位置。制作完成。

实例4　勾股树

1. 创作设想

先构建一个正方形，再以正方形的一条边长作直径构建一个圆，从而构建直角三角形，利用迭代技术构建勾股树，效果如图6－11所示。

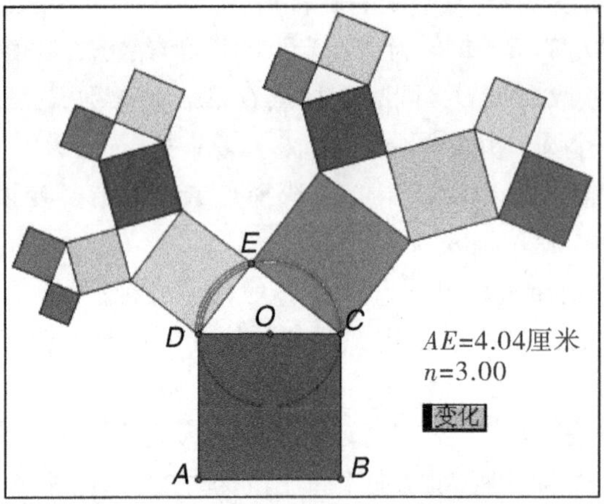

图6－11　勾股树效果图

2. 关键技术

构建迭代规则。

3. 教学应用

展示勾股树的形状，加深对勾股定理的认识。改变参数 n 的数值，树的大小、形状随之改变。

4. 制作过程

步骤1：构建线段 AB，双击点 A 将其设为旋转中心，同时选中线段 AB 和点 B，应用“变换/旋转”命令，按照固定角度90°，把它们旋转至点 D；再双击点 D，同时选择线段 DA 和点 D，按照90°旋转至点 C，连接线段 BC，得到正方形 ABCD。

步骤2：构建线段 CD 的中点 O，先后选择点 O、点 D，应用“构造/以圆心和圆上的点绘圆”命令，构建一个圆。

步骤3：按逆时针方向先后选择点 C、圆周、点 D，应用“构造/圆上的弧”命令，构建弧 CD（上部），在弧上任取一点 E。

步骤4：连接线段 DE、线段 EC，完成直角三角形 CED 的构建，隐藏圆周、弧、点 O。

步骤5：选择点 A、点 E，度量它们之间的距离 AE。

步骤6：同时选择点A、点B、点C、点D，应用“构造/四边形内部”命令，构建内部的面；同时选择这个面和度量的距离AE，应用“显示/颜色/参数”命令，设置四边形的面由参数（AE距离）控制的颜色。

步骤7：建立一个名称为n、单位为“无”的参数n；同时选择点A、点B、参数n，按下Shift键，应用“变换/带参数的迭代”命令，在弹出的对话框中，按照图6－12所示进行设置，设置后，点击“迭代”按钮即可。

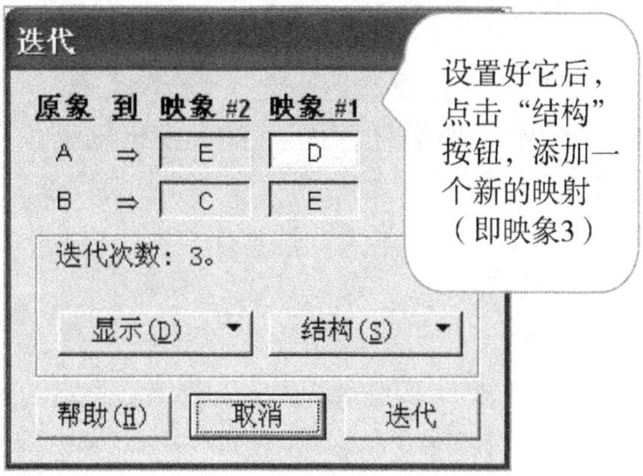

图6－12　勾股树迭代设置图示

步骤8：选择点E，应用“编辑/操作类按钮/动画”命令，在弹出的对话框中进行设置，标签修改为“变化”，制作变化按钮。

步骤9：标记所有要显示的标签，写入说明文字，设置它们的大小、颜色、位置。制作完成。

思考：这里的原象能否选择点C和点D，为什么？

实例5　波动

1. 创作设想

按照24等分圆来构建迭代规则，利用圆上的点与波动点的投射关系来构建原象点和初象点，再利用迭代命令即可建立运动的波动图像，效果如图6－13所示。

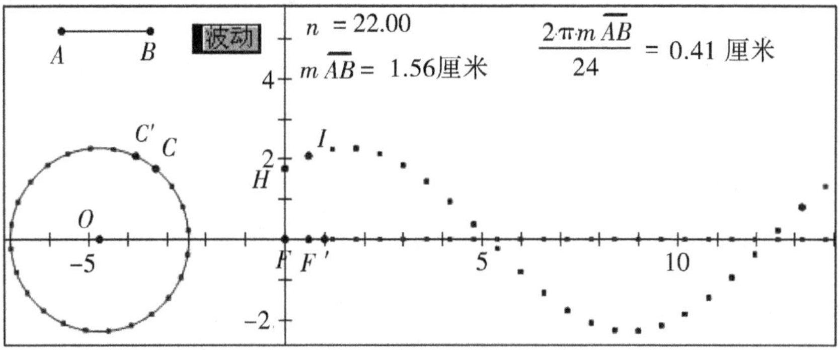

图6－13　波动效果图

2. 关键技术

构建迭代规则。

3. 教学应用

拖动点A或点B，可以改变波幅的大小；拖动点C，可以改变初始位置；点击“波动”按钮，演示波的运动。

4. 制作过程

步骤1：应用“绘图/定义坐标系”命令，建立坐标系，并隐藏网格。

步骤2：构建任意线段 AB，在 x 轴上任取一点 O，同时选择点 O 和线段 AB，应用“构造/以圆心和半径绘圆”命令，构建一个圆；在这个圆周上任取一点 C。

步骤3：双击点 O，把它设为旋转中心；选择点 C，应用“变换/旋转”命令，旋转的固定角度输入15°，把点 C 旋转到点 C'。

步骤4：选择线段 AB，度量它的长度；应用“变换/计算”命令，输入 $2*3.14159*m\overline{AB}/24$，计算24等分圆周上，相邻两点之间的弧长；并把计算结果标记为点 F 平移的距离。

步骤5：在 x 轴上任取一点 F，应用“变换/平移”命令，按照标记距离平移到点 F'。

步骤6：同时选中点 C、点 C'、x 轴，应用“构造/平行线”命令，构建两条平行线 j、k；再同时选中点 F、点 F'、y 轴，应用“构造/平行线”命令，构建两条平行线 m、n。

步骤7：构建直线 k 和直线 m 的交点 H，直线 j 和直线 n 的交点 I。

步骤8：建立一个名称为 n、单位为“无”的参数 n。

步骤9：同时选择点 C、点 F、参数 n，按下 Shift 键，应用“变换/带参数的迭代”命令，在弹出的对话框中，按照图6-14所示进行设置，点击“迭代”按钮即可。

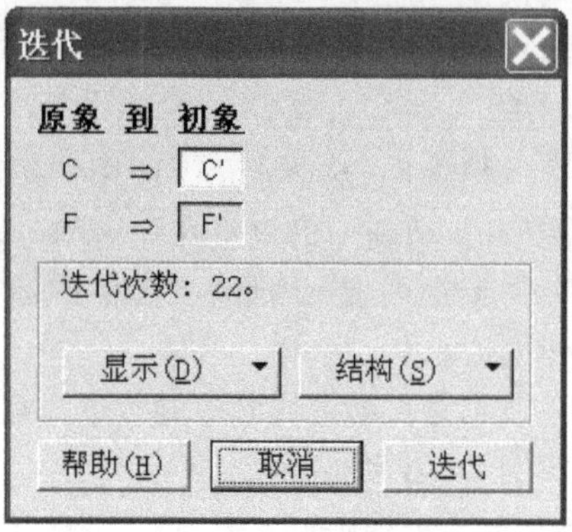

图6-14 波动迭代设置图示

步骤10：选择点 C，应用“编辑/操作类按钮/动画”命令，在弹出的对话框中进行设置，标签修改为“波动”，制作波动按钮；把点 F 移到原点。

步骤11：标记所有要显示的标签，写入说明文字，设置它们的大小、颜色、位置。制作完成。

习 题

一、操作题

1. 利用迭代技术，构建 n 等分线段。
2. 利用迭代技术，构建 n 等分角。
3. 利用迭代技术，构建正 n 边形。
4. 利用迭代技术，构建勾股树。

二、简述题

1. 简述原象、原象点、原象数值的概念。
2. 简述初象的概念。
3. 在实例2中，迭代规则是如何建立的？

7 数学课堂教学软件设计及应用

学习要求

1. 了解数学课件的分类。
2. 了解数学课件的作用。
3. 掌握课件如何突破教学难点、创设探究性学习环境的方式方法。
4. 理解数学课件的设计原则、设计方法及标准。
5. 理解“数学实验”的开设流程，实验过程和组织方法。
6. 了解 MOOCs、反转课堂的组织方法、作用及效果。
7. 探究信息时代下的教学方法、教学手段改革。
8. 探究基于信息技术的中学数学教学改革。

7.1 教学软件分类及应用

7.1.1 教学软件的概念

教学软件是利用计算机设计的程序，是承载符号、文字、图形、图像、声音、数字电影等形式教学内容的介质，可以用于传递、储存、处理教学信息。

7.1.2 教学软件的分类

按照使用者来分，可以把教学软件分为两大类：课堂教学软件、自主学习软件。

课堂教学软件的使用者是教师（培训师），习惯称作课件，又称 CAI 课件。

自主学习软件的使用者是学生（学员），习惯称作多媒体课件，有时也称作学件。

这两大类型又可以往下再细分。

1. 课堂教学软件分类

（1）按照数学课程教学类型来分，可以把课堂教学软件分为四类：概念教学型课件、定理（定律）教学型课件、习题型课件、复习型课件。

（2）按照表现数学教学内容的方式来分，可以把课堂教学软件分为三类：图形类课件、计算类课件、动画类课件等。

2. 自主学习软件分类

自主学习软件可以分为四类，分别是：个别化学习型、实验操作型、游戏型、百科全书型。这些类型的学习软件，根据传输介质又可分为网络版和单机版。

（1）个别化学习型：这类课件主要的特点是知识结构完整，知识分层次，以满足两种或三种不同学习成绩（学习能力）的学生的需要，通过一系列形成性练习来判断学生的学习水平，并能够把学生的学习情况汇总给教师。这类软件的设计与制作在前文中有详细介绍。

（2）实验操作型：借助计算机的仿真技术，营造实验环境、设备、工艺流程等模拟实验环节，学生可以进行输入参数、组合仪器装置等操作，模拟在常规实验室难以开设的实验。一般要组成专业队伍（学科专业人员、编程人员、分析师或数学建模人员）才能开发这一类软件。

（3）游戏型：与娱乐游戏软件不同，它基于学生的学习内容，设置一些趣味性、规则简单的游戏，寓教于乐。一般适用于少儿学生。

（4）百科全书型：罗列某一学科的概念、公式、定理、图形、名词解析等基本资料。主要特征是知识点全面系统，内容正确无错误、较有权威性，主要供查阅资料。

7.1.3 课堂教学应用方式

制作的课件在应用于课堂教学时，要尽可能体现以下四个方面的作用：

（1）实现教学内容的表现手段现代化，与在黑板上做的事相比，必须做得更快、更容易、更准确。

（2）注重教学创新，创造出纸质教材不能表现的教学资源，达到在黑板上不能做到的事情而在课件中可以轻松实现的目的。

（3）突破教学难点，创设探究性学习环境。

（4）转变教育理念，研究新的教学模式，推陈出新。

为了体现这四个方面的作用，充分发挥数学课堂教学软件的强大功能，推荐大家使用以下教学模式，共计有 9 种。

1. 讲授模式

这是常规的、较多人使用的一种模式。

2. 研讨模式

教师先进行课程内容的概要式讲述，并简要地告诉学生将要讨论的主题，通知学生阅读和主题相关的资料。学生根据自己的研究取向和兴趣选择某一话题。课上主持人（教师或学生）宣布主题，引发学生讨论。学生充分地发表自己的想法，提出问题解决方案。教师作最后评价。

3. 问答教学模式

问答教学模式主要采用教师提问、学生回答的形式。用一问一答的形式使学生始终处于积极的状态，一直思考问题。

4. 自学辅导模式

它主要培养了学生的自学能力，一般按照自学—讲解（讨论）—练习—总结的顺序开展教学。教师指导学生独立阅读相关教科书和相关资料。教师根据需要，对学生进行个别辅导。教师就学生在自学中遇到的共同问题进行讲解，或者就问题进行讨论，引导学生自己去寻找结论，解决问题。

5. 案例教学模式

教师选择一些典型、真实的案例，案例一般以书面形式发给学生，或以视频形式展示给学生。教师讲明案例的有关事实，对案例进行分析，组织学生进行讨论，研究案例的关键所在，使学生掌握相关的知识和专业技能。

6. 模拟教学模式

它是学生在教师的指导下分成若干个小组，每个小组分别扮演不同的角色，根据所提供的背景资料完成模拟活动以掌握本领、技能的教学模式。它是一种理论联系实际，将社会活动搬进课堂，对学生进行有针对性的训练的教学模式。

7. 项目研究模式

这一教学模式是教师为了让学生切实掌握课程内容，设计很多项目供学生选择（一个学期完成或一个单元完成），项目基本都是开放性课题，没有标准答案，学生根据自己的兴趣选择项目，一般以小组的形式开展研究，应用本门课的相关知识和有关研究方法完成项目。

8. 探究式学习模式

用于问题解决和探究，这一模式使学生获得在真实生活情境中发现问题、解决问题的能力。学生面临疑难情境，收集和加工所需要的资料，使问题得到解决。

9. 基于问题的学习模式

它强调把学习设置到复杂的、有意义的问题情境中，学习者通常组成合作小组，通过解决问题来学习隐含于问题背后的科学知识，掌握解决问题的技能，并培养自主学习的能力。

7.1.4 著作工具软件的选择

1. 制作个别化学习型教学软件的著作工具软件选择

理想的制作这类教学软件的著作工具软件，必须符合以下四点要求：

（1）功能强大。具有丰富的人机交互方式，强大的数据处理能力，能方便地调用与控制各种外部素材，对外部素材的兼容性好。

（2）保密性好。能够生成可执行文件，不能随意修改原程序，不能直接输出创作课件的素材，可以很好地保护原创人员的知识版权。

（3）交互性强。交互方式多样化，应用简单编程能实现人机智能的互动。

（4）扩展性强。能够链接 OLE 对象，允许使用自定义函数。

在众多著作工具软件中，Authorware 是最合适的制作个别化学习型课件的著作工具软件。

2. 制作课堂教学软件的工作平台选择

理想的课堂教学工作平台，必须符合以下四点要求：

（1）应当支持教与学的全过程。

（2）应当让教师能够发挥传统黑板教学的经验。

（3）应当尽可能减轻甚至取代教师的重复性、机械性劳动。

（4）应当是知识型、智能型、傻瓜型的易学易用的工具。

在众多的平台工具教学软件中，小小的“几何面板”受到许多教师的喜爱，因为它具有上述基本特点。

7.2 数学课件的设计原则、设计方法及标准

7.2.1 设计原则

1. 一致性原则

一致性是指一个软件的屏幕界面应该让人看了之后有整体上的一致感，设计的一致性是贯穿各条指导原则的一条主线，是所有设计活动都需要遵循的主要原则。对于具有同样功能的操作对象，应在形象和格式上力求一致，起控制作用的按钮和图标也应一致。

2. 适应性原则

学习者个别差异的存在是一种无法回避的事实，课件设计应尽量让不同的学习者都可以获得他们所需的学习方式。人的认知风格可分为视觉型、听觉型和体觉型三种，对于视觉型的人应多提供视觉的图文、视频；对于听觉型的人要多提供旁白解析或音响效果；对于体觉型的人，除了听和看之外，应多提供一些操作图标和按钮等动手机会。

3. 灵活性原则

灵活性是衡量系统对于人的差别的响应能力的一个尺度，它要求一个系统对于用户的需求必须是敏感的。灵活的系统容许一个人用与他的知识技能和经验相称的方式进行交流。

应用灵活性原则要注意两个问题：

（1）灵活不仅带来好处，有时也会给没有经验的用户造成混乱，使他们犯更多的错误，因此，应针对用户特点适当选择屏幕界面的灵活程度。

（2）灵活性不可能一直使用，人们都喜欢按自己的思维方法做事，太过于灵活的界面可能给用户带来不必要的学习和操作负担。

4. 易学易用原则

一个容易学习和容易使用的课件才有可能是一个优秀的课件，否则，即使采用的技术再先进，设计的功能再复杂，如果用户对它望而生畏，那么这个课件也就没有生命力。

优秀的课件应该可以减轻用户的短期记忆负担，这个功能可以通过设计灵活的人机交互界面来实现，从而使课件更易于使用。

7.2.2 设计方法

1. 屏幕上展示的教学内容要让所有人都看得清楚

（1）学生在多媒体教室里观看投影银幕的教学内容时，其有效的座位范围可以按照以下公式来确定：

清楚观看的范围 = 银幕对角线长度 ×1 ~5 倍的距离范围。

勉强观看的范围 = 银幕对角线长度 ×5 ~7 倍的距离范围。

例如：教室的银幕是 100 英寸，其对角线长度为 2.54 米，这个课室的宽为 7.8 米，长为 12 米，学生可以清楚观看的范围为 2.54 ~ 12.7 米，勉强观看的范围为 12.7 ~ 17.8 米，如图 7 – 1 所示。

图 7 – 1　学生清楚观看银幕的范围示意图

标准教室的宽度一般为 7.8 米（或 7.2 米、8.2 米），长度为 9 米。由此可见，在标准教室里配置 100 英寸的银幕，就能够满足学生观看的需求。

（2）设计课件时，为了减少到教室测试的工作量，可以按照以下原则来判定教学内容的尺寸大小：设计者站在距 5 倍于计算机屏幕对角线尺寸的位置来观看教学内容，如果能够看清楚，那么，课件投影出来，在“清楚观看的范围”内，学生是能够看清教学内容的。

例如：设计课件的计算机显示器屏幕是 17 英寸，其对角线距离为 43 厘米，那么设计者可以站在 2.15 米的位置来观看自己设计的课件内容，从而判断在多媒体教室里，学生是否能看清楚内容。如果自己看不清楚，必须增大文字的字号或拉大图形的尺寸，直到能够看清楚为止。

2. 依据心理学的特性来设计教学软件

（1）注意的特性。

设计教学软件时应利用注意的以下特性：

选择性：呈现教学信息时，应当突出主题及最主要的特征。

新异性：呈现教学信息时，前后刺激有明显对比和差异。

简洁性：在画面中应尽量删除无关的背景和多余的细节。

适中性：教学内容难易程度适中。

期望性：呈现教学内容之前，先提出教学目标和待解决的问题。

（2）知觉的特性。

设计教学软件时应利用知觉的以下特性：

整体性：对呈现的内容加以精心组织，以减轻学习者信息加工的负担。如把步骤标上序号，按逻辑次序、因果关系或层级结构来呈现复杂问题的各部分。

相对性：知觉不能用绝对值来表示，对距离、大小、运动、亮度等的判断是相对的，只能通过比较来衡量。

对比性：当两种事物的属性难以区分时，应将它们放在一起呈现，并用不同颜色、字体、符号标出它们的不同点。

（3）记忆的特性。

设计教学软件时应利用记忆的以下特性：

组块性：预先估计学习者对当前教学内容的认知结构，对当前教学内容预先进行组块。

有限性：屏幕呈现的学习内容一般应限于每次 5 ~9 个。

（4）概念形成的特性。

设计教学软件时应利用概念形成的以下特性：

从实例出发而不要从定义出发，可以按照“实例—属性—定义—名称”的顺序来呈现概念。

既要使用正例，也要使用反例。

列出属性表格比直接用文字定义概念更有效。

3. 界面窗口的布局

教学信息区中有时包含很多内容：教学信息、讲解、练习、交互功能键及帮助信息，如何合理地布置这些信息呢？关于人眼定位的研究表明：人们第一眼往往看屏幕左上方中间的位置，并迅速向顺时针方向移动；在这个过程之后，人眼视角受对称均衡、标题重心、图像及文字的影响。人的感觉机制总是寻求有序、有意的信息，在遭遇混乱时总是试图强行建立有序结构，因此，无论屏幕是富有含义、具有明显格式，还是混乱模糊，人们总是在迅速地辨认和理解。屏幕构成元素的布置规律有以下几点：

（1）标题一般位于屏幕上中部，有利于产生对称感。

（2）标志符号、序数等置于右上角。

（3）主题内容占用屏幕的大部分区域，通常从中上部到底部稍上部分，这里的描述应简短，图像质量要高。

（4）有关信息项，如状况、情况、注释等放在屏幕底部。

（5）功能键、按钮等可放在屏幕底部。

（6）菜单条应放在屏幕顶部。

屏幕的设计只要有美感、令人赏心悦目，就对眼睛具有吸引力，能快速准确地传递信息；相反则会带来误导，并造成思维等的混乱。进行屏幕窗口布局设计时，若能遵循以下规则便能达到令人赏心悦目的屏幕效果，它们是：均衡、规整、对称、可预见性、简明、连贯、整体性、简单、编排合理。

4. 色彩的运用

（1）色彩在课件中的作用可以归纳为以下四点：

①色彩可以被当作一种很好的格式规划工具来使用。

②色彩本身充当有特定意义的视觉符号，颜色是有意义的，这种意义可以来自人们的约定俗成，也可以来自课件设计者的指定。

③借助色彩逼真反映客观世界。

④增添屏幕的吸引力，激发用户的兴趣。

（2）色彩的运用方法。

在选用色彩设计屏幕时，最重要的是明确使用目的，力求发挥色彩辅助交流、促进信息转播的作用，如果色彩运用不当，倒不如不用。运用时应注意以下几点：

①避免同时使用太多颜色，一般以 4 ~ 5 种为限。

②注意色彩的可分辨性和协调性。

③用色彩来起强调作用。

④定义色彩的含义要与用户的色彩经验和期望值相一致。

⑤从色彩的空间位置分布来考虑，应在屏幕的中心多选用红色、绿色，边缘多选用蓝色、黄色、黑色。

7.2.3 课件比赛评选标准

表 7－1　课件比赛评选标准

一级指标（分值）	二级指标（分值）	三级指标（分值）	评分标准
教学适用性（50）	无内容错误（20）		无科学性错误和严重的文字错误（0 ~ 20）
	规范完整（15）	内容规范（5）	概念叙述正确规范，教学内容适应于相应认知水平的学生（0 ~ 5）
		体系完整（5）	教学知识体系内容完整，符合制作量要求（0 ~ 5）
		资料丰富（5）	有丰富的和教学知识点配合的习题、案例及相关资料，有利于学生学习（0 ~ 5）
	技术水准（15）	理念新颖（5）	教学理念先进，体现出良好的整体教学设计思想（0 ~ 5）
		互动性强（5）	教学策略科学，使用多种方法开展教学互动，激发学生主动学习（0 ~ 5）
		设计一致（5）	每个知识点均有较好的教学设计（0 ~ 5）

（续上表）

一级指标（分值）	二级指标（分值）	三级指标（分值）	评分标准
设计技术性（30）	无操作错误（10）		课件运行正常可靠，没有“死机”现象，没有导航、链接错误（0~10）
	技术应用（10）	使用软件（5）	采用了技术含量较高的制作软件或设计了适合于课件制作的软件（0~5）
		技术水准（5）	软件设计有较高的技术水准（0~5）
	设计效果（10）	操作方便（5）	课件操作方便、灵活，交互性强，启动时间、链接转换时间短（0~5）
		媒体控制（5）	对多媒体（如视频、声音）设计了相应的控制技术（0~5）
设计艺术性（20）	无不良效果（10）		音视频信息无不良的视觉、听觉效果（0~10）
	界面媒体（10）	界面协调（5）	界面布局合理、新颖、活泼、有创意，切合课件主题，整体风格统一，色彩搭配协调，视觉效果好，符合视觉心理（0~5）
		媒体应用（5）	充分利用多媒体形式表现教学内容，制作精细，吸引力强，激发学习兴趣（0~5）
加分（10）	整体效果加分（5）		课件整体效果好（0~5）
	推广应用加分（5）		课件设计好，有较大推广价值（0~5）

7.3　中学课堂开设“数学实验”

7.3.1　数学实验的定义及分类

本书采用北京师范大学数学科学学院曹一鸣教授给数学实验下的定义：为获得某种数学理论，检验某种数学思想，解决某类数学问题，实验者运用一定的物质手段，在数学思维活动的积极参与下，在特定的实验环境中所进行的探索、研究活动。

数学实验教学强调学生的实践与活动，有利于培养学生的创新能力，符合数学新课程标准的要求。它的要素包括：实验环境（例如计算机室）、使用工具（几何画板、尺与圆规）、实验目的、实验方案（实验步骤）、观测记录、得出结论。这里主要讲述新课程标准要求开展的数学实验如何开设。

按照实验性质可以把数学实验分为两大类：验证性实验、探究性实验。

验证性实验主要是为了帮助学生理解和把握数学概念、定理，实现定义中“为获得某种数学理论，检验某种数学思想”的目的，新课程标准要求开展的数学实验绝大部分属于这种类型。

探究性实验主要是为了培养学生发现问题的能力及创新思维能力，引导学生通过操作、实践、实验来探索数学问题的解决方案，实现定义中“解决某类数学问题”的目的，这类实验需要教师自行设计，要求教师具备扎实的数学功底、较强的组织能力，目前很多数学教师的教研工作也是围绕这类实验来展开的。

7.3.2 实验环境及组织实施

1. 实验环境

场所要求：按照合格实验室标准建设的计算机实验室，能够组成实验局域网，并能连接互联网。结合中学生的安全意识比较薄弱，实验室的配电工程的安全等级要高等情况，建议配置漏电监测系统，确保实验安全。

计算机设备最低要求：CPU 型号：Pentium G2020，主频：2.9GHz，芯片组：Intel H61，内存：DDR3 1333MHz 2GB，硬盘：SATA 7200 转 500GB，光驱：DVD 光驱，电源：100～240V 250W 自适应交流电源供应器，显示器尺寸：18 英寸。

计算机安装的软件：Win7 以上，Office 2010，TCP / IP 协议，几何画板 5.03。

教学平台：RedSpider（红蜘蛛教学平台软件）V5.0 以上，强烈建议使用它，不建议使用“投影机 + 屏幕”的方式。

2. 组织实施

分组：从培养学生的团队协作能力角度来考虑，建议两人一组，一人负责操作，另一人负责观测与记录。如果时间允许的话，调换两人分工，再操作一次，然后一起讨论实验结果。

实验准备：实验教师应提前一天检查实验环境是否达到教学要求，教学软件运行是否正常，教学平台是否可靠，如果有实验文件（一般指教师设计的几何画板课件）需要发给学生，也应该在准备阶段发到学生终端机。

时间分配：如果按一节课 40 分钟计算的话，推荐两种时间分配方案：第一种是教师集中时间讲解，学生集中时间操作，教师讲解 5～10 分钟（提出实验目的，提点实验关键步骤即可，千万不能夸夸其谈讲得太多），学生操作讨论 20～25 分钟，学生汇报结论及教师总结 10 分钟。第二种是教师演示一段，学生操作一段，直到完成实验，这种模式称作任务驱动式教学，总体时间分配可以参考第一种的分配方法，最后学生汇报结论及教师总结的时间仍然是 10 分钟。

7.3.3 数学实验的教学模式

对于验证性实验，采用上面推荐的教学模式就能完成教学任务。对于探究性实验，推荐以下两种模式：第一种是探究式学习模式，用于问题解决和探究，这一模式使学生获得在真实生活情境中发现问题、解决问题的能力；学生面临疑难情境，收集和加工所需要的资料，使问题得到解决。第二种是基于问题的学习模式，它强调把学习设置到复杂的、有意义的问题情境中，学习者通常组成合作小组，通过解决问题来学习隐含于问题背后的科学知识，掌握解决问题的技能，并培养自主学习的能力。

这两种模式都应包括以下六个环节：情境创设、确定主题和研究步骤、探索性实验、发现规律并提出猜想、猜想的论证、交流与分享。

（1）情境创设。从实际问题或数学问题出发进行情境创设是实验教学的前提和条件，主要目的是为学生创设思维场景，激发学习兴趣。

（2）确定主题和研究步骤。明确研究的方向并制定相应的实施步骤，使学生清楚研究的目的。

（3）探索性实验。探索性实验是数学实验的主题和核心，使学生主动参与相应实验，获得与所研究问题相关的数据，并清晰地描述记录下来。

（4）发现规律并提出猜想。这一环节的主要目的是使学生通过数学实验的操作、观察、分析，获得新的信息。

（5）猜想的论证。其目的在于让学生在教师必要的指导下严格论证猜想或举反例否定猜想，从而得到可信的数学结论。

（6）交流与分享。由教师指定学生或学生自主到讲台讲述各组实验的现象及结论，教师给予评判。

7.4 探究信息时代下的教学方法、教学手段改革

7.4.1 MOOCs：在线教育的革命

1. 概念及发展

MOOCs 的英文全称是 Massively Open Online Courses，字面意思就是大规模开放式在线课程。

MOOCs 起源于加拿大。2008 年加拿大阿萨巴萨卡大学的乔治·西门子和斯蒂芬·唐斯基于联通主义的学习理论模型，首次提出了 cMOOC（C 为联通主义一词 Connectivism 的首字母）并创建了全球第一个 cMOOC 类型的课程（CCK08）。随后 MOOCs 受到各国的普遍关注。

在中国，据教育部有关部门介绍，开放课程建设将借鉴 MOOCs 的先进理念，支持“985 工程”高校率先建设和推广使用中国大学大规模开放在线课程。在满足学习者自由选用的同时，开展网上在线教学、线上和线下混合式教学等教学模式探索，促进启发式、探究式、讨论式、参与式教学的运用，营造学生独立思考、自由探索、勇于创新的良好环境，推进教学改革。教育部鼓励各高校以开放的心态迎接信息技术快速发展带来的挑战，

跟上世界网络高等教育发展的时代步伐，组织建设一批集成创新课程，积极参与国际竞争，提升我国高等教育优质课程资源的国际影响力。

2. 特征

（1）工具资源多元化：MOOCs 课程整合多种社交网络工具和多种形式的数字化资源，形成多元化的学习工具和丰富的课程资源。

（2）课程易于使用：突破传统课程时间、空间的限制，依托互联网世界各地的学习者在家即可学到国内外著名高校的课程。

（3）课程受众面广：突破传统课程的人数限制，能够满足大规模课程学习者的学习。

（4）课程参与自主性：MOOCs 课程具有较高的入学率，同时也具有较高的辍学率，这就需要学习者具有较强的自主学习能力，这样才能按时完成课程的学习内容。

3. 教学设计

由于大型开放式网络课程有众多的学习者，以及相当高的学生—教师比例，所以大型开放式网络课程需要能促进大量回应和互动的教学设计。以下是两种基本的设计方式：

（1）运用大型开放式网络课程来处理大众的互动和回应，如同行审查（peerreview）、小组合作等。

（2）使用客观、自动化的线上评价系统，如随堂测验、考试等。

7.4.2 微课：新型的教育资源

微课是指按照新课程标准及教学实践的要求，以视频为主要载体，记录教师在课堂内外教育教学过程中围绕某个知识点（重点、难点、疑点）或教学环节而开展的精彩的教与学活动全过程。

1. 微课的组成

微课的核心组成内容是课堂教学视频（课例片段），同时还包含与该教学主题相关的教学设计、素材课件、教学反思、练习测试及学生反馈、教师点评等辅助性教学资源，它们以一定的组织关系和呈现方式共同“营造”了一个半结构化、主题式的资源单元应用“小环境”。因此，微课既有别于传统单一资源类型的教学课件、教学设计、教学反思等教学资源，又是在其基础上继承和发展起来的一种新型教学资源。

2. 微课的主要特点

（1）学时较短：教学视频是微课的核心组成内容。根据中小学生的认知特点和学习规律，微课的时长一般为 5 ~8 分钟，最长不宜超过 10 分钟。因此，相对于传统的 40 分钟或 45 分钟一节课的教学课例来说，微课可以称为“课例片段”或“微课例”。

（2）教学内容较少：相对于较宽泛的传统课堂，微课问题聚集，主题突出，更适合教师的需要。微课主要是为了突出课堂教学中某个学科知识点（如重点、难点、疑点）的教学，或是反映课堂中某个教学环节、教学主题的教与学活动，相对于传统一节课要完成的复杂众多的教学内容，微课的内容更加精简，因此又可以称为“微课堂”。

（3）资源容量较小。从大小上来说，微课视频及配套辅助资源的总容量一般在几十兆左右，视频格式须是支持网络在线播放的流媒体格式（如 . rm，. wmv，. flv 等），师生可流畅地在线观摩课程，查看教案、课件等辅助资源；也可灵活方便地将其下载保存到终端设备（如笔记本电脑、手机等）上实现移动学习、“泛在学习”，非常适合于教师的观摩、评课、反思和研究。

（4）资源组成/结构/构成“情景化”。资源使用方便。微课选取的教学内容一般要求主题突出、指向明确、相对完整。它以教学视频片段为主线“统整”教学设计（包括教案或学案）、课堂教学时使用到的多媒体素材和课件、教师课后的教学反思、学生的反馈意见及学科专家的文字点评等相关教学资源，构成了一个主题鲜明、类型多样、结构紧凑的“主题单元资源包”，营造了一个真实的“微教学资源环境”。这使得微课资源具有视频教学案例的特征。广大教师和学生在这种真实的、具体的、典型案例化的教与学情景中，易于实现“隐性知识”“默会知识”等高阶思维能力的学习，并实现教学观念、技能、风格的模仿、迁移和提升，从而迅速提升教师的课堂教学水平、促进教师的专业成长，提高学生学业水平。就学校教育而言，微课不仅成为教师和学生的重要教育资源，而且也构成了学校教育教学模式改革的基础。

（5）主题突出、内容具体。一个课程一个主题，或者说一个课程一件事；研究的问题来源于教育教学具体实践中的具体问题：或是生活思考，或是教学反思，或是难点突破，或是重点强调，或是学习策略、教学方法、教育教学观点等具体的、真实的、自己或与同伴可以解决的问题。

（6）草根研究、趣味创作。正因为课程内容微小，所以，人人都可以成为课程的研发者；正因为课程的使用对象是教师和学生，课程研发是为了将教学内容、教学目标、教学手段紧密地联系起来，是“为了教学、在教学中、通过教学”，而不是去验证理论、推演理论，所以，研发内容一定是教师自己熟悉的、感兴趣的、有能力解决的问题。

（7）成果简化、多样传播。因为内容具体、主题突出，所以，研究内容容易表达、研究成果容易转化；因为课程容量微小、用时简短，所以，传播形式多样（网上视频、手机传播、微博讨论）。

（8）反馈及时、针对性强。由于在较短的时间内集中开展“无生上课”活动，参加者能及时听到他人对自己教学行为的评价，获得反馈信息。较之常态的听课、评课活动，“现炒现卖”，具有即时性。由于是课前的组内“预演”，人人参与，互相学习，互相帮助，共同提高，在一定程度上减轻了教师的心理压力，不会担心教学“失败”，不会顾虑评价“得罪人”，较之常态的评课会更加客观。

3. 微课的十大特征

微课只讲授一两个知识点，没有复杂的课程体系，也没有众多的教学目标与教学对象，看似没有系统性和全面性，但是微课是针对特定的目标人群、传递特定的知识内容的，一个微课自身仍然需要系统性，一组微课所表达的知识仍然需要全面性。微课的特征有：

（1）主持人讲授性。主持人可以出镜，可以话外音。

（2）流媒体播放性。视频、动画等可以基于网络流媒体播放。

（3）教学时间较短。5 ~ 10 分钟为宜，最少为 1 ~ 2 分钟，最长不宜超过 20 分钟。

(4) 教学内容较少。突出某个学科知识点或技能点。
(5) 资源容量较小。适于移动设备的移动学习。
(6) 精致教学设计。完全的、精心的信息化教学设计。
(7) 经典示范案例。真实的、具体的、典型案例化的教与学情景。
(8) 自主学习为主。供学习者自主学习的课程，是一对一的学习。
(9) 制作简便实用。多种途径和设备制作，以实用为宗旨。
(10) 配套相关材料。微课需要配套相关的练习、资源及评价方法。

7.4.3 翻转课堂：师生角色的转变

翻转课堂（Flipped Classroom 或 Inverted Classroom）是指重新调整课堂内外的时间，将学习的决定权从教师转移给学生。在这种教学模式下，学生能够更专注于主动的基于项目的学习，共同研究解决本地化或全球化的挑战以及其他现实世界面临的问题，从而获得更深层次的理解。教师不再占用课堂的时间来讲授信息，这些信息需要学生在课后完成自主学习，他们可以看视频讲座、听播客、阅读电子书，还可以在网络上与别的同学讨论。教师也能有更多的时间与每个人交流。在课后，学生自主规划学习内容、学习节奏、风格和呈现知识的方式，教师则采用讲授法和协作法来满足学生的需要和促成他们的个性化学习，其目的是为了让学生通过实践获得更真实的学习。翻转课堂模式是大教育运动的一部分，它与混合式学习、探究性学习，以及其他教学方法和工具在含义上有所重叠，都是为了让学习更加灵活、主动，让学生的参与度更高。

互联网的普及和计算机技术在教育领域的应用，使翻转课堂式教学模式变得可行和现实。学生可以通过互联网去使用优质的教育资源，不再单纯地依赖授课老师去教授知识。而课堂和老师的角色则发生了变化。老师更多的责任是去理解学生的问题和引导学生去运用知识。

利用视频来实施教学，在多年以前人们就进行过探索。20 世纪 50 年代，世界上很多国家所进行的广播电视教育就是明证。为什么当年所做的探索没有对传统的教学模式带来多大的影响，而翻转课堂却备受关注呢？这是因为翻转课堂有以下几个鲜明的特点：

第一，教学视频短小精悍。不论是萨尔曼·汗的数学辅导视频，还是乔纳森·伯尔曼和亚伦·萨姆斯所做的化学学科教学视频，其共同的特点就是短小精悍。大多数的视频都只有几分钟的时间，而较长的视频也只有十几分钟。每一个视频都针对一个特定的问题，有较强的针对性，查找起来也比较方便；视频的长度控制在学生注意力比较集中的时间范围内，符合学生身心发展特征；通过网络发布的视频，具有暂停、回放等多种功能，可以自我控制，有利于学生的自主学习。

第二，教学信息清晰明确。萨尔曼·汗的教学视频有一个显著的特点，就是在视频中能够看到的就是他的手不断地书写一些数学的符号，并缓慢地填满整个屏幕。除此之外，就是配合书写进行讲解的画外音。用萨尔曼·汗自己的话语来说："这种方式似乎并不像我站在讲台上为你讲课，它让人感到贴心，就像我们同坐在一张桌子面前，一起学习，并把内容写在一张纸上。"这是"翻转课堂"的教学视频与传统的教学录像的不同之处。视频中出现的教师头像，以及教室里的各种物品摆设，都会分散学生的注意力，特别是在学生自主学习的情况下。

第三，重新建构学习流程。通常情况下，学生的学习过程由两个阶段组成：第一阶段是“信息传递”，是通过教师和学生、学生和学生之间的互动来实现的；第二个阶段是“吸收内化”，是在课后由学生自己来完成的。由于缺少教师的支持和同伴的帮助，“吸收内化”阶段常常会让学生感到挫败，丧失学习的动机和成就感。“翻转课堂”对学生的学习过程进行了重构。“信息传递”是学生在课前进行的，老师不仅可以提供视频，还可以提供在线的辅导；“吸收内化”是在课堂上通过互动来完成的，教师提前了解学生的学习困难，在课堂上能够给予有效的辅导，同学之间的相互交流，更有助于促进学生对知识的吸收内化过程。

第四，复习检测方便快捷。学生观看了教学视频之后，是否理解了学习的内容，视频后面紧跟着的四到五个小问题，可以帮助学生及时进行检测，并对自己的学习情况作出判断。如果发现几个问题回答得不好，学生可以回过头来再看一遍，仔细思考哪些方面出了问题。云平台能够及时地汇总处理学生的答题情况，帮助教师了解学生的学习状况。教学视频的另一个优点，就是便于学生一段时间学习之后的复习和巩固；评价技术的跟进，使得学生学习的相关环节能够得到实证性的资料，有利于教师真正了解学生。

7.4.4 慕课与微课，谁是在线教育高富帅

慕课和微课同为在线教育的具体产品形态，就像是有着相同基因长相却大不相同的两兄弟。那么这两者谁更具有魅力，谁更能让有学习需求的万千互联网用户为之倾倒呢？且看接下来的 PK。

第一回合：出生值 PK（慕课得一分）

慕课起源

2001 年，麻省理工学院最早宣布将课程免费放到网上，掀起了一次在线课程建设热潮。

2007 年 8 月，在犹他州州立大学，大卫·怀利早期教授的网络课程，应该可以说是大型开放式网络课程的原型。在成为开放课程之后，这门课本来只有 5 个研究生选修，后变成了有 50 个来自 8 个国家的学生选修。

2008 年，加拿大爱德华王子岛大学网络传播与创新主任和国家人文教育技术应用研究院高级研究员联合提出“MOOCs”这个术语，即 Massively Open Online Courses（大规模开放式在线课程）。

2009 年，哈佛大学推出高质高清课程“公正”等，引来新一轮视频公开课程的建设热潮。慕课由此开始了它的快速成长之路。

微课起源

2008 年秋，在美国新墨西哥州法明顿的一所社区学院圣胡安学院，高级教学设计师、学院在线服务经理，戴维·彭罗斯提出了“微课程”的概念。

到 2009 年的时候，美国韦恩州立大学延续这一教育理念发起了一个项目，名字叫“一分钟教授”，后来更名为“一分钟学者”。在韦恩州立大学，他们的教授都是各自领域内最顶尖的学者。在“一分钟学者”这个项目中，教授们用很短的时间，向在线访客解释

世界上最神秘和最神奇的事情，他们做文化实验，解释民间传奇之类的问题。从此，微课就慢慢衍生发展开来了。

比较两者的起源，可以看出它们虽然都有高等学院的背景，且都是海归派，但慕课却比微课具有更久远的形成历史，资历更老，这一点略胜一筹，所以这一局慕课得一分。

第二回合：成长值 PK（不分伯仲，各得一分）

慕课现状

目前，慕课的建设基本是针对高等教育而言的。多数慕课平台都与高等院校有合作关系，如 Coursera，这家由斯坦福大学教授在 2011 年创办的营利性网站，目前已经有 30 多家大学加入，这其中包括了很多美国的常青藤大学，以及杜克大学、约翰霍普金斯大学、莱斯大学、加州理工大学、伊利诺伊大学厄巴分校、伯克利音乐学院等。另一部分没有与大学结成联盟的平台，其课程内容也还是针对高中以上的人群，包括科学、数学、物理、化学、哲学、艺术等多个方面。

当前中国的慕课平台处于仍待市场成熟化的阶段，运作的企业很多，但能够做出格局、造成较大影响力的却不多，并且还面临着国外平台进驻抢占市场的问题。慕课平台所提供的课程通常都需要学习者花费一段时间来完成，平台会提供在线交流、测评等服务，部分平台还颁发资格认证书或者结业证书。可以说，慕课担任了一部分的学校角色。

微课现状

在国内，目前谈起微课多是指 K12 基础教育阶段的信息化教学应用。由于国家推动，各部门、各学校、各企业纷纷投入到微课资源平台建设的队伍中，组织各类微课大赛，探索微课制作技术。

微课的内容通常都较为短小精炼，根据中小学生的认知特点和学习规律，微课的时长一般为 5 ~ 8 分钟，最长不超过 10 分钟。正因为课程内容的微小，所以，人人都可以成为课程的研发者，研发内容一定是教师自己熟悉的、感兴趣的、有能力解决的问题。从这个层面上说，微课具有“草根”属性。

从两者的发展应用现状不难看出，两者的针对重点是不同的，也就无法衡量孰优孰劣，这一局均得一分。

第三回合：潜力值 PK（微课得一分）

慕课发展趋势：“名校模式”制作出来的慕课大都比较精美，因为可以挑校内最好的教师、组成最佳的制作团队，拍出几门质量上乘的课程。缺点是往往容易流于短期项目，难以持续，热潮一过，很可能大部分就束之高阁，只是留下一批新的网络公开课资源而已。当然不排除少数公共课程可作为校内教学的补充而长期存在。但由于制作成本高昂，难以全面推开，所以在这个快速消费的时代，慕课也许会向市场化、微型化的方向发展。

微课发展趋势：微课程的形式无疑是适合于移动学习的。而且当教师希望了解学生是否掌握了某个知识点的时候，可以让学生以微课程的形式呈现他们的学习情况，而且他们可以通过手边的移动设备较为方便地录制他们对这个知识点的理解。随着手持移动数码产品和无线网络覆盖的普及，微课可以在移动学习、远程学习、在线学习、泛在学习等领域大有作为，为全民学习和终身教育体系构建提供优质丰富的支持资源和环境。

从未来发展方向不难看出，微课更符合时下网络传播的特性，微、短、快，因此这一局微课更有优势，微课得一分。

综上所述，两者在在线教育领域似乎平分秋色、互不相让。随着在线教育商业模式的逐渐明朗，这种形式上划分出的幕课、微课之间的区别会越来越不明显。在笔者看来，幕课更适合成人学习者的大学、职业教育，微课更适合中小学生的课后学习。

为此，中学数学教师应该把微课作为研究的对象，探讨它们的特点、技术、模式，开发适合本校、本地区的微课资源，抢占教育的制高点，提高本地区的教育质量。

习 题

一、选择题

1. 以下哪个表述的内容，教学软件是不能承载的？(　　)

A. 图形　　B. 符号　　C. 声音　　D. 座位

2. 以下哪个不是数学实验的教学环节？(　　)

A. 确定主题和研究步骤　　B. 探索性实验

C. 批改作业　　D. 发现规律并提出猜想

3. 不是 MOOCs 特征的描述是(　　)。

A. 工具资源多元化　　B. 课程易于使用

C. 课程受众面广　　D. 难以推广使用

二、判断题

1. 按照数学课程教学类型来分，可以把课堂教学软件分为概念教学型课件、定理（定律）教学型课件、习题型课件、复习型课件。

2. 验证性实验的主要目的是帮助学生理解和把握数学概念、定理。

三、操作题

1. 利用“几何画板”工具，设计“三角形全等的判定”课件。
2. 利用“几何画板”工具，设计“角的比较与运算”课件。
3. 利用“几何画板”工具，设计“平行四边形及其性质”课件。
4. 利用“几何画板”工具，设计“相交线”课件。
5. 利用“几何画板”工具，设计“勾股定理”课件。

四、简述题

1. 理想的课堂教学工作平台，必须符合哪些要求？
2. 简述数学实验的定义。
3. 简述微课的概念。
4. 简述微课的主要特点。